程序正义与人的存在

Procedural Justice and Human Being

朱 丹 著

图书在版编目（CIP）数据

程序正义与人的存在/朱丹著. —北京：经济管理出版社，2014.10
ISBN 978-7-5096-3298-7

Ⅰ.①程… Ⅱ.①朱… Ⅲ.①社会秩序—理论研究—中国 Ⅳ.①D631.4

中国版本图书馆 CIP 数据核字（2014）第 187230 号

组稿编辑：宋　娜
责任编辑：宋　娜　赵喜勤
责任印制：司东翔
责任校对：陈　颖

出版发行：经济管理出版社
　　　　　（北京市海淀区北蜂窝 8 号中雅大厦 A 座 11 层　100038）
网　　址：www.E-mp.com.cn
电　　话：(010) 51915602
印　　刷：北京晨旭印刷厂
经　　销：新华书店
开　　本：720mm×1000mm/16
印　　张：14
字　　数：230 千字
版　　次：2014 年 10 月第 1 版　2014 年 10 月第 1 次印刷
书　　号：ISBN 978-7-5096-3298-7
定　　价：88.00 元

·版权所有　翻印必究·

凡购本社图书，如有印装错误，由本社读者服务部负责调换。
联系地址：北京阜外月坛北小街 2 号
电话：(010) 68022974　　邮编：100836

编委会及编辑部成员名单

(一) 编委会

主　任：李　扬　王晓初
副主任：晋保平　张冠梓　孙建立　夏文峰
秘书长：朝　克　吴剑英　邱春雷　胡　滨（执行）
成　员（按姓氏笔画排序）：

卜宪群　王　巍　王利明　王灵桂　王国刚　王建朗　厉　声
朱光磊　刘　伟　杨　光　杨　忠　李　平　李　林　李　周
李　薇　李汉林　李向阳　李培林　吴玉章　吴振武　吴恩远
张世贤　张宇燕　张伯里　张昌东　张顺洪　陆建德　陈众议
陈泽宪　陈春声　卓新平　罗卫东　金　碚　周　弘　周五一
郑秉文　房　宁　赵天晓　赵剑英　高培勇　黄　平　曹卫东
朝戈金　程恩富　谢地坤　谢红星　谢寿光　谢维和　蔡　昉
蔡文兰　裴长洪　潘家华

(二) 编辑部

主　任：张国春　刘连军　薛增朝　李晓琳
副主任：宋　娜　卢小生　姚冬梅
成　员（按姓氏笔画排序）：

王　宇　吕志成　刘丹华　孙大伟　曲建君　陈　颖　曹　靖
薛万里

序 一

博士后制度是19世纪下半叶首先在若干发达国家逐渐形成的一种培养高级优秀专业人才的制度，至今已有一百多年历史。

20世纪80年代初，由著名物理学家李政道先生积极倡导，在邓小平同志大力支持下，中国开始酝酿实施博士后制度。1985年，首批博士后研究人员进站。

中国的博士后制度最初仅覆盖了自然科学诸领域。经过若干年实践，为了适应国家加快改革开放和建设社会主义市场经济制度的需要，全国博士后管理委员会决定，将设站领域拓展至社会科学。1992年，首批社会科学博士后人员进站，至今已整整20年。

20世纪90年代初期，正是中国经济社会发展和改革开放突飞猛进之时。理论突破和实践跨越的双重需求，使中国的社会科学工作者们获得了前所未有的发展空间。毋庸讳言，与发达国家相比，中国的社会科学在理论体系、研究方法乃至研究手段上均存在较大的差距。正是这种差距，激励中国的社会科学界正视国外，大量引进，兼收并蓄，同时，不忘植根本土，深究国情，开拓创新，从而开创了中国社会科学发展历史上最为繁荣的时期。在短短20余年内，随着学术交流渠道的拓宽、交流方式的创新和交流频率的提高，中国的社会科学不仅基本完成了理论上从传统体制向社会主义市场经济体制的转换，而且在中国丰富实践的基础上展开了自己的伟大创造。中国的社会科学和社会科学工作者们在改革开放和现代化建设事业中发挥了不可替代的重要作用。在这个波澜壮阔的历史进程中，中国社会科学博士后制度功不可没。

值此中国实施社会科学博士后制度20周年之际，为了充分展示中国社会科学博士后的研究成果，推动中国社会科学博士后制度进一步发展，全国博士后管理委员会和中国社会科学院经反复磋商，并征求了多家设站单位的意见，决定推出《中国社会科学博士后文库》（以下简称《文库》）。作为一个集中、系统、全面展示社会科学领域博士后优秀成果的学术平台，《文库》将成为展示中国社会科学博士后学术风采、扩大博士后群体的学术影响力和社会影响力的园地，成为调动广大博士后科研人员的积极性和创造力的加速器，成为培养中国社会科学领域各学科领军人才的孵化器。

创新、影响和规范，是《文库》的基本追求。

我们提倡创新，首先就是要求，入选的著作应能提供经过严密论证的新结论，或者提供有助于对所述论题进一步深入研究的新材料、新方法和新思路。与当前社会上一些机构对学术成果的要求不同，我们不提倡在一部著作中提出多少观点，一般地，我们甚至也不追求观点之"新"。我们需要的是有翔实的资料支撑，经过科学论证，而且能够被证实或证伪的论点。对于那些缺少严格的前提设定，没有充分的资料支撑，缺乏合乎逻辑的推理过程，仅仅凭借少数来路模糊的资料和数据，便一下子导出几个很"强"的结论的论著，我们概不收录。因为，在我们看来，提出一种观点和论证一种观点相比较，后者可能更为重要：观点未经论证，至多只是天才的猜测；经过论证的观点，才能成为科学。

我们提倡创新，还表现在研究方法之新上。这里所说的方法，显然不是指那种在时下的课题论证书中常见的老调重弹，诸如"历史与逻辑并重"、"演绎与归纳统一"之类；也不是我们在很多论文中见到的那种敷衍塞责的表述，诸如"理论研究与实证分析的统一"等等。我们所说的方法，就理论研究而论，指的是在某一研究领域中确定或建立基本事实以及这些事实之间关系的假设、模型、推论及其检验；就应用研究而言，则指的是根据某一理论假设，为了完成一个既定目标，所使用的具体模型、技术、工具或程序。众所周知，在方法上求新如同理论上创新一样，殊非易事。因此，我们亦不强求提出全新的理论方法，我们的最低要求，是要按照现代社会科学的研究规范来展开研究并构造论著。

我们支持那些有影响力的著述入选。这里说的影响力，既包括学术影响力，也包括社会影响力和国际影响力。就学术影响力而言，入选的成果应达到公认的学科高水平，要在本学科领域得到学术界的普遍认可，还要经得起历史和时间的检验，若干年后仍然能够为学者引用或参考。就社会影响力而言，入选的成果应能向正在进行着的社会经济进程转化。哲学社会科学与自然科学一样，也有一个转化问题。其研究成果要向现实生产力转化，要向现实政策转化，要向和谐社会建设转化，要向文化产业转化，要向人才培养转化。就国际影响力而言，中国哲学社会科学要想发挥巨大影响，就要瞄准国际一流水平，站在学术高峰，为世界文明的发展作出贡献。

我们尊奉严谨治学、实事求是的学风。我们强调恪守学术规范，尊重知识产权，坚决抵制各种学术不端之风，自觉维护哲学社会科学工作者的良好形象。当此学术界世风日下之时，我们希望本《文库》能通过自己良好的学术形象，为整肃不良学风贡献力量。

中国社会科学院副院长
中国社会科学院博士后管理委员会主任
2012 年 9 月

序 二

在21世纪的全球化时代，人才已成为国家的核心竞争力之一。从人才培养和学科发展的历史来看，哲学社会科学的发展水平体现着一个国家或民族的思维能力、精神状况和文明素质。

培养优秀的哲学社会科学人才，是我国可持续发展战略的重要内容之一。哲学社会科学的人才队伍、科研能力和研究成果作为国家的"软实力"，在综合国力体系中占据越来越重要的地位。在全面建设小康社会、加快推进社会主义现代化、实现中华民族伟大复兴的历史进程中，哲学社会科学具有不可替代的重大作用。胡锦涛同志强调，一定要从党和国家事业发展全局的战略高度，把繁荣发展哲学社会科学作为一项重大而紧迫的战略任务切实抓紧抓好，推动我国哲学社会科学新的更大的发展，为中国特色社会主义事业提供强有力的思想保证、精神动力和智力支持。因此，国家与社会要实现可持续健康发展，必须切实重视哲学社会科学，"努力建设具有中国特色、中国风格、中国气派的哲学社会科学"，充分展示当代中国哲学社会科学的本土情怀与世界眼光，力争在当代世界思想与学术的舞台上赢得应有的尊严与地位。

在培养和造就哲学社会科学人才的战略与实践上，博士后制度发挥了重要作用。我国的博士后制度是在世界著名物理学家、诺贝尔奖获得者李政道先生的建议下，由邓小平同志亲自决策，经国务院批准于1985年开始实施的。这也是我国有计划、有目的地培养高层次青年人才的一项重要制度。二十多年来，在党中央、国务院的领导下，经过各方共同努力，我国已建立了科学、完备的博士后制度体系，同时，形成了培养和使用相结合，产学研相结合，政府调控和社会参与相结合，服务物质文明与精神文明建设的鲜明特色。通过实施博士后制度，我国培养了一支优秀的高素质哲学社会科学人才队伍。他们在科研机构或高等院校依托自身优势和兴趣，自主从事开拓性、创新性研究工作，从而具有宽广的学术视野、突出的研究能力和强烈的探索精神。其中，一些出站博士后已成为哲学社会科学领域的科研骨干和学术带头人，在"长江学者"、"新世纪百千万人才工程"等国家重大科研人才梯队中占据越来越大的比重。可以说，博士后制度已成为国家培养哲学社会科学拔尖人才的重要途径，而且为哲学社会科学的发展造就了一支新的生力军。

　　哲学社会科学领域部分博士后的优秀研究成果不仅具有重要的学术价值，而且具有解决当前社会问题的现实意义，但往往因为一些客观因素，这些成果不能尽快问世，不能发挥其应有的现实作用，着实令人痛惜。

　　可喜的是，今天我们在支持哲学社会科学领域博士后研究成果出版方面迈出了坚实的一步。全国博士后管理委员会与中国社会科学院共同设立了《中国社会科学博士后文库》，每年在全国范围内择优出版哲学社会科学博士后的科研成果，并为其提供出版资助。这一举措不仅在建立以质量为导向的人才培养机制上具有积极的示范作用，而且有益于提升博士后青年科研人才的学术地位，扩大其学术影响力和社会影响力，更有益于人才强国战略的实施。

　　今天，借《中国社会科学博士后文库》出版之际，我衷心地希望更多的人、更多的部门与机构能够了解和关心哲学社会科学领域博士后及其研究成果，积极支持博士后工作。可以预见，我国的博士后事业也将取得新的更大的发展。让我们携起手来，共同努力，推动实现社会主义现代化事业的可持续发展与中华民族的伟大复兴。

人力资源和社会保障部副部长
全国博士后管理委员会主任
2012年9月

摘 要

　　法律观念的现代化构成了法治现代化的重要文化基础，法律至上的现代理念则是法律观念现代化的核心要素。法律至上的运作基础与机理在于法律程序，正是程序决定了法治与恣意的人治之间的基本区别。程序理念不仅是法治的要素之一，而且是占主导地位的要素。程序正义决定了法律制度运作过程和结果的有效性与稳定性，充分展示和保障了社会的基本正义。中国传统法律具有"重内容，轻形式"的倾向，这种"重实体，轻程序"、"重结果，轻过程"的法律文化，使程序的作用被看得很轻，失去了独立的价值意义，得不到应有的重视。更重要的是这种法律文化观念势必导致处于弱势地位的被裁判者、被管理者、被控制者失去了基本的人的尊严，沦为实现他人、社会、国家本身目的的工具。程序正义的真正价值就在于维护人的自由与尊严等人之存在的根本权利。全书从正义与程序正义的基本概念、内涵及关系层次入手，在分析、归纳、总结程序正义的源起、基本要义以及古今中外关于程序正义的价值理解的基础上，基于马克思主义实践哲学关于人的理解的视域，深入分析了程序正义的深层价值与基本要求。对于中国而言，问题的关键不在于对某一个或某几个西方国家的法律程序加以模仿、复制、移植，而应当理解并坚持一种人是目的观念，培养一种按照正义要求设计法律程序的法律文化，一种程序正义的独立价值，从而使程序正义真正在我国得以实现。

　　关键词：正义　程序正义　实践哲学　人的存在

Abstract

First of all, legal system modernization needs to modernize the ideas of law. The most important thing is to establish the modern concept of supremacy of law. Supremacy of law operate based on legal procedure which determines the fundamental distinction between rule of law and arbitrary rule of man. The concept of procedure is one of the element of rule of law, as well as the leading factor. While the procedural justice decides the validity and stability in the procedure and consequence of the legal system operate, it also demonstrates and protect the social fundamental justice. Traditional Chinese legal culture tended to stress the entity and belittle the procedure, attach more importance to result than to process. Therefore, it deprived procedure of their independent value and emphasis What is more important, legal culture ideas are bound to make the disadvantaged ones being "judged", "managed", "controlled" lose their human dignity and become a tool for realizing the aim of other people, society and nation. The true value of procedural justice is that it maintains the essential right of human existence, such as human freedom and dignity. On the basis of analysis, induction and conclusion of procedural justice's origin and definiton, understanding of procedural justice in the world and human being in Marxist philosophy, the book analyzes deep value and basic requirements starting with concepts of justice and procedural justice, contents and reaction. It also argues that man as purpose, legal process designed to meet justice's needs and implementation of procedural justice will make procedural justice really happen in China rather than imitaion, copy and transplantation of legal process in western countries. That's the point.

Keywords: Justice; Procedural Justice; Practical Philosophy; Human Being

目 录

导言 ·· 1

第一章　正义与程序正义 ·· 5

第一节　正义的含义 ··· 5
一、人伦：中国传统正义溯源 ·· 6
二、制度正义：西方正义观念的演进 ··· 9
三、关于正义内涵的几点认识 ·· 14
四、最低限度的正义与程序正义 ·· 17

第二节　正义的分类 ·· 19
一、程序的独立价值 ··· 22
二、程序法与实体法关系 ·· 26
三、程序正义与实体正义 ·· 30
四、程序正义与结果正义 ·· 34

本章小结 ·· 37

第二章　西方司法实践中程序正义的历史演变 ·· 39

第一节　程序正义观念萌芽 ··· 39
一、古罗马时期自然法理论的成熟与程序正义观念的产生 ·················· 39
二、古罗马时期程序正义的实践萌芽 ··· 42
三、中世纪教会法与"看得见的正义"程序原则 ································· 48

第二节　英国的自然正义 ··· 52
一、自然正义原则的历史演进 ·· 52

二、自然正义原则的制度渊源 …………………………………… 54
　　三、自然正义原则的实践表征 …………………………………… 59
第三节　美国的正当法律程序 ……………………………………………… 61
　　一、美国正当法律程序原则的历史由来与演进 ………………… 61
　　二、美国正当法律程序的类型学演进和基本要义解析 ………… 63
第四节　欧洲大陆的程序正义观念《欧洲人权公约》 …………………… 66
　　一、《欧洲人权公约》概略 ……………………………………… 67
　　二、《欧洲人权公约》中的程序正义 …………………………… 68
本章小结 ……………………………………………………………………… 70

第三章　程序正义的价值内涵 …………………………………………… 73

第一节　西方关于程序正义的主要理论建树 ……………………………… 74
　　一、程序工具主义 ………………………………………………… 74
　　二、程序价值主义 ………………………………………………… 83
　　三、综合性程序价值：贝勒斯走向综合性程序价值理论 ……… 90
　　四、其他有影响的见解 …………………………………………… 92
第二节　程序正义的内在价值 ……………………………………………… 98
第三节　程序正义的外在价值 ……………………………………………… 102
第四节　程序正义的深层价值 ……………………………………………… 104
　　一、程序正义具有不可替代的独特价值地位 …………………… 105
　　二、程序正义的深层价值在于人之存在的价值 ………………… 106
本章小结 ……………………………………………………………………… 109

第四章　程序正义的人性诉求 …………………………………………… 111

第一节　程序正义的理性文化基础 ………………………………………… 111
第二节　马克思主义实践哲学对人的价值的确认 ………………………… 115
　　一、哲学与人的问题 ……………………………………………… 117
　　二、人是"非决定"的自我创造性的存在 ……………………… 119
　　三、马克思主义实践哲学视域中人的本质生成：
　　　　实践是人的存在方式 ………………………………………… 122
　　四、马克思主义实践哲学视域中人存在的最高价值意义：
　　　　人的现实性与完整性 ………………………………………… 125

第三节 程序正义的生存论意义 ……………………………… 130
一、法规范与人的存在：法规范产生源于人的生存、
发展的内在基本需求 ……………………………………… 130
二、价值与人的存在 ………………………………………… 133
三、程序正义与人的存在：永远把人类当作目的，而绝不仅仅
当作手段来对待 …………………………………………… 135
本章小结 ……………………………………………………… 139

第五章 中国语境中的程序正义问题 ……………………… 141
第一节 历史上程序正义观念的缺失 ………………………… 142
一、中国传统程序正义观缺失的表现 ……………………… 143
二、中国传统程序正义观缺失的文化根源 ………………… 150
第二节 法理和司法实践中程序公正的困境 ………………… 155
一、"重实体，轻程序"的文化观念及其实践表征 ………… 156
二、"重实体，轻程序"的法律文化观根源探析 …………… 161
三、程序正义法律文化的缺失之于中国法制现代化的
困境反思 …………………………………………………… 167
第三节 程序正义的中国化建构 ……………………………… 168
一、文化、制度与社会基础：程序正义的中国化建构之
视域 ………………………………………………………… 169
二、更新与改造：程序正义的文化观念之基 ……………… 171
三、架构与完善：程序正义的制度之本 …………………… 175
四、培育与夯实：程序正义的社会土壤 …………………… 180
本章小结 ……………………………………………………… 182

结语：程序正义的和谐之光 …………………………………… 185

参考文献 ………………………………………………………… 187

索引 ……………………………………………………………… 193

后记 ……………………………………………………………… 197

Contents

Introduction ·· 1

1 Justice and Procedural Justice ································ 5

    1.1 The Essence of Justice ································· 5
        1.1.1 Ethics: The Origin of Chinese Traditional Justice ············ 6
        1.1.2 The System of Justice: The Evolution of Western Concept of Justice ································· 9
        1.1.3 Several Points of View on the Connotation of Justice ······ 14
        1.1.4 A Minimum of Justice and Procedural Justice ············ 17
    1.2 The Classfication of Justice ································· 19
        1.2.1 Value of Independent Procedure ························· 22
        1.2.2 Relationship Between Procedural Law and Substantive Law ································· 26
        1.2.3 Procedural Justice and Substantial Justice ············ 30
        1.2.4 Procedural Justice and Result Justice ············ 34
    Summary ·· 37

2 Historical Evolution of Procedural Justice in Judicial Pratie ············ 39

    2.1 The Ideological Origins of Procedural Justice ············ 39
        2.1.1 In Ancient Rome the Maturity of the Natural Law Theory and the Concept of Procedural Justice ············ 39
        2.1.2 In Ancient Rome the Practice of Procedural Justice ········ 42
        2.1.3 The Medieval Church Law and "Visible Justice"

     Procedure Principle ················· 48
  2.2 Natural Justice in Britain ··················· 52
    2.2.1 The Historical Evolution of the Principle of Natural
      Justice ····································· 52
    2.2.2 The Origin of the System of the Principles of Natural
      Justice ····································· 54
    2.2.3 The Practice of the Principle of Natural Justice ········ 59
  2.3 The Due Process of Law in America ··············· 61
    2.3.1 The Historical Origin and Evolution of Due Process of
      Law in America ······························· 61
    2.3.2 The Typology Evolution and Basic Element of Due Process of
      Law in America ······························· 63
  2.4 The Ideological of Procedural Justice in the Continent: "The
    European Convention on Human Rights" ············· 66
    2.4.1 The Brief of "The European Convention on Human
      Rights" ···································· 67
    2.4.2 Procedural Justice in "The European Convention on
      Human Rights" ······························· 68
  Summary ··· 70

3 **The Connotation of Procedural Justice's Value** ············ 73
  3.1 The Primary Theory Achievement of Procedural Justice
    in the West ································· 74
    3.1.1 Procedure Instrumentalism ··················· 74
    3.1.2 Marxist Value of Procedure ··················· 83
    3.1.3 Comprehensive Procedure Value: Bayless Toward the Theory
      of Comprehensive Procedural Justice ············· 90
    3.1.4 Other Influential Views ····················· 92
  3.2 The Intrinsic Value of Procedural Justice ············ 98
  3.3 The Extrinsic Value of Procedural Justice ············ 102
  3.4 The Deep Level Value of Procedural Justice ··········· 104
    3.4.1 The Irreplaceable Unique Value of Procedural

Justice 105
3.4.2　The Deep Level Value of Procedure Justice from the Value of Human Existence 106
Summary 109

4　Procedural Justice in the Perspective of Practical Philosophical 111

4.1　The Rational Foundation of Procedural Justice 111

4.2　The Understanding of Human Values in Marxist Practical Philosophy 115

4.2.1　Philosophy and Human Issues 117

4.2.2　Human Are "Non–decision" Self–creative Presence 119

4.2.3　The Formation of Essence of Human in Marx Philosophy: Practice Is the Way of Human Existence 122

4.2.4　The Highest Value of Human Existence Significance in Marx Philosophy: Human Reality and Integrity 125

4.3　The Existentialism Significance of Procedural Justice to the Human Being 130

4.3.1　Law and Human Existence: Law Generated from Human Existence, Development of the Internal Basic Needs 130

4.3.2　Value of Human Existence 133

4.3.3　Procedural Justice and Human Existence: Always Take Human as Purpose, and not Just as a Means to Treat 135

Summary 139

5　Procedural Justice in the Chinese Context 141

5.1　The Absence of Procedural Justice Conception in Chinese History 142

5.1.1　The Performance of Absence of Procedural Justice Conception in China 143

5.1.2　The Cultural Origin of Absence of Procedural Justice

　　　　　　　Conception in China ································· 150
　5.2　The Real Predicament of Procedural Justice in Legal Principle
　　　　and Judical Practice ································· 155
　　　　5.2.1　"Regarding Substantiality and Depreciating Procedure" of
　　　　　　　Cultural Values and Practices Characterization ············ 156
　　　　5.2.2　Analysis of Legal Views on Culture Origin of "Regarding
　　　　　　　Substantiality and Depreciating Procedure" ············· 161
　　　　5.2.3　Absence of Procedural Justice of Legal Culture with
　　　　　　　Reflection on the Modernization of
　　　　　　　Chinese Legal System ································· 167
　5.3　Sinicization Construction of Procedural Justice ············· 168
　　　　5.3.1　Cultural, Institutional and Social Foundation: The
　　　　　　　Construction of Procedural Justice by Chinese
　　　　　　　Perspective ································· 169
　　　　5.3.2　Update and Modification: The Foundation for Cultural
　　　　　　　Perceptions of Procedural Justice ························ 171
　　　　5.3.3　Architecture and Improvement: The Institution of
　　　　　　　Procedural Justice ································· 175
　　　　5.3.4　Cultivation and Compaction: Procedural Justice in
　　　　　　　Social Condition ································· 180
　Summary ································· 182

Epilogue: Harmony Light of Procedural Justice ························ 185

Bibliography ································· 187

Index ································· 193

Acknowledgements ································· 197

导　言

现代国家建设是当下学术界盛行的一个理论热点问题，各大学科都试图对此进行深入探讨和发掘，希求得出一些具有普适性的结论和政策建议。从各个不同学科的背景立场出发，得出的结论观点迥异：政治学偏重于制度建设对于现代国家建设的意义；经济学基于对经济体制模式变革的理解来剖析该问题；法学则直接把现代国家理解为现代型的法治国家；哲学更为强调的是现代国家建设过程中的价值底蕴和深层内涵。毋庸置疑，现代国家建设是一个系统的工程，它涉及政治、经济、文化等各个层面，无论是经济基础还是上层建筑都要进行全方位的变革。但必须要认识到，现代国家建设不仅仅局限于某种治道变革，现代化的进程也不仅仅表现为社会层面上的经济、政治生活发生的巨大变革，现代化使人们在意识、心理层次上发生更为深刻、持久的转变。基于此种认识，无论是从何种角度对现代国家建设进行探讨，都不能避开这项变革的文化价值基础的更新和变化，因此，哲学视域中的研究更具有统领性的、宏观的导向作用。

作为现代国家建设重要目标之一的现代法治国家或者说国家法制的现代化，一直是各门学科都不可回避的议题，它是现代型国家的基础。因此，改革开放以来，依法治国一直是中国社会科学中的热门词汇。那么，究竟何为法治？如何走向法治？这看似简单的问题却不断困扰着我们。亚里士多德在2000多年前曾经揭示："已成立的法律获得普遍的服从，而大家所服从的法律又应该本身是制定得良好的法律。"[①] 亚翁所言，包含两个层面的内涵：法治要求是法律获得普遍的服从；法律本身是良法而不是恶法。人们为什么要服从既定法律，难道仅仅因为如果违反法律就要受到法律严惩？法律的"良"、"恶"该如何去进行评判？这都是典型的价值问题，这

---

① ［古希腊］亚里士多德：《政治学》，吴寿彭译，商务印书馆1965年版，第199页。

个问题关涉到社会的价值理念与文化传统。从这个层面理解，法治具有法律、制度层面的内容，但首先是一个价值理念层面的问题。法治现代化首先要求法律观念的现代化，法律观念现代化最重要的一个核心要素在于确立法律至上的理念，排除恣意与任意。而法律至上的基础就是法律程序，正是程序决定了法治与恣意的人治之间的基本区别。程序理念不仅是法治的要素之一，而且是占主导地位的要素。因为正是程序理念决定了法律制度运作过程和结果的有效性与稳定性，也正是程序理念充分展示和保障了社会的正义。正因为如此，正当程序理念才成为西方现代法治国家的理念基础并得到各国宪法的确认。

程序正义的观念源于英国古老的"自然正义"原则，早在13世纪就出现在英国普通法之中，并在美国得到前所未有的发展。1215年英格兰国王颁行的《大宪章》和1355年爱德华三世颁布的《自由律》这两个法律文件被视为英美普通法中程序正义的渊源。作为英国法治的核心概念，"自然正义"有两个基本原则：①"任何人都不应当成为自己案件的法官"；②"当事人有陈述和被倾听的权利"。英国普通法中的程序正义观念在美国以宪法原则的形式得到确认和保障。现代意义上的程序正义理论的奠基人是罗尔斯，罗尔斯的《正义论》被誉为第二次世界大战后伦理学、政治哲学领域中最重要的理论著作。其理论对当代司法制度产生了重要影响，很多国家进行了以程序正义为中心的司法制度设计。

与英美等西方国家从社会制度中寻求公平正义的观念不同，中国传统的正义观念是从人的内心、良知或善性中发掘的。因此对正义与否的评价也取决于从结果上看是否符合人内心的良知或善性。中西方正义观的差异是有深刻的政治经济和历史文化原因的，这种差异也决定了中国传统文化中的正义观不可能产生程序正义观念的萌芽。所以中国社会存在明显的"重实体，轻程序"、"重结果，轻过程"的问题，这实质上也就是"重权力，轻权利"的表现，这种情况造成的后果就是使处于弱势地位的被裁判者、被管理者、被控制者都不具有最基本的人的尊严，只是沦为实现他人、社会、国家本身目的的工具。康德的道德哲学中有一个著名的人性原则："永远把人类，无论你亲自所为还是代表他人，当作目的，而绝不仅仅当作手段来对待。"① 这就是程序正义的灵魂所在！罗尔斯继承并发展了康德的

---

① [美] 罗尔斯：《正义论》，何怀宏译，中国社会科学出版社1988年版，第81页。

绝对命令观念，主张："每个人都拥有基于正义的不可侵犯性，这种不可侵犯性即使以社会整体利益之名也不能逾越。"① 他认为"正义否认为了一些人分享更大的利益而剥夺另一些人的自由是正当的，不承认许多人享有的较大利益能够绰绰有余地补偿强加于少数人的牺牲"②。作为"看得见的正义"，程序正义最终要求的就是代表国家行使公权力的官员或者机构，在作出使一个人的权益直接受到有利或者不利影响的决定之前，必须给予这个人参与决定制作过程的机会，对那些利益处于对立状态的当事者，必须保持中立，不偏不倚，并确保参与者拥有平等的参与机会和参与能力。与此同时，决定者在作出限制或者剥夺个人权益的决定时，还必须极其慎重，内心具有并向外部表达出充足的理由，以便能尽量说服受到不利对待的一方。其根本是人是目的而不是手段或者工具。程序正义的真正价值实际上是维护人的自由与尊严等人之存在的根本权利。

因此对于我国而言，问题的关键不在于对某一个或某几个西方国家的法律程序加以模仿、复制、移植，而是应当理解并坚持一种"人是目的"的观念，培养一种按照正义要求设计法律程序的法律文化，体现一种程序正义的独立价值，从而使程序正义真正在我国得以实现。

---

①② ［美］罗尔斯：《正义论》，何怀宏译，中国社会科学出版社 1988 年版，第 2 页。

第一章　正义与程序正义

自古以来，人类始终坚持着对正义的追求。在人类的价值追寻中，正义处于最基本的价值位阶层次，正义是人类所追求的最古老的价值目标。可以认为，正义对于人类而言是一种基本价值，是人类所追寻的一种美好的生活方式、生活图景。既然正义是理想、是追求，那么到底何谓正义？正义对人类来说意味着什么？何种社会状态才是正义的、理想的？这一系列问题一直使人们处于无限的困惑与争论之中，这需要不断探索，需要各门学科的综合努力，特别需要从哲学的高度对此问题进行深度厘析和宏观把握。

第一节　正义的含义

"自古以来，什么是正义这一问题是永远存在的，为了正义的问题，不知有多少杰出思想家，从柏拉图到康德，绞尽了脑汁，可是现在和过去一样，问题依然未获解决。"[①] 这一古老问题至今存在，虽然给前人留下了些许遗憾，但却为今人提供了开拓的空间。前人的探索并非毫无价值，他们为我们奠定了基石。所以，在探讨正义的概念时，不妨先来看看古今中外对正义的基本界定。

---

① ［美］凯尔森：《什么是正义》，《现代外国哲学科学文摘》1961年第8期。

一、人伦：中国传统正义溯源

"正义"一词，在中国最早见于《荀子》："不学问，无正义，以富利为隆，是俗人者也。"在儒家看来，君主与臣民之间、人与人之间存在一种森严的程序格局关系，仁、礼是中国古代关于分配正义的伦理保障。孔子说："礼乐不兴，则刑罚不中；刑罚不中，则民无所措手足。"孟子更是直接强调，"无礼仪，则天下乱"。荀子同样认为，"故圣人化性而起伪，伪起而生礼仪，礼仪生而治法度"。从这些古代圣人的论述言语中不难看出，中国传统正义观以"仁"、"礼"为基础核心，所谓"名不正，则言不顺；言不顺，则事不成；事不成，则礼乐不兴；礼乐不兴，则刑罚不中；刑罚不中，则民无所措手足"[①]。

"与古希腊学者富有科学探索的'智者风度'不同，中国传统文化培育出的学者有一种'圣贤气质'，他们更注重人与人关系的研究，极力推崇伦理道德在维系社会安定中的作用。这些伦理道德除了能维护统治阶级利益外，还能整饬人伦、调谐人际关系。如儒家的'父慈子孝、兄友弟恭、朋友有信'等伦理观念，强调处理人际关系时互以对方为重的道德原则。同时它也注重个人道德品质的修养，认为唯有高尚的自我人格才能推己及人，实现'治国平天下'的抱负。"[②] 这种伦常政治文化在中国古代封建社会中通过儒家思想的大一统地位渗透到国家社会政治生活的各个层面，普遍反映于官员、知识分子和普通民众的思想行为倾向上。孔子就认为，从政者最核心的品质是自身要端正，季康子问政于孔子，孔子对曰："政者，正也。子帅以正，孰敢不正？"[③] 他认为"苟正其身矣，于从政乎何有？不能正其身，如正人何"[④]，也就是说，假如端正了自己的品行，那么处理政事又有什么困难呢？亦即"其身正，不令而行；其身不正，虽令不从"。我国著名政治学者徐大同先生认为，在中国传统政治文化中，伦理道德被看作人的本质。孔子把"礼"看作区别人与动物的标志；荀子把"有辨"看作人与动物的根本区别，而"辨"即"别"，是礼的核心和本质；程颐把"天

[①④]《论语·子路》。
[②] 徐行言：《中西文化比较》，北京大学出版社2004年版，第362-363页。
[③]《论语·颜渊》。

理"看作人的本质,"人总有天理,却不能存得,更做甚人也"①。所谓天理,不过是神化的"三纲五常"。既然伦理道德被看作人的本质,那么,人的行为的最高准则就是实现道德,而实现的途径则是按照伦常的规范要求修身养性,这样伦常作为人的行为的最高准则便成为中国传统政治文化的思想基础。

圣君、贤相、清官、顺民是中国传统社会的政治理想,它集中体现了儒家思想中"仁"的概念,而"仁"实际就是一种伦常的观念,"三纲五常"无不是这种思想的体现和表征。在中国传统社会,这种伦常的政治文化观念是维系封建统治和正常社会生活必不可少的纽带,它影响了几千年的中国人的思想观念和行为方式。

故此,我们认为,"在某种意义上,中国传统的正义观是一种带有人情味的'人伦正义论'"②。这种正义观,强调从人的内心、良知或善性中发掘公平的内容。对正义与否的评价也主要取决于从结果上看是否符合人们内心的良知与善性。

人是继承性的动物,人类的文明总是不断地通过各种媒介世代传袭,传统正义观的特点无疑会在一定层面和程度上影响今天我们对于正义的基本体认。正是由于这种深刻的历史影响与文化记忆,今天我们对正义的理解更多地习惯于从道德伦理领域去探索。

受传统文化和马克思主义理论的双重影响,国内目前主流观念认为,正义是一个道德范畴。正义意味着符合一定阶级或社会道德原则和道德规范的行为,也是衡量阶级、集团、个人道德状况的主要尺度。正义是一个古老的观念,它产生于原始社会末期氏族社会瓦解和阶级社会形成之时。它主要是调节人与人之间财产关系的一种道德准则③。基于这种逻辑,该观点认为,人们的行为是否符合历史发展规律和最大多数人民的根本利益,是判断人们的行为是否符合正义的客观标准。

另外一种主流理解则主要基于伦理学学科研究的视角,把正义这个概念理解为伦理学的一个重要范畴,认为它是对道德关系和道德行为的价值判断。在道德领域,正义是对符合一定社会或阶级道德要求的言行的一种

---

① 《遗书·卷二十四》。
② 郑鹏成:《基本法律价值》,山东人民出版社2000年版,第68页。
③ 李水海:《世界伦理道德辞典》,陕西人民出版社1990年版,第222-223页。

肯定价值判断，是体现人的美德的基本概念，是衡量个人或社会集团道德状况的主要尺度。正义和公道、公正等概念的基本含义相同，常交换使用①。正义指一定社会条件下人们根据一定的道德标准做"应当"做的事，同时也是指社会对人们的道德行为和不道德行为所做的一种评价②。

随着关于正义的探讨的深入，这个概念也渐而拓展至政治学、社会学等其他学科范畴，表明了我国学界对于正义的研究的关注度正在提升，研究的学科和方法也日益丰富化。

总而言之，人们一般把正义视为道德范畴之一。它反映一个人在处理与社会、与他人的关系时所表现的道德品质。在道德观念方面，它表现为个人的意图、愿望和要求同事物的实际情况以及社会现行规范的一致性；在道德行为方面，它表现为一个人自觉选择的行动方针符合历史发展的客观需要，符合人们的利益，符合道德规范的要求。道德上的"正义"是同"不正义"、"不道德"相对立的。它在主观上明确要求对自己的信念、行为负有道德责任；在客观上体现着社会历史发展和社会道德进步的需要。不管个人如何对待自己的行为和信念，他都要在道德上为其正确性负社会责任③。

中国学者关于正义的解释，虽然角度不同，表述也有区别，但其内涵和外延是一致的，表现出一些共同的特征。其一，基本倾向于从传统的道德伦理范畴对正义进行界定，强调正义的道德性和伦理性。其二，强调正义的社会性和阶级性。马克思主义认为，对正义所体现的具体内容和价值标准应进行历史的、阶级的分析。不同的社会或阶级具有不同的正义观。从马克思主义的唯物史观出发，判断人们的行为是否符合正义，归根结底应以是否推动社会历史发展和符合人民群众的利益为客观标准。其三，强调社会主义正义观相对于传统阶级正义观的先进性和优越性。传统的正义观都从剥削阶级的立场出发，不可能科学地揭示正义的道德内涵。而在社会主义社会，人与人之间形成了崭新的道德关系，广大公民有着统一的正义要求——维护社会整体利益，维护人民群众的合法权益。主持正义，富有正义感，应当成为社会主义国家中每个公民都应具有的共产主义道德觉

---

① 宋希仁、陈劳志、赵仁光：《伦理学大辞典》，吉林人民出版社1989年版，第230页。
② 康树华、王岱、冯树梁：《犯罪学大辞书》，甘肃人民出版社1995年版，第1145－1146页。
③ 彭克宏：《社会科学大词典》，中国国际广播出版社1989年版，第153页。

悟。这种传统的人伦正义观偏重于从对人的教化去实现社会正义，依靠人性的提升实现社会正义，忽视社会制度建设，人往往沦为教化的工具，人的主体地位也易于受到损害。

二、制度正义：西方正义观念的演进

在西方，正义的观念可谓源远流长。自古希腊时期开始，各派思想家就不断地探索何为正义，其间一直未有中断。有趣的是，近年来，西方在政治哲学、法哲学的领域再度掀起了关于正义的争论热潮，将西方正义研究推向了高潮。

1. 自然正义的观念

正义在西方的理论话语体系中，古老而久远。古埃及在公元前 3000 年就已出现正义的概念，在古埃及人心目中正义是社会生活或道德生活的中心。当时的正义神（Maat），代表着正义的力量，比法老（国王）更有力量。公元前 19 世纪及前 18 世纪两河流域伊新国的《李必特·伊丝达王法典》和巴比伦王朝的《汉谟拉比法典》则把正义同政治、法律结合在一起，使它具有了政法的意义。公元前 12～前 8 世纪的"荷马史诗"时代，人们认为正义是习惯法的绝对基础和准则，习惯法是正义的具体体现。正义不仅是人间的秩序，也是神界的秩序，宙斯是普遍正义的监护者。在比《荷马史诗》稍晚的赫西阿德的长诗《神谱》和《工作与时日》中，希腊人关于神的正义的思想已经发展得更为系统，其中已经包含自然法思想的萌芽。他们认为"自然法"是人间律法的合法性来源与基础，而正义就源于至高无上的"自然法"理念，因此"正义"是人应该遵守的基本德行。例如，赫西阿德认为，在动物界实行弱肉强食的原则，但是在人类内部，却必须实行正义，因为正义是宙斯为人类制定的法。任何个人，如果要过多索取或用强力和狡诈手段破坏正常秩序，不规规矩矩地接受神所分配的工作，或不按神的分配取得正当利益等，都会受到宙斯的惩罚。世间有许多不公平、不公道，但宙斯是强有力的，他一定会替弱者主持公道，消除不公道，从而在宇宙中建立起正义。正义是人类福祉的源泉，只有遵从正义，才有和平与幸福的生活。

到了斯多葛派时期，自然正义的理念更是渐趋完善。在斯多葛派看来，自然的过程是受铁的必然性支配的过程。"逻各斯"、"理性"或"神"是宇宙秩序的创造者、主宰者,渗透和弥漫于宇宙万物之中,将万物都置于其不可抗拒的力量之下。人必然要受到那种弥漫于宇宙之中的普遍法则的支配,构成自然秩序和谐的一部分。这个支配宇宙和人的"理性"就是自然法。"自然法是神圣的,拥有命令人正确行动禁止人错误行动的力量。"[①]在这种关系层次理解基础上,西塞罗曾经明确区分了自然法和人间法,并对两者的地位进行了分析。他认为,自然法先于成文法或国家颁布的法律而存在,它是正义的根源,是人间法律的基础。自然法具有高于一切人类立法的权威,是判断正义与非正义的标准,是衡量人类立法和人类行为的准绳。

以上论述无疑可以反映出自然正义理念在西方正义传统中的崇高地位以及其对西方正义思想演进的影响力。正是由于这种至高的位阶与影响力,自然正义理念成为后世很多思想家论证正义是人类崇高美德的理论渊源,其后的思想家在论证正义时无不受到自然法理念的影响。

2. 社会结构型正义观

如果说自然正义理念更加关注的是自然的正义秩序,那么建立在社会安排基础上的正义理念,则关注的是社会结构和社会制度对正义的影响。这种视角与理解,更加关注在制度上和社会结构安排上如何构建正义的社会。

早在智者时代,一些智者就从"自然"与"法律"的对立中引申出了十分激进的平等思想,他们开始探讨社会不平等是否合乎自然,是否有自然的依据。

柏拉图关于正义的理念就来源于其对社会结构的认识与理解。他认为城邦的正义集中体现在社会分工上。社会分工是城邦产生的原因和动力,也是理想国社会政治结构的突出特征。柏拉图的理想国里严格地贯彻了社会分工原则。国家分为"统治"、"保卫"和"生产"三种职能,相应地,人民被分为统治者(哲学家)、辅助者(军人)和生产者三个等级。在柏拉图看来,只要这三个等级各司其职,各守其序,各尽其责,分工互助,国家就实现了正义。

亚里士多德秉持了整体主义观念,认为人是天生的政治动物,人只有在公共生活中才能实现至高的善。亚氏非常强调公共生活中的平等原则,认为这是正义的首要标志。在他看来,城邦是平等的自由公民的自治团体,

---

① [苏]涅尔谢相茨:《古希腊政治学说》,蔡拓译,商务印书馆1991年版,第215页。

全体公民都有天赋的平等地位。他据此得出应该让全体公民都参与政治，因为既然公民们"都具有平等而同样的人格时，要把全邦的权力寄托于任何一个个人，这总是不合乎正义的"①。他在《尼各马克伦理学》一书中更是明确区分了两种正义：分配正义和矫正正义。分配正义是按照才能与贡献等标准在社会成员之间分配财富、权力、荣誉、利益、责任等，这是按比例分配，体现了比例平等；当分配正义被违反时，矫正正义便开始起作用，矫正正义是指在社会成员之间重建原先已经建立起来后来又遭到破坏的均势和平衡，即当一个人的财产、权利等受到侵犯时，侵犯者应该给以补偿、修复等。这无疑强调一种社会安排的思路，即从社会安排的重组与改良上实现社会正义。这种正义理念，某种意义上标志着西方正义观理论与实践、传统与现代的转型，它对于西方社会对制度重要性的理解具有重大的理论和现实意义。

3. 自由正义观的发掘

对正义中自由内涵的发掘要归功于斯宾塞和康德。斯宾塞批判了功利主义的最大幸福原则。他认为，幸福难以衡量，因为它在不同时代、不同民族、不同阶级、不同个人之间是不同的，是变化无穷的。我们并不知道人们希望的幸福是什么，但是我们能够知道人们实现幸福的最主要的条件是什么。这种条件就是自由。他说："行动的自由是运用机能的第一要素，因此也是幸福的第一要素……自由是个人正常生活的先决条件，同等自由则成为社会正常生活的先决条件。"②

康德关于正义的观念和斯宾塞是相通的。康德同样强调自由对于正义的重要性。他要求人们要永远把人当作目的而不能当作实现目的的手段。因为在道德领域人是绝对自由的，人之所以存在乃是由于其自身是目的而不是工具。这种道德法则是人为自己的行为所设立的法则，它必须以意志自由为前提，这是道德法则得以成立的保证。按照康德的观点，凡人都有意志的自由，都知道什么是人的道德行为的最高法则，并按照它去行动。这样，道德法则与意志自由便成为一体的东西了。人越自由便越能遵循道德法则去行动，道德就越发展；一个人越按道德法则去行动，道德越发展，他也就愈加自由，于是社会便实现了正义。

---

① [古希腊]亚里士多德：《政治学》，吴寿彭译，商务印书馆1965年版，第168页。
② [英]斯宾塞：《社会静力学》，张雄武译，商务印书馆1996年版，第41—42页。

当然，无论是斯宾塞还是康德对于正义中自由的价值都有其界限，也就是说自由并非随心所欲的自由，斯宾塞所强调的"同等自由"是说每个人的自由要受到所有人的同样自由的限制，这是社会必要的组织原则。

4. 当代西方正义观：自由平等的二元内在冲突

自由和平等是人类自古以来一直追寻的基本价值，这两者构成了正义的基本内涵，在特殊时代一度成为革命的旗帜。但自由和平等无论在理论上还是在实践中，两者都并非相融相通的概念，事实上两者间存在几近不可调和之矛盾。那么，问题是正义的根本原则到底是自由还是平等，或者是其他。正义的理念能否调和两者间的张力，这一直是西方政治哲学界争论不休的焦点。20世纪70年代，罗尔斯《正义论》的发表更是掀起了新一轮思辨的高潮，这同时也标志着西方政治哲学的再度复兴。

（1）罗尔斯的"公平正义论"。罗尔斯秉持了社会结构型正义观的核心思想，在他看来，社会正义问题关涉的其实是社会结构或社会制度的安排问题，更详尽地说"是社会主要制度分配基本权利和义务，决定由社会合作产生的利益之划分的方式。所谓主要制度，我的理解是政治结构和主要的经济和社会安排"①。社会的结构安排对每一个社会成员的生活会发生持久深远的影响，人们探讨正义，实质上在某种程度与意义上就是在探讨社会结构的正义性问题，所以，社会结构天然地，也合逻辑地必然成为正义的基本主题。罗尔斯认为出身于不同家庭的人们存在着不同的生活前景、不同的社会地位和不同的生活，这些同政治体制和经济、社会条件都密切相关，甚至是由它们决定的。这样，社会制度就使人们的某些出发点比另一些出发点更为有利。在罗尔斯看来，这些不平等是一种特别深刻的不平等，因为机会的不平等是现世间人类不平等的根源，它们不仅涉及面广，而且影响到人们在生活中的最初机会。因此，"假设这些不平等在任何社会的基本结构中都不可避免，那么它们就是社会正义原则的最初应用对象"②。所以，在罗尔斯看来，正义原则首先是如何通过良好社会结构或社会制度的安排，解决由此导致的社会不正义、不公正问题。从这样一个逻辑出发，为了解决不平等问题，罗尔斯提出了著名的正义两原则：①每个人都将具有这样一种平等权利，即和其他人的同样自由相并存的最广泛的基本自由；②社会和经济的不平等将被安排得使人们能够合理地期望它对每个人都有

---

①② [美] 约翰·罗尔斯：《正义论》，何怀宏译，中国社会科学出版社1988年版，第5页。

利，并使他们所依附的地位与公职对所有的人都开放。上述两个原则中，第一个原则优先于第二个原则。从这两个原则中可以看到，罗尔斯的正义理论具有浓厚的平等主义色彩，他的"公平的正义"理论，首先意味着正义即公平，也就是正义是对基本权利与义务的公平分配。

（2）诺齐克"自由至上主义"正义论。诺齐克的"自由至上主义"正义观主要是在批判罗尔斯"差别原则"的基础上形成的。诺齐克坚持自由主义基本立场，而我们知道自由主义的核心在于个人主义，所以在诺齐克看来，正义离开了个人权利是无法理解的，正义的核心就在于充分有效地保障个人权利。对于个人权利来说，最大的危害来自以政府为核心的公权力，因此如何防范公权力对私权利的干涉与侵犯就成为自由主义哲学的核心命题，故而他认为，无论是个人还是国家，只要侵犯了个人权利就是不正义的，所以，权利构成了对国家行动的道德边际约束。诺齐克认为，国家在最初产生时所履行的保护功能是唯一能证明其合理性的功能，任何扩大政府职能的企图都会侵犯个人权利，从而失去道德依据。在他看来，主张扩大国家功能的理由中，最重要的是"分配正义"的理论，也即罗尔斯所说的为了公平在再分配中对弱者的关照。他认为这种理论一开始就认定市场的自然分配过程有错误，需要国家进行再分配。而这种再分配必然要侵犯个人的财产权利，因而必然是不正义的；真正的正义是"持有正义"，只有这种正义才与个人权利相吻合。所谓"持有正义"主要表现在两个方面：一是持有的最初获得是否正义，也即对无主物的占有是否合法；二是持有转让是否正义，也即持有物从一个人手中转到另一个人手中的过程是否合法。通过对"持有正义"的论证，诺齐克重点批判了罗尔斯的分配正义理论。

诺齐克同罗尔斯之争，实质是自由和平等之争。罗尔斯代表了日益趋向平等主义的新自由主义或激进自由主义，而诺齐克则代表了保守自由派对这种平等主义的抵制。两种理论的争论，也代表了在当今世界，人们对于正义状况的不同理解。

（3）社群主义者的正义论。如果说诺齐克的自由至上正义观是对罗尔斯平等式正义观的反对，那么社群主义者的正义观则立基于对自由主义的批判。社群主义者认为，自由主义者的基本思路是首先设定人们关于善恶的统一标准，因此，每个人都有选择自认为最好的生活的权利和自由。在这个前提下，为了使人们互相冲突的选择都能够实现，就需要一套在价值上保持中立的调节冲突的讨价还价规则，以便保障那一个体或那一共同体能够尽量有效地实践他、她或他们的爱好①。社群主义者认为这种价值中立是虚伪的，这种个人主义的方法论从根本上误解了个人（自我）与社会（社群）的关系。社群主义者认为，社会中存在一种基于"社群"的共同的善的正义观，强调道德共同体的价值高于道德个体的价值，强调社会、历史、传统、整体等非个人性因素对人类正义观念及人类良好生活的基础性和必然性意义。

当然，以上所述西方学者关于正义的争论，只是侧重于某一个方面，关于正义的相关论述还非常多，比如以哈贝马斯为代表的西方马克思主义的观点、激进平等主义的正义吁求等。在这里，限于篇幅和文章主旨，不一一赘述。

从以上论述中我们可以看出，中西方思想家关于正义的解释呈现出不同的特征取向。中国关于正义的理解倾向于从人的内心、修养，从对人的教化中去追求社会正义和谐；而西方关于正义的传统更加强调社会的结构安排，虽说自然正义观带有强烈的价值哲学取向，但其实质依然在论证世俗的人间制度安排必须要符合自然的秩序。总体来看，西方正义的理念传统围绕着制度这个核心，重视制度建设对于个人自由与权利，对于整体社会正义的重要性；而中国的人伦正义观则围绕道德这个核心，重视人伦礼教对于一个稳定社会的重要意义。这两种正义观的价值立场各异，笼统地批判和支持哪一种见解都有失偏颇。这也说明，在不同的时期，不同的文化背景中，对于正义的范畴、内涵、标准，不同的思想家、不同阶级立场的人都有不同的看法。这种特殊性恰当地反映着世界的丰富多彩。不过我们也深深体认到马克思主义哲学一贯的立场，特殊性中包含普遍性，普遍性中内含特殊性，我们依然可以从这些纷繁复杂的正义认识中概括出关于正义内涵的普遍性认识。

三、关于正义内涵的几点认识

博登海默说过，"正义有着一张普洛透斯似的脸（A Protean Face），变幻无常，随时可呈不同形状，并具有极不相同的面貌。当我们仔细查看这

---

① ［英］A. 麦金太尔：《谁之正义？何种合理性？》，万俊人等译，当代中国出版社1996年版。

张脸并试图解开隐藏其表面背后的秘密时,我们往往会深感迷惑"①。以上古今中外学者关于正义的理解的确让我们陷入了无限的迷惑与遐思之中。不过,如果我们把正义的哲学看作一套"纲领"——按照拉卡托斯的解释,科学研究"纲领"由两部分组成:其基础或核心部分称为"硬核",而包裹在"硬核"周围的一系列辅助假说则称为"保护带",对一个"纲领"而言,"硬核"是不容许改变的。如果"硬核"遭到反驳,整个"纲领"即被颠覆②。那么,从上述种种关于正义的理解中,我们至少从宽泛意义上能够得出几点关于其"硬核"的认识。

第一,正义是国家、社会和法的根本价值,它反映了人们对美好政治生活和社会生活的向往与追求。或许不能仅从留存至今的思想史中恢复出完整的人类文明的容貌,但思想史却能够让我们追寻出人类文明演进的脉络。从古希腊"荷马时代"对"神圣秩序"的追求、斯巴达时代的"平等者公社"、梭伦对雅典城邦的改革、自然哲学家视域中的"逻各斯"、毕泰戈拉学派对"和谐"的理解与认可,到柏拉图的理想国、亚里士多德对"理想城邦"的讨论,再到近代马基雅维利的共和理想、布丹的主权理论、霍布斯的"利维坦"、卢梭的人民主权学说等,无一不是反映了人们对美好社会生活和政治生活的向往与追求。而在源远流长的人类思想史中,人们所认可的美好社会生活和政治生活都来源于对一种价值的认可与遵循,而这种价值虽然表达方式各异,但究其内理都是源于"正义"的理念。可见,正义首先是一种理想,是对什么是美好的社会生活和政治生活的判断标准。"荷马时代"的英雄们把正义理解为习惯法的绝对基础和准则,习惯法是正义的具体体现。个别人对规则、习惯、礼仪的违犯,都被视为对神圣秩序的冒犯,都要受到神的惩罚。而所谓的"逻各斯"指的是自然的普遍规律和共同法则,也是万物共同的、普遍的尺度,它是最高的支配力量,是高于人间法律的更高法律,是人类法律的源泉、准绳。从这个层面上我们又可以看出,正义不仅仅是个人对自己私域生活的向往追求,更高的是对公共生活———一种社会生活和政治生活的向往与追寻。

第二,正义关涉的是人们在社会生活中的一种主观的价值判断,不同

---

① [美]博登海默:《法理学—法律哲学与法律方法》,邓正来译,中国政法大学出版社1999年版,第252页。
② [匈]拉卡托斯:《科学研究纲领方法论》,兰征译,上海译文出版社1986年版,第67页。

社会、不同时代、不同阶级立场的人的观点往往迥异。由于正义源于人们对美的向往与追寻，那么很显然正义关涉的是一种价值判断，所以正是从这个意义上著名法哲学家凯尔森认为正义是一种主观的价值判断。我们在分析一种行为、状态是否正义时，往往需要涉及三个要素，即人、社会以及与人直接相关的事物。人是正义反映的主体，也是评价正义的主体；社会形成归于人的产生和结合，社会对人的分工、分配起着重要作用，个人得不到与他人平等的地位、待遇，往往归结于社会的不正义（公平）；而与人直接相关的事物，如地位、资格、自由等，其多寡优劣主导着人们有关正义的评价。在最原始的社会形成时，有了原始劳动成果的分配，人们就开始了关于正义的讨论。至于何种行为与状态是正义的，用不同的标准、角度和站在不同的立场上，得出的结论往往是不同的。所以，我们正是从这个层面上审慎地认为正义是一种人的主观价值判断。如果我们认可了这个观点，那么我们就要追问，由于不同时代、不同文化、不同社会中的人们价值观念往往迥异，这是否意味着人们无法就人类所追求的基本价值——正义达成普遍性共识呢？所以，以下关于正义的基本理解势必会涉及这个主题。

第三，正义的实质是对人的价值的深层理解。人的价值问题与人的本质问题密切相关。人的本质决定人的价值，人的价值体现着人的本质。人的本质、人的价值力图从根本上回答"人是什么"或"什么是人"这一重大问题，它是现世的人所以存在的内在根据。马克思主义认为，人的价值是一种能够创造价值的价值，是一切价值中最高的价值。古今中外一切关于正义的理论，实质上都源于对人的价值的尊重与期待。马克思指出，"人的本质并不是单个人所固有的抽象物，在其现实性上，它是一切社会关系的总和"[①]。从中，我们可以把握住两种类型的价值，一种是个人的价值，另一种是人的社会价值。很显然，中国传统正义观更加强调人内心的自我良知对正义的重要性，也即对个人价值的重要性。而西方对正义的种种理解则更加强调社会制度规范对正义和人的价值实现的重要意义。如罗尔斯就更加注重社会平等的正义观对于人的价值实现的意义。而在诺齐克看来，自由的社会正义对于人的价值意义更高。那么在社群主义者眼中，社群的共同善、共同价值更能反映人的本质、人的价值。这一切理解无疑都是围

---

① 《马克思恩格斯选集》（第1卷），人民出版社1995年版，第56页。

绕着核心的"人"来论证的，所以，我们认为"人"乃正义的中心，"人"构成了对正义理念理解的关键，"人"也成为解答正义标准难以普适的钥匙。为了进一步解答这一对于正义理念发展至关重要的命题，下面引入本书最为重要的一组概念，即最低限度的正义与程序正义。

四、最低限度的正义①与程序正义

正义是人类的最高准则，正义源于对人的价值的追求，所以古往今来，人们一直在探索正义这个古老的课题。以上关于正义理论的回顾中，古今中外的思想家们论证了正义价值的至高性，探讨了正义的基本价值内涵。不过如上所述，他们关于正义的认识却是张普洛透斯似的脸，往往让不同文化水平、不同立场的人们争论、激辩，这影响着正义价值的神圣性及其社会意义。所以，这种讨论抑或是争论，最终势必会涉及我们对正义判断的标准问题。也就是说，如果一定要说正义有一个唯一标准的话，那么应当如何界定？英国思想家米尔恩关于人权哲学的理解为我们提供了思路。人权和正义相像，它是古往今来人们不断追寻的目标，但同时也是最难让人把握的。鉴于当今世界各国对人权的纷争，米尔恩提出了"作为最低限度标准的人权"概念。这个概念包含两层含义：一是鉴于社会发展的不平衡性和道德规范的多样性，得到某种共同体认可的特定的权利要求，无法用充足的理由来证明，它在别的共同体中也必须得到同等程序的认可。这意味着，一种可被合理辩护的普遍正义应该能够与特定社会、特定时代的特定情况相容。二是不论社会发展和道德规范存在多少差异，一些最起码的，即最低限度的人权必须得到所有共同体的一致拥护；若某一共同体对其公开拒绝，则只能断定，该共同体的道德规范本身存在缺陷。这意味着，社会和文化的多样性不能成为拒斥最低限度的普遍正义的托词。所以笔者认为，虽然正义是张普洛透斯似的脸，但存在最低限度的正义。归结起来，正义标准因为是低度的，所以才是普遍的；由于是普遍的，因而也就只能是低度的②。

---

① 在这里要感谢英国思想家米尔恩"作为最低限度标准的人权"概念对本书的启示。
② [英] 米尔恩：《人的权利与人的多样性——人权哲学》，夏勇等译，中国大百科全书出版社1995年版，第6-12页。

程序正义与人的存在

人们一直热衷于正义"应当如何"的讨论，不过，真正的问题在于如何实现正义。正义对于人的价值实现来说是至高的，那么是否意味着只要能达到这个结果标准，社会就一定自然是正义的呢？或者说正义就一定实现了呢？

康德曾将这一段话视为"绝对的道德命令"："永远把人类——无论你亲自所为还是代表他人——当作目的，而不仅仅当作手段来对待。"① 这一点，实乃正义的灵魂所在。从这段话中，我们可以领悟出正义的最低限度，也就是社会正义的最低要求。正义要保障人的主体性，正义要捍卫人的尊严，正义要尊重人的人格。而人的主体性的保障、人的尊严的捍卫、人的人格的尊重，其结果固然重要，但过程更具实质意义。如果人的本质在过程中已经颠倒，在程序中已被异化，那么结果正义就失去意义，结果的正义性并不能矫正人的本质的过程性异化。

所以，"从亚里士多德以来，通过一定过程实现了什么样的结果才合乎于正义，一直是正义理论的中心问题"②。正义包含两种核心要素：一种存在于过程之中，另一种存在于结果之中。日本学者谷口安平认为，学者们在讨论如"给每个人仅属于他的东西"或"同等情况同等对待"等命题时，往往对通过什么样的方式、程序来给人们属于他的或同等的东西不感兴趣。只要结果是每个人得到了他应当得到的或同等情况下的人们都得到了同等对待，也就实现了正义。这种理解很显然是一种关注结果的正义理念，我们一般称为"实体的正义"或"实质的正义"（Substantive Justice）。但是，在社会生活中，为了形成一定的结果或状态，人们在特定时间内的特定活动过程又是必不可少的。这种特定时间内的特定活动过程体现的无疑就是程序。程序的不同会引起结果的不同。所以，从这个层面来说，程序、过程对正义的实现同样是至关重要的，这种理解关注实现正义的过程，我们称为"程序的正义"（Procedural Justice）。

我国学者陈瑞华认为，从静态上看，实体正义具有一系列明确的价值标准。刑法学者所研究的罪刑法定、罪刑相适应、对类似案件给予相同处理等法律原则，大体上可以视为实体正义的主要内容。但是，如果从动态的角度观察，实体正义在一个个具体的案件中却没有一个统一的标准。由

---

① ［美］罗尔斯：《正义论》，何怀宏译，中国社会科学出版社1988年版，第81页。
② ［日］谷口安平：《程序的正义与诉讼》，王亚新等译，中国政法大学出版社2002年版，第1页。

于几乎所有案件在事实上和情节上并不完全相同,所涉及的法律问题也互有差异,而案件在裁判结果形成之前,多少都具有一定的不可预测性或不确定性,因此,要想给所有案件的裁判活动确定一个统一适用的公正结果,是十分困难,甚至是不现实的①。相对于实体正义结果标准价值的难以衡量和评判性,程序正义则是一种"看得见的正义"。一个案件的裁判过程是否符合公正的标准,有无明显的不公之处,不仅当事者能感知,而且一般社会公众也能觉察。

所以,正义是人们对美好政治生活、社会生活的向往与追求,正义更是法的首要价值。然而,古今中外的一切实践却向我们展示了这样一个状态:任何案件的结果是否正义是难以判定的,不同时代、不同阶级立场的人们对正义的认识可能都有差别,特别是在一个纷繁复杂、多元化的社会中,任何一种绝对统一的价值标准都是难以存在的。因此,与其说正义是对结果的一种判定,倒不如认为它是对实现结果的过程的一种价值衡量。过程的正义,或者说程序的正义对于结果或实体的正义具有独立的、自在的重要价值意义。所以,笔者认为,要实现正义,首先要意识到程序的独立性地位,这就要求我们对程序进行重新定位与认识,因为坏的程序某种意义上比恶的法还恐怖,故而我们必须探求程序的正义性问题。正是基于这样一种思考立场,本章第二节笔者将对正义进行类型学透视与反思,以进一步揭示程序正义对于正义的重要性以及程序正义的独立价值。

第二节 正义的分类

第一节我们概略地考察了正义的理论发展与内涵,并得出了对正义理解的庞杂性和程序正义的重要性的认识。正义作为一个耳熟能详的语汇,人们不仅从内涵上解析其要义,也广泛地从社会政治、道德、经济、科学、文化、宗教、法律等各个领域,拓展认识视野,深化对其"硬核"的认识。本节主要立基于程序正义与正义的关系的视角来进一步探索正义的内涵和意义。

---

① 陈瑞华:《看得见的正义》,中国法制出版社 2000 年版,第 1 页。

美国法学家庞德曾经从经济、政治、道德、法律等不同角度对正义作了分类。他认为，第一，"在伦理上，我们可以把它看成是一种个人美德或是对人类的需要或要求的一种合理、公平的满足"①。在伦理学意义上，正义观强调：一方面正义是一种美德，是一种伦理的规范，它作为人类的良知和道德依归，用于判断个人行为的正当性；另一方面正义意味着价值上的公平、公正，用于判断和促进社会关系的正当性。在日常生活中，我们总是习惯于判断人们行为的正当与否，我们认为某事是正义的，也就表达了赞同的倾向，而当我们断言某事是非正义的，则表达了一种排斥的态度。从这个意义上讲，"正义"和"非正义"是两个客观的价值评判词汇，我们用这两个词可以表达某事是合法的或是好的和正确的，也可以表示它是不合法的或错误的、坏的，甚至可能是恶劣的；用"正义"这个词可以表达一种客观的或客观地表示赞成某事或某事的合法性，用"非正义"这个词则表达一种客观的至少是客观地表示排斥的态度②。从另外一个层面讲，伦理学意义上的正义同样在追寻着正义的实然价值。柏拉图在《理想国》中强调美德、知识对于社会正义的重要性，强调对公民进行教育，培养出优秀的公民，使城邦成为一个"理想国"。在漫长的历史长河中，伦理学日益认为正义实质上代表的是一种对人的终极价值关怀，对人与人之间的社会关系的某种道德约束与调整，所以他们认为，只有公平、公正才是正义的。所以，伦理学意义上的正义实质代表的是一种道德约束。第二，"在经济和政治上，我们可以把社会正义说成是一种与社会理想符合，以保证人们利益与愿望的制度"③。怎样才能获得美好的政治生活，这大约是古今中外一切思想家所努力探求的。而在这个漫长的探寻过程中，人们不断地在回答着这样两个问题：一是这种美好生活愿景的基础是什么？二是如何实现这种社会政治的基础。前一个问题的回答，通过本书第一节的相关论述，事实已经很清楚，正义被人们当成了这种至高而神圣的基础，奥古斯丁就曾经提醒我们，"如果没有正义，国家与抢劫团体又有什么区别呢"④？后一个问题，我们认为通过制度，通过一种良好的社会政治经济制度设计可以实

---

①③ [美]庞德：《通过法律的社会控制——法律的任务》，沈宗灵等译，商务印书馆1984年版，第73页。
② [德]奥特弗利德·赫费：《政治的正义性——法和国家的批判哲学之基础》，李张林译，上海世纪出版集团2005年版，第29-30页。
④ [美]莱斯利·里普森：《政治学的重大问题》，刘晓等译，华夏出版社2001年版，第52页。

现社会正义。柏拉图认为，国家是社会分工的产物，一个正义的国家必须严格贯彻社会分工原则。他把人划分为三个等级，即"统治者"、"辅助者"和"生产者"，只要这三个等级各司其职，各守其序，各尽其责，分工互助，国家就实现了正义。亚里士多德通过对158个城邦政制的考察，得出结论，理想的政体以"中庸"为原则，主张混合政体。他认为，"凡能包含较多要素的总是较完善的政体，所以那些混合多种政体的思想应该比较切合于事理"①。罗尔斯根据其两大正义原则，特别是差别原则对经济正义或分配正义的关注，对社会制度进行了设计和调整。在这种制度过程中，"正义既包括方式，也包括结果。方法是公平交易，结果是指承认所有的个人及团体都平等地享有一些基本权益，并且在他们之间作合理的分配"②。所以，对于经济政治来说，正义意味着一种公平公正的制度安排。第三，"在法学上，我们所讲的执行正义（执行法律）是指在政治上有组织的社会中，通过这一社会的法院来调整人与人之间的关系及安排人们的行为，现代法哲学的著作家也一直把它解释为人与人之间的理想关系"③。不管从何种角度来说，法首先是一种社会规范，它调节着人的行为及社会关系，规定着人们的权利与义务分配。所以，在现代社会，社会的控制与整合都是通过法来进行。而法有恶法与良法，早在古希腊时期，亚里士多德就曾指出法治的两重含义：第一，已成立的法律获得普遍的服从；第二，大家所服从的法律应该本身是制定得良好的法律。也就是说良好的法律是前提，服从恶法不是法治。有了良好的法律，全体人民，包括统治者应一律服从，否则也不会实现法治。所以，法同样需要一种价值导引和道德约束，这就是正义。今天我们不仅强调实体法的正义性，还强调程序法的正义；不仅强调实体正义、结果正义，还要求保障程序的正义。程序正义牵引着实体法及其结果的正义性。

程序是哲学的应然研究对象之一。我们知道，哲学的核心命题实乃对于人的认识，对于人所组成的社会的认识，从这种意义上看，人、社会、哲学三者是相通的。很多西方思想家，包括马克思、恩格斯，都曾经从人与社会的起源中去推演社会制度安排等理论。有学者认为，如英国思想家

---

① [古希腊] 亚里士多德：《政治学》，吴寿彭译，商务印书馆1965年版，第66－67页。
② [美] 莱斯利·里普森：《政治学的重大问题》，刘晓等译，华夏出版社2001年版，第51页。
③ [美] 庞德：《通过法律的社会控制——法律的任务》，沈宗灵等译，商务印书馆1984年版，第73页。

霍布斯，人类的起始状态是一种可怖的人与人自相残杀的状态，为了避免人们相互间的争斗毁掉人类，于是人们无奈地让渡出自身的某些权利，从而形成了对人类而言的"必要的恶"，即国家，也就是霍布斯眼中的"利维坦"。也有学者认为，如洛克，人类在起始状态是和平共处的，但人们之间也常会有矛盾发生，如果任由当事人来处理，容易导致冲突，于是人们自愿地将评判与惩罚的权利让渡给一个公共组织，即国家。所以国家的合法性来源于人民的权力委托，没有了人民的认同，国家也就不复存在。从这样一种理论论述逻辑中我们不难看出，对于公权力而言，公权力的形成过程，即程序对其作用效应的发挥有着直接的决定性意义。所以，程序确实对人与社会的形成具有基础性的中介作用，它理应成为哲学的核心命题之一。既然程序的重要性已经得到证明，下面我们就从程序正义的视角对正义的命题进行深度的厘析。

一、程序的独立价值

汉语中的"程序"一词，依《辞海》解释是指"按时间先后或依次安排的工作步骤"。这种解释从字面上容易理解，但含义过于宽泛，如事件的展开过程、节目的先后顺序、计算机的程序控制、诉讼的行为关系等都可以称为程序。

从法学角度来看，程序是交涉过程的制度化，它开始于申请而终止于决定，整个进行过程有一定的条件、方法、步骤和仪式。程序本身所考虑的要件是事实，而不是决定的内容和处理的结果，它不存在既定的判断，复杂的社会状况在这里被简化。① 程序在现代公共生活中的意义毋庸置疑，按照德国社会学家卢曼（Niklas Luhmann）的说法，在西方旧的身份共同体关系解体与资本主义新秩序确立这一历史过程中，有两项制度起到了神奇的作用，一个是社会或私法领域里的契约，另一个是国家或公法领域里的秩序。

历经数百年的发展，在公共生活中需要程序以及需要不断构建和完善程序这样的问题上，人们并无争议，程序的各种积极功能也得到了政府和民众的认可。但长久以来，人们虽然重视了程序的功用，但并不认为程序

---

① 季卫东：《法律程序的意义》，《中国社会科学》1993年第1期。

可作为自主和独立的实体而存在，它在某种意义上只是一种工具，是一种为达到某种目的的手段而已。如边沁认为，程序只是为了"保证最大多数人的最大幸福"。在传统观点看来，程序有没有用或者好不好，要看它服务的法律能否实现良好的结果，而不在于程序本身。那么，问题出现了，程序是一种保证公正目的和结果的工具和形式，这种工具和形式是否可以由其他工具和形式来取代呢？这个问题的提出，使我们认识到程序固然是工具和形式，但是程序绝不是简单的工具或形式，它具有自身相对独立的意义与价值。

1. 程序形式的相对独立性

按我国学者孙笑侠的理解，程序形式的相对独立性体现在五个方面：程序的合理性有其自身的评判标准；程序具有独立的可信度；程序法发展的稳定性和延续性；程序传统可自成一派；程序可以是相对落后或超前的。

程序有好有坏，前文说过，坏的程序比恶法更加可怕。那么，我们如何去评判程序呢？按照工具主义观的解释，结果论过程。但在不少情况下，我们可以离开实体内容来鉴别程序的合理与不合理。如公开的审判比秘密的审判合理，有质证的程序要比无质证的程序合理，有辩护的程序比无辩护的程序合理。这一系列对程序合理性的评判不需要借助实体内容就能够独立地进行。法学家之所以可以离开实体内容来设计程序公正的模式和标准，就是因为程序具有它自身的合理性审判标准。

程序形式的相对独立性表现在程序具有独立的可信度。通常，如果在一个权威的程序中作出某项选择时，我们一般不会再去怀疑其结果本身的合理性，而是自然地去接受这一结果，因为我们没有理由去证明另一种选择会比这一种选择更合理。这表明了程序本身就具有其合法性和可信度。英国的"审判先于真实"就是这种独立可信度的最为明显的体现。在英国人看来，如果你遵守仔细规定的、光明正大的诉讼程序，英国法学家认为你几乎可以有把握地获得公正的解决办法。

程序制度的发展历史悠久。法律程序的不少方面能够保持相对的稳定性和延续性。当代法律程序的许多制度、规则早在数百年前甚至更早就已经存在。现代法律在实体内容上发生了许多重大的变革，但是这种变化的强度并没有发生在法律程序的演变过程中。这是程序具有相对独立性的第三个重要表征。

程序的相对稳定性和延续性还使得程序繁衍出一种法律传统，支撑起一个法律体系，这就是世界上独领风骚、经久不衰的英美法系。英美法的独特传统几乎离不开程序特色，一旦离开程序这一具有遗传"基因"意义的因素，英美法系就绝不会存在。

程序独立性还表现在它可以是相对落后或超前的。法律程序可能相对落后于或超前于法律实体内容的发展程度，法律实体内容的优劣并不完全决定法律程序的优劣。有一优越的法律实体内容并不必然会产生优越的法律程序形式①。

2. 程序独特的功能效应

相对于实体结果而言，程序也有自己独特的功能效应，它并不总是成为实体结果的附属品。

首先，程序的控权功能。法治作为一个"最为重要的概念，至今尚未有确定的内容，也不易作出界定，它是指所有的机构，包括立法、行政、司法及其他机构都要遵循某些原则"②。这种界定实质上反映的是法治的一种权力制约功能。法治社会的国家权力不再是传统国家那种游离于责任与法律之外的强权，而是受到法律程序严格约束的一种力量。程序正义的意就在于其限制国家权力，着意于防范国家公权力对公民的侵犯，程序规定了国家公权力行使的合理边界，从这个层面上，我们可以认为程序使得"法制"进化为当代意义上的"法治"。这些程序有我们日常政治法律生活中经常提及的立法程序、执行程序、司法程序，还有如政党程序、选举程序等，目的都在于通过程序来保证权力依法行使的正当性，它们构成了政治过程的要害与核心。

其次，程序有避害的功能。按照实证主义法学家的观点，法治的功用在于实现秩序，在他们看来，某种意义上法律实际上就是维持主权者、法官、律师、当事人之间平衡的手段，是社会秩序的确定者。社会的确定性由于法律的存在而得到保障，但主权者的行为无法约束，因此必须要建立第二套规则来限制主权者的权力，这套规则就是程序。通过程序来维持主权者行为的确定性，从而使得整个社会避免不确定性③。在法律现实主义者看来，法律程序的功能在于表达，在于对法律所处的社会规范、价值观念

---

① 孙笑侠：《程序的法理》，商务印书馆2005年版，第49－54页。
② ［英］戴维·M. 沃克：《牛津法律大辞典》，李双元译，法律出版社2003年版，第990页。
③ 徐亚文：《程序正义论》，山东人民出版社2004年版，第151－154页。

的阐释。这种表达与阐释能够使社会成员相信,社会的应有价值没有被遗忘,它们依然是他们生活中的一部分①。这样程序可以促使人们内心承认和接受某种具有强制力的决定,可以相对减弱个人在自作主张时所显露的那些咄咄逼人的锋芒②。

最后,程序还有修正与引导的功能。在程序的导引下,虽不能保证它所作出的每一项决议和法规都是正确的,但可以保证错误一旦发生,会有被迅速修正的可能。程序在使参加者都有平等表达和自由选择机会的同时,也使责任范围明确。在更积极的层面,现代程序越来越与法治、民主、自由、人权、正义等价值目标紧密联结,不仅使可能脱缰的权力受到程序之缰的牵引,还为保卫公民神圣而脆弱的权利指引方向。

3. 程序独立的价值取向

按照程序本位主义的理解,程序是为了保障一些独立于结果的内在价值而设计的,它不只是为实现某种实体目的的手段或者工具。一项法律程序或者法律实施过程是否具有正当性和合理性,不是看它是否有助于产生正确的结果,而是看它能否保护一些独立的内在价值。换言之,程序的根本价值在于程序本身的正义,而不是结果的有效性。虽然我们并不否认结果之于正义的重要意义,但程序本位主义者对于过程的强调更让人们深化了对正义的全面理解。

按照程序本位主义者的主张去实践,就不仅要强调程序规则的法定化和形式化,而且要强调程序规则能体现基本的公平和正义精神。在这种正当、合理的程序中,"正义不仅要得到实现,而且要以人们看得见的方式得到实现"③。它使得那些即使受到不利裁判结果的程序主体也会因在程序中被公正、合理地对待而认同和接受这一不利结果,从而形成对法律制度的普遍信仰和尊重;而违背法律程序的行为不论是否对实体结果产生影响,都构成对某种程序"过程价值"的损害,必须被矫正或承担相应的法律责任。

程序的独立价值取向与本书第一节所探讨的"最低限度的正义"实质是紧密联系在一起的。对程序内在价值的挖掘,实质就是为了彰显对人作

---

① 徐亚文:《程序正义论》,山东人民出版社2004年版,第159-160页。
② 季卫东:《法律程序的意义》,《中国社会科学》1993年第1期。
③ [美] J. R. 卢卡斯语,陈瑞华:《看得见的正义》,中国法制出版社2000年版,第2页。

为人应当具有的尊严的必要承认和尊重,即每个人都是具有人格尊严的平等的道德主体。因此,将人作为中心的法律程序和法律制度在逻辑上必须体现对人的尊重,否则就不是"良法"①。

二、程序法与实体法关系

前文重点讨论了正义及其与程序的关系。正义的运行与实践,在现代社会集中体现于人们的法律生活中。因为法构成了当代人们生活的基本模式与范式,我们的生活离不开法。前面所讨论的过程与结果,反映在法上,就体现为程序法与实体法之分。日本学者谷口安平认为,法一般分为实体法与程序法②。实体法与程序法之分最早出现于18世纪,由英国法学家边沁提出。《布莱克法律辞典》将程序法解释为实现权利或获得救济的方法,进行诉讼程序的手段。通常而言,规定权利、义务、责任的是实体法,而规定这些权利和责任在法院得以实现和执行的方式的则是程序法。《牛津法律大辞典》的定义是:"程序法的对象不是人们的权利和义务,而是用来申请、证实或强制实现这些权利义务的手段或保证在它们遭到侵害时能够得到补偿。因此,程序法的内容包括关于各法院管辖范围、审判程序、诉讼的提起和审理,证据、上诉、判决和执行,代理和法律援助,上诉费用,文具的交付和登记,以及行政请求和非诉讼请求的程序等方法的原则和制度。"现行引用最多的解释源于日本学者谷口安平,在他看来,实体法从常识来讲就是以"应当如此"的法律关系为内容,提示什么是实体正义的规范;与此相对,程序法则被理解为规定如何实现实体法内容的手段性规范。程序法包括各种各样的规范,但其中心部分则是规定民事和刑事诉讼的法律规范。由于程序法作为手段、工具的性质,有时被称为"助法"或"附带性规范"。谷口安平自己也认为,这种界定"表现出一种思想,即以完美无缺的实体法为前提,程序仅仅是以判决的方式产生出其结果来的机械性过程或就是这个机械本身"③。所以,我国学者徐亚文认为上述界定存在着

---

① 王锡锌:《正当法律程序与"最低限度的公正"——基于行政程序角度之考察》,《法学评论》2002年第2期。
② [日] 谷口安平:《程序的正义与诉讼》,王亚新等译,中国政法大学出版社2002年版,第6页。
③ [日] 谷口安平:《程序的正义与诉讼》,王亚新等译,中国政法大学出版社2002年版,第6—7页。

第一章 正义与程序正义

固有的内在矛盾与缺陷，从而从人的行为角度出发，对实体法与程序法进行了重新界定。他认为，法律都是关于人们行为的社会规范。马克思曾经说过，"对于法律来说，除了我的行为以外，我是根本上不存在的，我根本不是法律的对象。我的行为就是我同法律打交道的唯一领域，因为行为就是我为之要求生存权利，要求现实权利的唯一东西，而且因此我才受到现行法的支配"①。基于这种认识，徐亚文认为，在法律规范层次上，实体性法律规范是规定行为是否许可的法律规范，程序性法律规范是规定行为的时间和空间形式的法律规范。这样一来，在法理学上，实体性法律规范也就是规定权利与义务是否存在的法律规范，程序性法律规范就是规定权利、义务实现方式的法律规范②。本书并不想纠缠于两种概念本身，事实上，关于实体法与程序法，学界虽然没有达成统一看法，但关于其实质内涵的理解基本是一致的。谷口安平与徐亚文的界定虽然不尽相同，但其机理是一样的，只是角度不同而已。从书的写作主旨来说，本书偏向于徐亚文的解释，因为在这种解释中，我们可以更加明晰地看到，实体法、程序法对于人的行为的意义，更深一层次来说，是对于人的价值的重要意义，这正是本书的主旨。

1. 相对于程序法的实体法

谷口安平认为，原始社会没有实体法的观念，共同体的代表诉诸某种超自然的力量来解决纠纷的所谓审判就是依靠程序。即使对这种原始状态存而不论，只要回溯到英美法和大陆法的早期历史阶段即可发现只有程序而不存在实体法观念的现象。早期英国法采取诉讼方式的程序，将具有特定事实关系的案件通过特定诉讼方式处理。如果由于社会变化或其他情况发生了原有诉讼方式不适应的问题，就创造并引入新的诉讼方式。罗马法首先发展的是"诉权"，"诉权"不同程序也不同，"诉权"的逐渐增加意味着实体法被创制。谷口先生认为，传统的程序工具论将程序法作为实现实体法的工具与手段，是以完美无缺的实体法为假想前提的。然而实体法最终已放弃了法律完美无缺的神话，而更多地依赖于程序过程中法官的判断这一点也已经是不争的事实。民法典越来越依靠被称为一般条款的立法技术来维持其体系性。作为一般条款的诚实信用、权利滥用、正当事由或

---

① 《马克思恩格斯全集》（第1卷），人民出版社1956年版，第16-17页。
② 徐亚文：《程序正义论》，山东人民出版社2004年版，第253-256页。

重大事由等概念本身并不具有明确的内容，只是在每个个别的案件处理中由法官赋予其具体含义。而且，实体法所规定的权利、义务如果不经过具体的判决就只不过是一种主张或权利义务的假象，只是在一定程序过程产生出来的确定性判决中，权利、义务才得以实现真正意义上的实体化或实定化①。

受谷口安平的影响，我国大部分学者也较为认同"程序法是实体法之母"的观点。他们看来，在实体规则方面，法律以外的规范可以代替实体法规范，我们的生活秩序可以依赖于道德、习惯、民约、政策、命令等实体性行为规范，也就是说，我们可以没有法的实体规范。

2. 相对于实体法的程序法

"法律区别于其他社会规范的特征是法律规范的程序性而非实体性。"② 当我们生活中出现矛盾、冲突和争端的时候，我们对法的首选需要不是实体法规范，而是程序，如原始人是从解决争端的程序需要中产生了对法的需求。法在某种意义上产生于传统的习惯、民约、道德、命令等，但为什么这些传统的伦理道德会演化为现代的法律，笔者认为这源于程序的需要。如果这些实体性的既定的伦理规范完全可以解决社会矛盾、冲突，那么其转化为法就失去了必要的意义。而之所以有了这种演进、转化，正是因为解决过程中对程序的关注。所以，"无程序的法律"意味着没有程序制约的实体规则得不到一致的、普遍的、公开的执行，它完全可以演变为专制的恶法，因而，我们宁要"无法律的程序"，而不要"无程序的法律"。我国清末法学家沈家本认为，"刑律不善不足以害良民，刑事诉讼程序不备，即良民亦罹其害"③。沈宗灵认为，一种法律制度本身是不正义的，但如果它按照一定的程序一贯被适用的话，一般地说，至少能使服从这种法律制度的人知道对他有什么要求，从而使他可以事先有所防备、保护自己。相反，如果一个处于不利地位的人还受到专横待遇，那就成了更大的不正义④。

3. 实体法与程序法：人学视域中两者的内在统一性

在现实社会生活中，过于重视实体法而忽略程序法和过于强调程序法

---

① ［日］谷口安平：《程序的正义与诉讼》，王亚新等译，中国政法大学出版社2002年版，第7－8页。
② 徐亚文：《程序正义论》，山东人民出版社2004年版，第256页。
③ 李贵连：《沈家本与中国法律现代化》，光明日报出版社1989年版，第128页。
④ 沈宗灵：《现代西方法理学》，北京大学出版社1992年版，第120页。

第一章　正义与程序正义

的重要性而对实体法的虚无化处理,都不利于社会正义的实现,都不利于人的价值的实现。美国著名法律社会学家弗里德曼也说:"一直以来,我们使用了大量的时间、精力去研究法律规则和它的形式安排,以期有利于制定和执行规则。但是在任何一种法律体系中,人的行为才最具有决定性的意义,也即人们实际上做些什么。如果没有人们的参与,规则不过是一堆话语,制度安排也不过是容易被忘却的缺乏生命的空的躯壳。"① 所以,在现实法生活中,我们理解实体法、程序法,要从"人"的角度对两者进行梳理,即要从维护人的价值尊严的角度将两者结合起来。只有捍卫了人的至高价值的法律结构组合才是最正义的。

第一,程序法对实体法的实施起着保障作用,从而为人的价值的真正实现提供程序性保障。这是程序法对实体法的工具性价值。从逻辑上说,作为直接规范社会生活内容的实体法本身并不能自动得以适用,正如前面指出的,抽象的规范与复杂广泛的社会事实之间存在着间距与张力,实体法要适用于解决个案纠纷,要适应多元化的社会,必须依赖程序法创设的"法的空间"来简化复杂的社会事实。程序法通过对实体性权利、义务得以实现的顺序、步骤和方式的规定,从而为实体法的正确实施创造了必要的条件。实体法包含的如民主、自由、秩序等一系列正义价值,必须通过程序的有效运作才能在社会中得到全面和完整的实现。只要程序本身的设置是合理的,国家专门机关和诉讼参加人遵循这些程序进行法律行为,原则上就能保证实体法的正确适用。顾培东指出,"程序的公正是正确选择和适用法律,从而也是体现法律正义的根本保障。首先,程序公正可以排除在选择和适用法律过程中的不当偏向……其次,公正的程序本身就意味着它具有一整套能够保障法律准确适用的措施和手段,并且由此能够形成保障法律准确适用的常规机制"②。

第二,实体法对程序法有约束和引导的作用。表现在以下几个方面:首先,从程序的启动上看,无论是行政程序、立法程序、司法程序都起源于实体权利和义务。其次,程序在运行中,受实体法引导,而不能为了程序而程序。例如在审判中当事人的实体权利和义务已内含于整个程序运行的过程之中。再次,程序运行的终点是实体目标最大限度的实现。最后,

---

① L. Friedmann, An Introduction to American Law, Stanford University Press, 1984, p. 46.
② 顾培东:《社会冲突与诉讼机制》,四川人民出版社1991年版,第67页。

实体正义的实现程度是衡量程序运行状况的标准。

第三,程序法与实体法具有同等重要的地位,共同捍卫人的至高价值,实现社会正义。程序法不仅能保障实体权利的实现,而且能辩证地执行实体法,对实体法起补充漏洞和矫正不足的作用。从控制和整合社会的角度来说,一个社会的实际状况是否正义直接决定着这个社会的稳定与祥和。但程序是否完善与正义同样影响着社会的整合与和谐。美国西北大学心理学教授泰勒曾经进行过一项针对公民服从法律的态度与行为的调查,该调查发现,人们在感受到法律当局行为正当的时候,更愿意主动守法。而法律当局行为的正当性,与在人们心目中主管当局所采取的程序是否公平是相关的,却与他们本身是否赢得诉讼大体没有必然的关系。该项调查研究告诉我们,重典本身并不能激发守法动机,而正当程序对于形成民众对当局的信任进而形成良好的守法环境,却具有重大作用[1]。

综上所述,实体法和程序法都是维护社会稳定和保障公民权利的工具,两者之间不存在也不应当存在主从关系和目的与手段的关系,两者既各自独立又相互依存,共同构成统一的法制体系,共同捍卫着人的价值,维护着社会的正义。

三、程序正义与实体正义

从哲学上讲,实体"通常指具体的事物和现象中常住不变的东西"[2]。在西方哲学史上,实体一般指事物的不变的基原,它与具体变化的事物和现象不同,在一切变化的情况下都会保留下来。唯物主义者把它作为物质(如德谟克里特的原子);唯心主义者把它作为精神(如柏拉图的理念)。由此我们可以发现,实体实际上是哲学在回答世界的本质如何产生时的概念,它是用来说明世界究竟是什么的结论性认定。这一概念在其他领域往往用来表示事物本身的根本性质和内容。实体一般也是在静态的意义上对世界和事物的认识,人们通常在考察"实体"时,是穿过并摒弃了其繁杂的外在形式与现象及其变化运动的滋扰而进行的。在考察世界本质是什么的同

---

[1] 周天玮:《苏格拉底与孟子的虚拟对话——建构法治理想国》,中国台湾天下远见出版股份有限公司1998年版,第101页。
[2] 《简明社会科学辞典》,上海辞书出版社1982年版,第685页。

时，哲学同样也提出了世界的现象如何以及世界的本质以什么样的方式存在的问题。比如，其涉及世界是静止的，还是运动的；是孤立的，还是相互联系的；是可知的，还是不可知的；等等。这些便是哲学在动态的意义上回答世界的状况如何的论题。

如果法是一种关于权利与义务分配的规则的话，那么根据上文关于实体法和程序法的界定，所谓实体正义就是从目的和结果意义上对权利、义务分配原则作的合乎正义标准的规定。法治的实体正义表现为许多有关法治所涉及的政治理想和社会目标。历史上和今天的大多学者对法治问题的展望和描述实际上都属于这种实体意义的语言表白。因为他们的共同之处就是表述了法治存在的应然状态，也就是法治得以实现后的静态画面或理想境界。包括亚里士多德的法治经典定义：已经成立的法律获得普遍的服从；而大家所服从的法律又应该本身是制定得良好的法律①。但要使这种规定得以形成并真正发挥作用，还必须有一个具体的过程和方式，也就是说要有一定的程序。程序是为了达到一定的结果和状态而事先进行的一定时间的活动，有人称法的程序正义为"看得见的正义"，这来自一句著名的法律格言："正义不仅应得到实现，而且要以人们看得见的方式加以实现（Justice must not only be done, but must be seen to be done）。"② 法可以分为实体法与程序法两大类，如果法的本质是正义，那么，实体法的本质是实体正义，而程序法的本质是程序正义。

正义的法是实体正义与程序正义的统一，但是在实体正义与程序正义的关系上，又存在着几种不同的观点。

日本的谷口安平认为，实体正义与程序正义的关系存在三个层次：第一个层次是实体正义决定程序正义，"程序公正的价值可用其与实体公正的关系来衡量。如果一种程序与其他相比更易获得实体上的公正结果，那么这种程序也可视为公正"。第二个层次是程序正义就在实体正义中，实体正义与程序正义大体相当、难分彼此。第三个层次是程序正义决定实体正义，有关程序的协议一旦达成，则意味着"所接受的程序决定了实体，而且人们不会再问结果是否符合实体公正"③。

---

① ［古希腊］亚里士多德：《政治学》，吴寿彭译，商务印书馆1965年版，第199页。
② 陈瑞华：《看得见的正义》，中国法制出版社2000年版，第2页。
③ 谢晖：《法学范畴的矛盾辨思》，山东人民出版社1999年版，第595-597页。

1. 程序工具主义：实体正义决定程序正义

程序工具主义或者功利主义，认为程序正义服务于实体正义，程序是否公正取决于目的与结果是否公正。这种观点在20世纪70年代以前，不管是在思想领域还是在实际行动中都比较流行。边沁是程序功利主义的鼻祖，他把程序法作为实体法的"附属性的法"（Adjective Law），认为对于法的实体部分来说，唯一值得捍卫的对象或目的是社会最大多数成员的幸福的最大化。而对于法的附属部分，唯一值得捍卫的对象或者说目的乃是最大限度地把实体法付诸实施。罗尔斯同样认为，一种程序正义之所以称作程序正义就在于它能产生一种公平的结果，否则它就不是一种正义的程序，程序的正义依赖于实质的正义。他说："有人认为，程序的合法性（正义）可以更少涉及实质性正义或不管实质性正义的情况下独立存在，这一看法是一种很普通的疏忽，这是行不通的。"① 不少学者以此为出发点对法的实体正义与程序正义的关系进行论证，并通过以下推论得出"重实体，轻程序"的结论：内容决定形式，形式从属于内容；实体法是法的内容，程序法是法的形式；内容决定形式，因此实体法的正义性决定程序法的正义性。认为实体正义是主导的、决定性的，程序是附属的、被决定的，程序法被称为"助法"或"附带性规范"。认为法的程序正义是为实现实体和结果的正义服务的，程序本身不具有目的价值，而只具有实现结果正义与实体正义的工具价值。程序只是形式、手段、工具，没有实体法，程序法就失去了存在的价值和意义，只要实现了实体和结果的正义，程序无论如何都是正义的。很多人在实际中往往为了达到实体正义而擅自设定程序和变更程序，甚至认为程序是多余的。

2. 程序本位主义：程序正义决定实体正义

程序本位主义认为，程序正义并不依赖于实体正义，而是有其自身的独立价值的，程序仅凭自身也能满足人们的正义需求。甚至有人认为程序不是为了实现实体正义，实体法是为了满足程序正义而制定的，程序正义决定实体正义。他们认为，在司法实践中必须保障程序符合正义，否则，程序本身及由程序引起的结果就失去了正当性。这一点在英美诉讼法中尤其明显，轰动一时的辛普森杀妻案以及米兰达盗窃、强奸、杀人案都反映了程序正义的主导性地位。哈耶克和诺齐克都比较重视程序正义，他们都

---

① [美] 罗尔斯：《政治自由主义》，万俊人等译，译林出版社2000年版，第453页。

是程序正义的坚决捍卫者，认为只要规定了基本的运行程序，并认真遵行，结果就无所谓应该不应该的问题①。这种程序正义决定实体正义的观点使程序正义摆脱了对于实体正义的从属性。但这种理论观点显然是有缺陷的，因为，人类社会的运行并不是机械运动，人类社会是最为复杂的动态系统，且不说程序的正义很难以达到，即使达到程序正义也难以保证结果或实体的正义。

3. 人的价值尊严的全面捍卫：程序正义与实体正义的内在统一

笔者认为，程序正义和实体正义的最终目标都在于维护法与社会的完整正义性。程序正义有助于实体正义的实现，而实体正义则是程序正义的终极诉求。同时社会正义状况并非是一种固定和静止的状态，正义不仅仅体现在最终的实体结果之中，过程正义同样是正义的重要表现形态。如果在实现实体正义的过程中充满了不正义的程序，那么这本身是对人的自由的限制。按照马克思主义的解释，人的自由体现在人的全面发展和人的最终价值实现上。如果说实体正义反映了人的某种最终价值，那么程序正义则反映人的全面发展的过程。如果牺牲了人的全面发展的过程，那么人的最终价值是毫无意义的。

所以，一方面，我们要认识到实体正义本身的局限，其需要程序正义予以完善，两者具有内在的统一性。近些年来，以德沃金和波斯纳为代表的一些学者，他们虽然也认为程序正义处于从属的地位，但认为这种从属并不仅仅是对于实体正义而言。德沃金认为在评价和设计法的程序时应该尽可能减少法律实施过程中的道德成本，所谓道德成本是指由于错误地惩罚无辜者所带来的非正义，道德成本的产生源于人的权利被剥夺，而人的权利被剥夺就是一种非正义，这就是道德成本理论。波斯纳认为法的程序正义的价值在于节省经济方面的成本，两个法律程序相比较，在达到同样效果的条件下，节省经济成本的法律程序就是正义的，也就是说法的实施过程中应该最大限度地减少经济耗费，这就是经济成本理论。德沃金和波斯纳的道德成本理论和经济成本理论与功利主义者的观点既有联系又有区别，联系在于法律程序的正义都被看作实现某种外在目标的工具或手段，不同之处在于他们不再把程序正义仅仅看成为实体正义服务的工具，尤其是德沃金的道德成本理论提出以对人的道德和权利的尊重为

---

① 顾肃：《罗尔斯——正义与自由的求索》，辽海出版社1999年版，第39页。

标准来衡量程序的正义性，这已经比较接近程序正义具有独立价值的思想了。

另一方面，我们也要看到人的发展过程中同样要有正义的社会规律支撑，程序正义有其存在的独立价值。近些年来，越来越多的思想家认识到程序正义的自身价值的合理性，认为程序不是为某种外在目的服务的手段而是有其独立的价值，法的程序正义本身具有独立的价值目的，法的程序是否正义不在于能否达到正义的结果，而在于其本身的一些独立标准。贝勒斯在《法律的原则》中说，程序目的或程序价值不取决于判决结果，而是"来自于程序本身的令人感到满意的东西"，如程序中的公平对待、尊重人的尊严、资源和参与、可被当事者理解、及时等利益或价值，其特点是即使这些东西并未增进判决的准确性，法律程序也要维护这些利益或价值[1]。

四、程序正义与结果正义

如果我们认为程序正义与实体正义乃是基于相对静态对正义所作的分类区分，实体正义反映的是一个社会实现的实然的正义状态，是法的目标性理想，一般以成文法（特别是法典）的形式规定着正义的内涵，要回答的主要是程序与实体在法过程中的地位与关系。那么程序正义与结果正义之分则基于动态之依据，要回答的是结果正义能否证明程序的正义，或者能否就说正义完全实现了。按照马克思主义哲学的基本要义解析，结果是指人通过社会实践，付出自身的体力和智力，使用一定的物质手段，依照自己的目的使客体的存在形式发生一定的改变。实践的结果把实践的各种因素，如主体的、客体的、精神的、物质的等，由运动的状态融合在一种静止的存在形式中，而这种静止的存在形式也就是某种特殊目的的实现[2]。从这个意义上讲，结果正义是一种动态的正义观，它包含着二维内容，即既包括运动的终止状态——一种实体正义状态的实现，也包括实现实体正义的过程运动。所以，从这个层面上说，结果正义实质上包含着程序正义，程序正义是结果正义的应有内涵。

---

[1] 孙笑侠：《法的现象与观念》，山东人民出版社2001年版，第308页。
[2] 李淮春：《马克思主义哲学全书》，中国人民大学出版社1996年版，第297页。

第一,结果正义是程序正义的理想目标。在动态过程中,我们认为,结果内融了过程和其他动态的客体要素。一般来说,实践的结果同预想的目的一致,在实践的结果中达到了预想的目的,就表明主体用来作为提出目的依据的关于客体的客观尺度的认识以及目的本身的正确性得到了证实,因而也就是达到了主体与客体、主观与客观的一致。如果实践的结果同预想的目的不完全一致,甚至完全相反,则表明主体对客体的认识还不完整,甚至是错误的。在实践运动中,实现一定结果,意味着一个具体的实践过程的终结。从这个层面上说,在正义的动态运动过程中,程序正义最终要达到结果的正义。不过需要提醒的是,在这里,我们并不是要把程序正义作为结果正义的工具性手段,否认程序正义的独立价值,而是认为结果正义当然地成为程序正义的理想目的,结果正义标志着程序正义的理想性结束。

第二,程序正义是结果正义的保障。事实证明,单纯追求结果正义总是达不到正义的目的,因为结果正义总是与相对主义纠缠不清。在第一节中,笔者探讨正义时就明确指出,不同时代、不同阶层、不同文化观念都会影响人们对于正义的理解。所以,从这个层面上,诺齐克认为,对结果状态的关注是无意义的,应该关注的是程序/过程,只要程序/过程是公正的,不论结果如何都是公正的。在诺齐克看来,程序正义的标准是"来路正当",即只要每人目前的"持有"结果是通过正当途径得来的,他的"持有"现状就是符合正义的;只要每个人的"持有"都符合正义,社会总的"持有"现状就是符合正义。基于此,我们在关注结果正义之时,必须要关注程序的正当性,没有符合理性与正义标准的正当程序,结果的正义势难实现。

第三,结果正义并不能成为正义的完整的合理辩据。程序正义和结果正义就像一个车子的两个轮子,缺一不可,两者是对立统一的,文明的法治社会绝不可能许可偏废一方。"一次不公正的判决,其恶果相当于十次犯罪。"[①] 如果,我们只关注结果的正义,以牺牲程序正义换取某个过程的最终结果,其代价往往是对整个法律秩序的破坏和对整个法律尊严的亵渎。英国有句法律格言叫"迟来的正义为非正义"(Justice Delayed is Justice Dennied)。迟来的正义之所以为非正义,倒不是因为结果发生了错误或者

---

① 弗朗西斯·培根语。

造成了实体上的不公正,而是因为实体结论过迟而造成了程序过程的不公正,从而影响了最终的结果价值。近年来国内时常有这样的案例,某人被错误关押了数年,其后证明无罪,被改判。但是很显然,这种迟来的正义导致的非正义是无法补偿的。如果说公权力为了达到从快从严惩恶的目的,而任意牺牲应有的程序,虽然最终结果可能是公正的,但这种结果并没有充分的道德合理依据,并且在这个过程中,极有可能导致结果的非正义性。

第四,人是目的:结果正义与程序正义的价值同构。综上所述,当我们习惯性地考量结果正义与否时,千万不要忽略了过程的重要性。如果我们为了达到结果,不惜使用一切手段,那么人的终极价值将会失去基础,因为人沦为了工具,人成了达成结果的工具性附属品,那么这种结果正义观导致了对人的概念的扭曲,对人的尊严的亵渎,其本身违背了"最低限度的正义"。而程序正义的价值就在于其重视实现结果过程中的某些正当,或曰正义的程序,捍卫了人作为目的的尊严与价值,这才是现代法治的基本精神。伯尔曼认为,"法律不只是一整套规则,它是在立法、判决、执法和立约的活生生的人,它是分配权利与义务,并据以解决纷争、创造合作关系的活生生的程序"[①]。法的最终目的不在于实现"人为工具"这种冷冰冰的社会状态,而在于维护人的基本尊严,体现人的最高价值,在于让人成为目的,这才是真正的正义。所以,我们须要从"人学"的高度去衡量,无论是程序正义与实体正义,还是程序正义与结果正义,它们的最终目标都是要实现人的本质性存在。

基于以上的理解逻辑与视角,我们可以这样认为,在某种意义上,正义并非"一张普洛透斯似的脸,变幻无常",正义有其最低限度的标准。按照马克思主义的基本理解,衡量任何一种思想观点、活动以及制度、事业是否合乎正义,它的最终标准是看它是否促进社会进步,是否符合最广大人民的根本利益。事实上,这与笔者在第一节末提出的"最低限度正义"的观点是一致的,即不管是在何种意义上、何种学科上、何种层面上、何种时代使用正义,都意味着正义是一种理想,是一种对人的存在的关注,对人的价值的尊重,对人的本质的追寻,这是程序正义的最深层次的价值所在。

[①] [美]伯尔曼:《法律与宗教》,梁治平译,三联书店1991年版,第38页。

第一章　正义与程序正义

本章小结

　　正义有着"一张普洛透斯似的脸，变幻无常"。在中国传统社会，实现道德是人的行为的最高准则，而实现的途径则是按照伦常的规范要求修身养性，这样伦常作为人的行为的最高准则便成为中国传统政治文化的思想基础。这种伦常政治文化观念是维系封建统治和正常社会生活必不可少的纽带，它影响了几千年来的中国人的思想观念和行为方式。由伦常政治文化观主导的传统正义价值理念直接影响和型塑了其后国人关于正义的理解：一种带有人情味的"人伦"正义观，强调从自己的内心、良知或善性中发掘公平的内容；对正义与否的评价也主要是从结果上看是否符合人们内心的良知与善性。与正义在古老中国的发展路径不同，西方的正义观则渊源于传统的自然法理念，正义源于自然法，自然法高于人间立法，因此自然法或者说正义的统治符合人间一切普遍准则，人类必须过正义的生活。西方的正义观念强调自然秩序的正义性，强调社会结构安排、制度演进对于社会正义的影响。这两种不同的正义文化观念，使得其后中西方走上了不同的社会结构路径。

　　无论哪种路径，它们都认可了正义价值的至高性。我们可以得出正义是国家、社会和法的根本价值，反映了人们对美好、良善生活的向往和追求。正义虽然变幻无常，充满纷争，但正义有其硬核部分，即关于正义的认识有着某种具有普遍性的或最低限度的共识，这个硬核和共识其实表明的是正义对人的存在的意义，正义的实质是对人的价值的深层挖掘与理解。在这个意义上，笔者认为正义与"人"紧密相关。

　　古往今来，社会不断变革，人们的观念也在不断发生变化，正义的理念自然也会不断更新，同时，国别与文化的差异、社会利益文化的日趋复杂化与异质性，导致人们对正义的体认面临着民族性、时代性等特殊的困境。正因为社会发展的不平衡性和道德规范的多样性，导致人们在实体正义上的纷争不断，使得人们关于正义的言说纷繁复杂，影响了正义化解社会利益矛盾的功能效应。基于以上思索和逻辑，一种最低限度的程序正义的理念便应运而生。程序正义是一种"看得见的正义"，它强调程序的独立

· 37 ·

价值，强调程序有着独特的功能效应，它把人的价值尊严内化于正义的过程之中，反映了对"人之为人"的终极价值的关怀，体现了对人的目的性这个最高价值目标的认同与尊重。反过来说，人的存在与主体性又赋予了程序正义以最高的价值位阶，在人学视域中实现了实体法与程序法两者的内在统一，在程序正义与实体正义的内在统一中捍卫了人的价值尊严，在结果正义与程序正义的价值同构中实现了"人是目的"的最高目标。

第二章 西方司法实践中程序正义的历史演变

第一章全面总结和探讨了正义观念的演进,并推演出一种"最低限度的正义",即程序正义。从社会历史文化的宏观背景来看,很显然程序正义是一种文化价值观念,其价值性并不仅仅体现于司法理论中。但司法理念中程序正义的价值确立,却是程序正义的社会文化基础成长的重要基点。基于这样的认识,在本章中,笔者将结合自古以来的司法实践,全面探讨程序正义的历史演进,从而更深入地理解程序正义的源起,透视程序正义的精神实质,深化关于程序正义理念的认识。

第一节 程序正义观念萌芽

程序正义观念并非是某个时期偶然的产物,也不是某个伟大人物"牛顿式"的灵光一现,它是人类文明(政治、法律)发展的合乎逻辑的演变。综观西方政治法律思想史,可以明晰地看到一条通过法律程序正义的自由之路。

一、古罗马时期自然法理论的成熟与程序正义观念的产生

程序正义观念源于自然正义思想,而自然正义的理论基础则源于自然法理论。自然法思想在西方历经2000多年的发展,在此期间,"它既是实

体法发展的准则,也是所有法律体系都应当遵循的理想"①。自然主义最早可追溯至古希腊时期,它的传统是在古希腊时期奠定的,但其完备与成熟则主要在古罗马时期。

1. 斯多葛派的自然法思想

由腓尼基人芝诺创立的斯多葛学派,是希腊化时期产生的最重要的思想流派,它也成了沟通希腊与罗马两个世界的桥梁。他们将自然的过程看作一种受神的必然性支配的过程,而这种神的必然性就是自然、理性、逻各斯,它们是自然秩序的创造者和主宰者。在他们看来,"逻各斯"、"理性"或"神"是宇宙秩序的创造者、主宰者,渗透和弥漫于宇宙万物之中,将万物置于其不可抗拒的力量之下。人作为宇宙这一绝对统一整体的组成部分,必然也要受到那种弥漫于宇宙之中的普遍法则的支配,这种普遍法则即自然法,它贯穿于一切事物之中,是人的行为的最高准则,它要求人按照自然生活,即按照理性、按照宇宙的自然法生活,过诚实的、道德高尚的生活。据此克吕西波便指出:"所以最高的目的,是按照自然生活,即按照自己的本性和普遍的本性生活,决不做共同法所禁止的事情,即决不做贯穿于一切事物之中的正确理性所禁止的事情,而这个正确理性则为主管和主宰万物的宙斯所固有。"② 这种伦理要求也可以进一步转化为政治主张,自然法是普遍存在的,是至高无上的,是一切个人和国家所必须遵循的法则,因此,国家所制定的法律必须符合自然法,自然法构成了人间法的理论来源及其边际约束。自然法是理性的法律,是所有人的法律,因此,一切人皆生而平等,人们在实际生活中出现的对立和差别是违背自然法要求的。因此,只有消解对立和差别,使所有的人组成一个共同的社会,才能合乎自然法。他们都应当成为"世界国家"的一位公民,他们至少都要有维持人的尊严的起码权利,自然法所体现的正义原则要求法律认可这些权利并保护人们享有这些权利。

2. 西塞罗的自然法理念

西塞罗被后世公认为古罗马政治思想的奠基人,也是古罗马中期自然法理论发展的主要代表。通过西塞罗的宣传和鼓吹,罗马的法学家几乎都

---

① Brendan F. Brown, The Natural Readers Pocket Series, Vol. 13, New York City Ocean Publications, 1960. Introduction, p. IX.
② [苏]涅尔谢相茨:《古希腊政治学说》,蔡拓译,商务印书馆1991年版,第215页。

认为在任何一个国家的法规之上都存在着更高一项法律，这一法律是极为合理的、普遍的、不变的和神圣的，这种普遍性、神圣性就源于自然法所赋予的正义原则，这个原则应当是各种形式的实体法赖以存在的依据。同时，西塞罗也奠定了中世纪神学自然法的基础，因为他发扬了斯多葛学派把自然法与上帝的权威关联起来的传统，明确提出了"自然法是上帝意志的表达"的主张。

西塞罗对斯多葛学派的自然法概念作了创造性的介绍和阐述，他认为："真正的法律乃是正确的规则，它与自然相吻合，适用于所有的人，是稳定的、恒久的，以命令的方式召唤履行责任，以禁止的方式阻止犯罪，但它不会无必要地对好人行命令和禁止，对坏人以命令或禁止予以感召，要求修改或取消这样的法律是亵渎，限制它的某个方面发生作用是不允许的，完全取消它是不可能的；我们无论以元老院或以人民的决议都不可能摆脱这样的法律，无须请求塞克斯图·艾利乌斯进行说明和阐释，将不可能在罗马（是）一种法律，在雅典（是）另一种法律，现在（是）一种法律，将来（是）另一种法律，一种永恒的、不变的法律将适用于所有民族，适用于各个时代；将会有一个对所有的人共同的，如同教师和统帅的神：它是这一法律的创造者、裁判者、倡导者。谁不服从它，谁便是自我逃避，蔑视人的本性，从而将会受到严厉的惩罚。"① 西塞罗的这段经典性论述被认为第一次得到清楚表达的自然法定义，在后世被人们广泛地提及和引用。在西塞罗这里，自然法的来源是神的旨意，它先于一切人类立法，成了所有实在法的立法指导，实在法的功能只不过在于强制性地认可和执行自然法的原则。同时，这种自然法是能够为理性的人类所认识的，由于自然法具有自然理性特质，所以人们对自然法原则的信奉就不再需要任何权威的或外在的解释。并且，依据对它的认识，就可以做出正义与非正义的判断，因而自然法也是人们日常行为的准则。

西塞罗在阐述其自然法思想时，也进一步发展了斯多葛学派关于人类"理性平等"的思想。自然法所蕴含的自然理性既然是涵盖一切的，每个人都与上帝一样具有同样的理性，所有人因其具有相同的理性，他们就能共享法与正义，是同一个国家的公民，所以他们必然是平等的。于是他得出

---

① ［古罗马］西塞罗：《论共和国、论法律》，王焕生译，中国政法大学出版社1997年版，第120页。

了自然权利学说。他认为,一个执政官的职责是依照法律对人民进行统治,并给予正当和有益的指导。自然权利的内容是人类平等,并且在程序法上表现为"统治者应当是公正的,而公民应当安分守己地服从他们。对于谋反和犯罪的公民,执政官应采取罚金、关押或者鞭挞等强制手段给予处罚。在执政官无论宣布死刑还是罚金的判决之后,都必须把这些罚金或者其他刑罚的最终判决,在人民面前公审"①。"如果一个独裁者可以随心所欲地,甚至不经审判就可以处置任何公民,依照我的观点,不应当再把这种法律认为是正当的。"② "对于违反任何法律的惩罚都应与犯法行为相符合。"③ 这些思想更使西塞罗成为最早提出公开审判和罪刑相适应原则的古代思想家。

二、古罗马时期程序正义的实践萌芽

受自然法理念的影响,罗马法实践和扩大了自然法的精神。德国著名法学家耶林在《罗马法精神》一书中说:"罗马帝国曾三次征服世界,第一次以武力,第二次以宗教(基督教),第三次以法律。武力因罗马帝国的灭亡而消失,宗教随着人民思想觉悟的提高、科学的发展而缩小了影响,唯有法律征服世界是最为持久的征服。"罗马法对后世的法律影响极为深远,它直接成为近代资产阶级法学的渊源和近现代法律的早期模型,其中所体现的人人平等、公平至上的法律理念具有超越时间和空间的永恒价值。英国的《权利法案》、美国的《独立宣言》、法国的《拿破仑法典》、《人权宣言》,包括中国的《民法通则》等都受到其影响。

罗马法是罗马奴隶国家法律的总称。它不仅包括从罗马国家产生至西罗马帝国灭亡时期的法律,也包括公元6世纪中叶以前东罗马帝国的法律。公元前6世纪,罗马第六代王塞尔维乌斯·图利乌斯(约公元前578~前534年)进行了改革。这次改革标志着罗马奴隶制国家的最终形成,罗马法

---

① [古罗马] 西塞罗:《法律篇·西方法律思想史资料选编》,北京大学出版社1983年版,第81页。
② [古罗马] 西塞罗:《法律篇》,转引自《西方法律思想史资料选编》,北京大学出版社1983年版,第71页。
③ [古罗马] 西塞罗:《法律篇》,转引自《西方法律思想史资料选编》,北京大学出版社1983年版,第83页。

第二章 西方司法实践中程序正义的历史演变

也随之产生。罗马共和国早期的法律渊源主要是习惯法。除此之外，它还包括议会制定的法律，主要是罗马共和国时期的立法机关——民众大会、百人团议会与平民会议制定的法律。元老院决议——在共和国时期，元老院是罗马最高国家政权机关，并且享有一定立法职能，有权批准议会通过的法律。在罗马帝制时期，元老院被皇帝所控制，其本身所通过的决议具有法律效力。长官告示——主要是罗马高级行政长官和最高裁判官所发布的布告。皇帝敕令——主要是罗马皇帝发布的指示、命令，包括敕谕、敕裁、敕示、敕答。具有法律解答权的法学家的解答和著述——主要是具有法律解答权的法律专家对法律的解释。

公元前510年罗马法由习惯法向成文法发展，公元前450年颁布的《十二铜表法》是这一发展过程的重要里程碑。公元前451年制定法律十表公布于罗马广场。次年，又制定法律两表，作为对前者的补充。《十二铜表法》的篇目依次为传唤、审理、索债、家长权、继承和监护、所有权和占有、土地和房屋、私犯、公法、宗教法、前五表的追补及后五表的追补。表现出诸法合体、私法为主，程序法先于实体法的特点。《十二铜表法》是罗马国家第一部成文法，它总结了前一阶段的习惯法，并为以后罗马法制发展奠定了基础。

从法律内容来看，公元前3世纪中叶以前罗马法律的适用范围仅限于罗马公民，居住在罗马的异邦人不能享受此法的保护，这时的法律被称为公民法或者市民法，内容主要是有关罗马共和国的行政管理、国家机关及一部分诉讼程序的问题。公民法存在明显的缺陷，主要表现为：法律的主体范围狭小、内容保守、形式主义色彩浓厚、保留大量氏族残余等。随着罗马对外征服地区的扩大，罗马的社会政治和经济都发生了巨大变化，公民法不足以解决帝国疆域内出现的各种复杂问题，于是在罗马逐渐形成了普遍适用于罗马统治范围内一切自由民的法律，这就是有名的万民法。公元前27年罗马帝国建立之后，为了对庞大帝国进行有效统治，帝国前期的皇帝都非常重视法律的制定。同时许多著名的法学家从法理上对公民法和万民法作了详细的论述，大大丰富和完善了罗马法的内容。从公元3世纪开始，帝国内部自由民公民与非公民的区别消失，原先适用于不同法律主体的公民法和万民法之间的区别也失去实际意义。罗马法进入整理和提炼的阶段。罗马帝国的哈德良皇帝、戴克里先帝、东罗马帝国的狄奥多西二世都曾组织人力进行过法典的整理和编纂工作。公元7世纪的查士丁尼皇帝励

· 43 ·

精图治，希望重振罗马帝国的国威。他设立专门委员会编纂罗马法，形成了包括《查士丁尼法律汇编》、《法学总论》、《法律汇编》、《新敕令》四种法律文献在内的法律汇编，统称为《查士丁尼民法大全》，这是罗马法体系最终形成的标志。

1. 古罗马的诉讼制度与诉讼程序

（1）严格规范的诉讼模式。首先，古罗马时期有一套完整的诉讼启动模式。诉讼的启动取决于当事人的意愿。根据《十二铜表法》的规定，除了"敌对行为"等"公罪"由"两人委员会"提起以外，诉讼均由认为自己权益遭到侵害的原告人提起。在提起诉讼之前或以后，双方当事人可以和解，以此代替诉讼作为解决相互之间存在的纠纷的途径。对此，该法第一表第六条规定："谈判之事，则亦由（原告人）在（出庭受讯时）提出请求。"即原告人可以在法庭上提出与对方当事人进行和解的请求。而盖约在十二铜表注释中亦指出，被传出庭之人，若在前往长官的路上与对之提出诉讼者取得和解，应获得自由。

其次，诉讼过程有严格的程序。诉讼的进行由当事人推动。从《十二铜表法》的规定来看，在当时的古罗马，大量的旨在确保诉讼顺利进行的诉讼行为由当事人负责实施。其中，既包括要求对方当事人出庭应诉，也包括在证据不足时，确保知情的证人出庭作证，甚至还包括在必要的时候对上述人等采取强制性措施。如该法第一表第一条规定："若（有人）被传讯出庭受审，（则被传讯人）必须到庭。若（被传讯人）不到，则（传讯人）可于证人在场时，证实（其传票），然后将他强制押送。"第一表第二条又规定："若（被传人）托词拒（不到案）或企图回避，则（传讯人）得拘捕之。"此外，第二表第三条还规定："若（原被告之一方）证据不足，他应到（未出庭审讯之证人）住宅的大门在三天之内大声向之呼请。"

最后，在审判过程中，当事人拥有积极申辩的权利，而且审判过程有严格的时限性。《十二铜表法》第一表第七条规定："若（当事人双方）不能和解，则（他们）应在午前到市场或会议场进行诉讼。出庭双方应依次申辩（自己案件）。"另外，与当事人在诉讼中积极对抗相比，法官在诉讼中始终处于消极中立的地位。由于诉讼的启动权属于原告人，法官一般不主动追究当事人的刑事责任。在诉讼进行过程中，如遇当事人举证不能，法官也并不会为查明案件事实真相主动地传唤证人作证或搜集证据。在当时的古罗马，法官的唯一职责就表现在，严格遵守法律规定的时限，及时作出判决。对此,《十二铜表法》第一表第八条规定:"到了午后,(长官)则对(出庭受讯时)出席一方的要求予以批准。"第九条则进一步规定:"若双方均到庭(受讯),则以日落时为(诉讼)之最晚时限。"

(2)程序的重要性和程序法的权威得以确认。《十二铜表法》的程序虽然在某种意义上仍停留在蒙昧状态,在一定程度上保留了反映宗教色彩的形式主义,如某些诉讼行为必须符合特定的方式或仪式,但程序与程序法在此时已经有了较高的权威。这不仅体现在剥夺人的生命必须要经过法定的程序,而且蔑视程序法的人要承担丧失名誉甚至生命的后果。如《十二铜表法》中规定,"任何人未经审判,不得处以死刑"①,而且对罗马公民判处死刑只能在森都利亚会议中作出判决;"如果(在缔结契约时),(某人)以证人或司秤人的身份参加,(而后来)拒绝证明这件事,那么,(他应被认为)不名誉的人,并丧失作证人的权利","伪证被揭穿者,应被从塔尔贝斯山崖上抛下"②。另外,审判官或仲裁官在审判案件时,被证实接受贿赂,也要被处以死刑③。

所以,可以看出在古罗马时期程序的重要性已经被昭示,法的正义性已经不仅仅体现在最终的结果上,相反人们更看重过程中的程序正义性。这一点对后世的影响极大,从西方国家各个时期的法律来看,如果违反程序法或蔑视法庭的权威,都要受到较严厉的制裁;这种制裁或者说制裁所保证的权威正是程序法得以实施的重要源泉,它在一定程度上保证了制定之法与现实之法相吻合或至少差距不大。

2. 古罗马的衡平法:最高裁判官法

日本学者谷口安平认为,程序正义之所以会在英美法中产生,其原因在于"陪审裁判"、"先例拘束"、"衡平法"的发展④。所以,一提起"衡平法",人们可能会立刻联想到英国的法律渊源。不错,现代意义上的衡平法可以用来特指英国的衡平法,一套基于大法官的司法实践,根据"公平、正义和良心"而形成的法律规则。然而,很少有人注意到,古罗马人才是

---

① 周枏:《罗马法原论》,商务印书馆1994年版,第13页。
② A. Esmein, A History of Continental Criminal Procedure, Translated by John Simpson, Little, Brown and Company, 1913, p. 14.
③ [英]梅因:《古代法》,沈景一译,商务印书馆1959年版,第208页。
④ [日]谷口安平:《程序的正义与诉讼》,王亚新等译,中国政法大学出版社2002年版,第4—5页。

衡平法的最早实践者，罗马最高裁判官法正是一种通过最高裁判官的司法实践对原有法律制度的缺陷进行弥补、对当事人权益进行合理救济的衡平法。

早期罗马法并不具有后来人们所说的那种个人本位、私权平等的特点，相反，那是一种相当狭隘、僵化而且不平等的法律。它只注重保护罗马市民（尤其是贵族）的权利，也只适用于罗马市民，对不具有市民身份的拉丁人和外来人的权益则比较漠视；法律行为讲究特定的形式，否则不发生法律效果。这种法律被称为"市民法"。随着商品经济的发展和罗马共和国不断对外扩张，市民法的这些缺陷成为阻碍社会发展的重要因素。公元前367年，罗马设立了最高裁判官，作为国家最高司法行政长官，负责管理罗马的诉讼活动。最初只设最高裁判官1名，负责罗马市民之间的诉讼。从公元前242年起，又增设最高裁判官1名，专门负责非罗马市民之间以及罗马市民与非罗马市民之间的诉讼。于是，前者就被称为内事裁判官，后者则被称为外事裁判官。古罗马裁判官并不能直接修改由城市立法机构制定的法，但他可以通过司法活动创造、变通或解释法律规则，使其某些适用范围有限的或者僵硬的法律规则适应于新的情况并且焕发出活力。裁判官享有在其职责范围内的法律方面的最高权威。

（1）通过发布告示行使权力。与罗马的其他官职一样，最高裁判官的任期也很短，只有一年。每位最高裁判官上任时，都要发表书面形式的公告或者命令。告示一词由 Ex 和 Dieere 两个词组成，它的意思是"大声说出"。告示通常刻在白色的木板上，与《十二铜表法》一起置于罗马广场之中①。裁判官在任职期间将自己的施政方针、办案准则或程式等通过告示公之于众。这些告示成为最高裁判官法最主要的表现形式，因此最高裁判官法又被称为"最高裁判官告示"。

最高裁判官制度能够通过告示解释法律、纠正法律和援引法律。这种办法，把立法规则的正式性和习惯法的各种优点相结合，把原则性与灵活性相结合，使罗马法既吸收了过去的经验，又善于适应目前形势的变化。成为古罗马当时社会"活的法律"。

（2）介入诉讼但不行使审判权。古罗马裁判官与现在意义上的法官有所不同，裁判官可以受理案件，但不亲自审判，而是把案件交给审判员去

---

① ［英］巴里·尼古拉斯：《罗马法概论》，黄风译，法律出版社2002年版，第54页。

审理，这是由于古罗马时期的审判程序与现代的不同。古罗马民事诉讼可以分为两个阶段：裁判官受理的阶段（裁判前进行的程序）和审判员审判的阶段。从程序上看，似乎审判员具有案件的中心权力——审判权，而裁判官则具有程序审理的权力，但是实际上裁判官在很大程度上能够左右案件的审理。

最高裁判官上任伊始发布的告示绝非最高裁判官法的唯一表现形式。公元前149～前126年，罗马制定了《艾布体亚法》，授予最高裁判官自行决定诉讼程式的权力，从而使最高裁判官在某种程度上享有了创制法律之权。此前罗马实行法定诉讼，程序复杂僵化。实行程式诉讼后，诉讼程序相应简化。在程式诉讼中，先由最高裁判官对当事人的诉讼请求和陈述进行法律审查。最高裁判官认可后，将双方争议要点制作成一定的程式书状，再交给民选的承审员对案件进行事实审理。最高裁判官在制作程式书状时，不仅要对原告的请求和被告的反驳进行归纳分类，同时也要对案件的审理作出指示。在领导诉讼、制作程式书状的过程中，最高裁判官根据罗马奴隶制商品经济和社会发展的需要，以"公平"、"正义"为基础，创制了许多在市民法中没有依据，甚至是违背市民法规定的诉权、抗辩权和救济手段。

3. 查士丁尼时期的罗马法

谈到罗马法对于程序法的影响，还必须提到一位对罗马法的成熟作出重大贡献的拜占庭帝国（东罗马帝国）皇帝查士丁尼。他认为，"皇帝的威严光荣不但依靠武器，而且须用法律来巩固，这样，无论在战时或平时，总是可以将国家治理得很好"①。故而，他在即位之后特别重视法律工作。在位期间，他清理了历代罗马皇帝所颁布的宪令，并形成了《查士丁尼法典》，公元533年又形成了《查士丁尼学说汇编》。为了便于人们学习和了解罗马法的基本原理，查士丁尼于公元533年又命令特里波尼亚、西奥斐里和多罗西斯等著名法学教授编写《法学总论》，查士丁尼把它钦定为罗马私法教科书，世称《查士丁尼法学总论》，它本身具有法律效力。查士丁尼认为，该书是"包括全部法学的基本原理"，它共分四卷，计98篇。与《十二铜表法》不同，该书把作为主法的人法和物法排列在前，而把作为助法的诉讼程序法排列在后，强调了法律主体的实体权利，反映了罗马帝国商

---

① ［拜占庭］查士丁尼：《法学总论：法学阶梯》，张企泰译，商务印书馆1989年版，第1页。

品货币经济的性质及其要求,是一个进步。虽然不同于《十二铜表法》把诉讼程序放在第一位,在查士丁尼时代诉讼程序法被当成了助法,但其同样对程序法给予了足够的关注。如在《诉权》一篇中,认为"诉权无非是指有权在审判员面前追诉取得人们所应得的东西","一切诉讼,由审判员或仲裁员受理",同时也赋予了裁判诉权①。在《永久性的和有时间性的诉权以及对继承人行使或由继承人继承的诉权》一篇中,对诉权的期限进行了规定②。在《抗辩》一篇中则赋予被告一种辩护手段,因为"原告所提起的诉讼本身是有合法根据的,但是对被告说来是不公平的"③。同时为了保证诉讼双方的公正平等地位,在《答辩》一篇中规定,"为了保护原告起见,有必要让他再次表明他的主张……通过答辩,推翻和消除抗辩所根据的权利"。④ 这一系列的规定主张都赋予了法律正义更多的程序性保障,对于后世程序正义理念的发展,对于对程序法的发展都无疑起到了巨大的影响力。

三、中世纪教会法与"看得见的正义"程序原则

公元476年,西罗马帝国在蛮族的进攻下覆亡,西欧社会历史进入一个新的时期。从5世纪到15世纪文艺复兴时期的1000年间,被史学家称为"中世纪"。在这一时期,高度发达的古典文明遭到破坏,处于原始社会末期发展水平的日耳曼人统治了西欧,在原西罗马帝国的土地上建立起一批日耳曼的蛮族国家,社会发展水平在很大程度上倒退到原始的状态。日耳曼人在部分地继承古典文明的基础上,将自己固有的民族传统与罗马基督教相结合,创立了独特的政权与教权二元化的权力体系。

1. 直观和仪式性的日耳曼法

在中世纪的欧洲大陆,日耳曼人的习惯法虽然长期占有优势,但人们

---

① [拜占庭] 查士丁尼:《法学总论:法学阶梯》,张企泰译,商务印书馆1989年版,第205–217页。
② [拜占庭] 查士丁尼:《法学总论:法学阶梯》,张企泰译,商务印书馆1989年版,第226–227页。
③ [拜占庭] 查士丁尼:《法学总论:法学阶梯》,张企泰译,商务印书馆1989年版,第227–228页。
④ [拜占庭] 查士丁尼:《法学总论:法学阶梯》,张企泰译,商务印书馆1989年版,第230页。

的法制观念极为淡漠，法律极不完备，法律与私人决斗和神判法联系在一起。美国学者哈罗德·J.伯尔曼在《法律与革命》中认为，西方法律传统的背景是日耳曼习惯法，即民俗法，直到11世纪晚期新的、复杂的法律体系——教会法、城市法、王室法、商法、封建法、庄园法等才由教会、世俗政治体所创立，而此前的日耳曼人习惯法基本上是属于部落的、地方的和封建性的，它以血亲复仇为基础，并由血亲复仇及其相伴随的神明裁判、宣誓帮助和决斗等其他程序所组成。由于在早期社会中，法律规范、道德规范、宗教规范是"编织为单一的织品"，可以说是法律的只有神明裁判、宣誓帮助等可以被感知的程序，法典的法律的确"仿佛被隐藏在程序的缝隙之中"①。

日耳曼法是一种早期封建制法，它反映了日耳曼人从原始社会直接进入封建社会的历史及其所处的特定的社会现实。这种跨越式的转型使得原始社会的民主制得以保留，形成日耳曼法律文化中对权力的独特见解。在日耳曼人看来，公共权力的行使必须建立在共同意愿的基础上，人民拥有对社会事务的最后决定权，也就是说国王的权力来自民众的信任，国王必须尊重民众的权利。塔西佗在《日耳曼尼亚志》中对这一原始民主制作了细致的描写："酋长们可以决定小的事情；但是大事必由全体部落决定。"②在部落会议上人人皆有发言权，即使是首领的发言也是"用道理来说服听众，而不是发号施令，命大家遵守"。作为维护权利的法律自然也是属于民众的，并且作为成文法，包括后期"蛮族法典"中的大量内容都是对古老习惯的汇编，这些习惯体现了日耳曼民族的传统，是其先辈遗留的财富，更是部落的黏合剂，这种以团体为本位的法观念与古罗马关于"法律属于个人"的观念大相径庭。而由法律体现出来的正义在日耳曼人那里是非常直观的，并带有仪式性的特征。私人利益被侵害，则往往引起血亲复仇，根据日耳曼法，复仇必须公开进行，秘密复仇者将受到处罚。在这里正义有着形象生动的外表，是看得见的正义，而正义的载体——法律在日耳曼人心中由此备受尊崇。日耳曼人的法律观念跟随着他们的足迹传遍欧洲，以一种完全不同于古希腊罗马的姿态向人们宣示着法的神圣性——法必须

---

① [美]哈罗德·J.伯尔曼：《法律与革命——西方法律传统的形成》，贺卫方等译，中国大百科全书出版社1993年版，第140页。
② [古罗马]塔西佗：《日耳曼尼亚志》，转引自郭守田：《世界通史资料选辑》，商务印书馆1974年版，第2—10页。

得到包括"王"在内的所有氏族成员的遵循。

2. 程序性的教会法

当日耳曼人肆意践踏罗马文明之时，他们唯对基督教表现了异乎寻常的宽容与喜爱，并且最终也皈依于它。原因很多，从主观上看，罗马人经历苦难之后从上帝那里寻求到了急需的慰藉；在客观上，日耳曼王国兴起之后，封建专制主义却并未立即形成，因而缺乏一个强大而统一的王权来控制时局，这一切对于曾经深受罗马世俗政权钳制的基督教来说则是一个前所未有的机遇。整个中世纪史表现在政治法律上，即一部教权和教会法与王权和世俗法互为消长的斗争史。在这个斗争过程中，从11世纪晚期到13世纪，最终发展了一种教会程序法体系。这种程序法源于古代罗马法和当时的日耳曼习惯法但又与它们有很大的差异。

（1）宣誓制度。审问开始时，被告必须宣誓承担下述义务：顺从教会，如实回答裁判员的一切问题，供述被告所知悉的有关异端者和异端的一切，并承受任何刑罚。

（2）书面程式原则。一项诉讼程序只有通过包含着对事实的简要陈述的书面诉请或控告方能开始。教会法学家倡导理性和良心原则，但是正是由于其过分强调理性和良心原则，造成了对书面程序的强烈迷信，如同毛罗·卡佩莱蒂所说："没有得到记录的程序行为无效……法官须将他的判决完全建立在书面记录的基础之上"。①② 结果，在大多数正式的常规诉讼程序中，法官只是研究官吏对当事人的书面记录。

（3）证据规则。所有的证据都在宣誓之后提出。中世纪初期神明裁判和宣誓还经常出现在诉讼中，直到13世纪后期才开始逐渐重视人证、物证等证据。为了使书面程序神圣化，教会法规定了一整套精心设计的形式化规则，即必须确定两名神谕证人或耳闻证人（当然有些尽职的裁判官有时并不要求这个数字）。一名女子的证言效力只及男子的一半，并且至少需要一名男子的证言加以补充。贵族证言的效力高于平民，教士证言的效力高于俗人，基督教徒的证言的效力高于犹太人。如此，就人为地规定了完全证据、折半证据、1/4证据甚至1/8证据的证据分量。

---

① [意] 莫诺、卡佩莱蒂等：《当事人基本程序保障权与未来的民事诉讼》，徐昕译，法律出版社2000年版，第112页。

② [美] 哈罗德·J. 伯尔曼：《法律与革命——西方法律传统的形成》，贺卫方等译，中国大百科全书出版社1993年版，第140页、第305页。

(4) 刑求制度。正是因为对证据过于刻板和僵硬的要求，最终导致了广泛使用刑讯获取"证据之王"的现象普遍发生，因为最有资格对思想作出证明的莫过于被告人自己，而能够保证被告人供认他的思想出于犯罪状态的又莫过于诉诸刑讯。口供的获得采取的方法很多，如以死刑加以威胁、减少食物的禁闭、参观已经审理的囚犯，还有最主要的一种就是刑求。

(5) 代理制度。教会法诉讼程序允许当事人委托代理人代为诉讼，代理人可根据证据所揭示的事实对法律问题进行辩论，这在法律史上是一个突举，它改变了古罗马和日耳曼法中所谓的"代替制"。在古罗马和日耳曼法中，为他人代为诉讼者还要代他人承担行使权利和承担义务，因而其实质上是一个代替者，而非代表者。当然也要看到，虽然允许被告人辩论，也允许被告人委托辩护人，但是由于裁判制度禁止被告人和证人对质，被告人也不可能和告密者就有关证据当面进行质证，再说被告人只能作有罪答辩，一切有利被告人的证词都不能成立，故被告人的权利实际受到了极端漠视。

(6) 结果宣判。经过这一系列程序后，审判进入另一个阶段，将对被告宣布判决结果。从理论上讲，受审者有一系列法律手段维护自己的权利，如可以自我辩护、对某些心怀偏见的法官申请回避以及在任何阶段可以向罗马教皇上诉。但这些名义上的权利难以在现实中得到保障，如上诉权，通常来说，上诉极其艰难且花费甚大，所以并不多见。但也不是完全没有，尤其是在受审者把自己的命运完全交由教皇决定的场合，因为这被认为是一种无辜的证据。上诉是以密封的书面形式呈交给教皇的，教皇不但亲自审阅，而且给予最后的定罪意见。判决一经宣布，便不得上诉。

宣布判决时，程序开始变得公开了。大会布道在清晨举行，裁判官对聚集的全城人先作传道，然后按从轻到重的程度宣布判决，如先是教规上的简单补赎，后是羞辱性的忏悔自赎。事实上，裁判官的判决意见必须征得大主教的同意，在复杂案件中，主教和裁判官还通常咨询一些正直的资深人士。13世纪中叶，这些资深人士逐渐组成一个独立的机构。重要的异端犯罪，资深人士及30名、50名、80名或更多的行外人及牧师都必须参加。他们主要是就两个问题作出表决：其一，受审者所犯何罪？其二，受审者应处以何罚？表面上看，资深人士仅有咨询投票表决权，但通常最后审判结果往往是依照他们的意见，除非是对受审者给予了格外的仁慈。整个仪式以判处监禁和把受审者交给世俗法院而结束。因此，在死刑案件中，把受审者移交世俗法院是一道必经程序。

从上可以得出，无论是古罗马时期的自然法理念及其实践表征，还是漫长黑暗的中世纪的日耳曼法、教会法，都已体现出西方早期程序正义的萌芽，这对于其后西方政治法律现代化奠定了极其重要的理论与实践基础。

第二节　英国的自然正义

程序的正义观念是以发生、发达于英国法并为美国法所继承的"正当程序"（Due Process）思想为背景而形成和展开的[1]。在长期浸润于宗教背景之下的西方文化中，自然正义原则几乎被认为与人类的历史一样古老，它体现了人类社会古老而又普遍的正义观念。英国著名的行政法学家威廉·韦德（William Wade）在《行政法》中曾引用一位法官在本特来案件判决中的一段话来表达其对自然正义原则的神圣性与合理性的理解："根据一条如诗如画的司法格言，人类历史上第一次审讯是在伊甸园中赐予的：我记得一个十分博学的人在一个这样的场合说过，甚至上帝本人在召唤亚当作出辩护之后才通过其判决。'亚当，'上帝说，'你在哪里？你难道没有偷食我诫令你不得食用的那棵树上的果子吗？'同样的问题也向夏娃提出过。"[2] 在该案中，剑桥大学鉴于本特来侮辱了副大法官法庭剥夺了他的学位；但他靠王座法院的强制令恢复了学位。王座法院作出判决的理由是：这种剥夺不正当，无论如何，按"上帝法与人法"的要求他应当得到通知以便作出辩护。这是过去把自然正义作为神圣与永恒法观念的典型。作为英国普通法中的一个重要原则，今天英国的程序正义条款源于英国的自然正义观念。

一、自然正义原则的历史演进

自然正义原则在西方有着悠久的历史。作为一种古老的正义观念，自

---

[1]［日］谷口安平：《程序的正义与诉讼》，王亚新译，中国政法大学出版社2002年版，第4页。
[2]［英］韦德：《行政法》，楚建译，中国大百科全书出版社1997年版，第135页。

然正义原则起源于自然法。作为正式的法律制度,一般认为其源头可追溯到 1215 年英国的《自由大宪章》①。"自然正义植根于英国普通法,乃由大宪章所衍生之原则。"② 1215 年英国《自由大宪章》第 39 条规定:"凡自由民,如未经其同级贵族之依法裁判,或经国法判决,皆不得被逮捕、监禁、没收财产、剥夺法律保护权、流放或加以任何其他损害。"③ 这一条首次确认了自然正义原则。

1354 年,正式出现了现代意义上的"自然正义原则"。当时英国国会迫使英王爱德华三世(1327~1377)接受了约束其言行的法律性文件,即《伦敦自由律》,其中第三章第 28 条规定:"不依正当法律程序,不得对任何人(无论其财产或社会地位如何)加以驱逐出国境或住宅,不得逮捕、监禁、流放或者处以死刑。"④ 此条款首次以法令形式表述了自然公正原则。需要指出的是,此处的"正当程序"只是指刑事诉讼必须采取正式的起诉方式并保障被告接受陪审裁判的权利,后来才扩大了其适用范围,意味着在广义上剥夺某种个人利益时必须保障他享有被告知(Notice)和陈述自己意见并得到倾听(Hearing)的权利,从而成为英美法中人权保障的根本原则。

在 1610 年博翰姆大夫一案中,自然正义原则发展达到其"最高水位线"⑤。博翰姆是剑桥大学一名外科医生,他未经医师协会许可便擅自在伦敦市开业,医师协会以此为理由给予他罚款与监禁。在该案判决中,首席法官科克(Coke)认为,医师协会的做法违背了自然正义原则。在科克看来,协会据以行事的法律规定,罚款一半交国王,一半归协会,这样,医师协会在自己的判决中有经济利益,成了自己案件的法官。他指出,如果议会法律让某人作自己案件的法官或以别的方式"触犯普通的理性",法院可以宣布该法无效⑥。

1628 年英国《权利请愿书》使自然正义原则得到进一步的发展。英国

---

① 关于程序正义起源于 1215 年的《自由大宪章》的观点来自著名的大法官、法学家科克。不过有学者认为《自由大宪章》中的 39 条与程序正义的规范形式并无联系,只是科克假借《自由大宪章》名义阐述程序正义的渊源而已。如徐亚文就持该看法,并且引用中国近代康有为的托古改制作为说明。
② 城仲模:《行政法一般法律原则》,三民书局 1994 年版,第 36 页。
③ 李龙、徐亚文:《正当程序与宪法权威》,《武汉大学学报》(人文社会科学版)2000 年第 5 期。
④ 李昌道:《美国宪法史稿》,法律出版社 1986 年版,第 210-211 页。
⑤⑥ [英] 韦德:《行政法》,楚建译,中国大百科全书出版社 1997 年版,第 98 页。

《权利请愿书》明确规定:"不经过国家法律或法庭程序,不得非法逮捕任何人或剥夺其财产。"这种以自然正义原则来限制王权的方式,逐渐在英国被作为宪法原则而获得遵循。

1679年,为反对查理二世的专制,英国国会同辉格党提出《人身保护法》,并获得批准。《人身保护法》规定,在押人或其代表有权向王座法院请求颁发"人身保护令状",限期将在押人移交法院,以审查其被捕理由,法院如认为无正当拘捕理由,在押人即可获释。否则,法院得酌情准许在押人取保开释,或从速进行审判。为防止在押人被解往英国的海外领地而失去申请"人身保护令状"的可能性,该法还规定,禁止将英国居民监禁于海外领地。该法被英国历史学家和法学家称为人权保障和英国宪法的"奠基石",也是自然正义原则进一步发展和完善的重要标志。

二、自然正义原则的制度渊源

1. 程序优先于权利:令状制度

令状制度对英国普通法乃至整个英国法律文化的形成和发展具有重要的意义,这一古老的制度,即使到了今天依然以或隐或显的形式活跃于英国的法制舞台上。

英国法治的真谛在于"人民之基本权利乃是司法判决的结果,且成为英宪的来源"①。因此,英国宪政的起点问题就是如何通过一种合理、良善的诉讼制度设计,使当事人通过法律途径获得正义的救济。这种制度设计的最终成果便是影响深远的令状制度,或称为诉讼格式制度。正是从这个意义上,梅特兰认为,"令状的统治即法的统治"②。

令状制度形成最初主要源于英国法制的不统一和王室法院统一司法的过程。1066年诺曼人征服英格兰之前,英格兰的法律制度和法律体系相当混乱。虽然政治上已是一个统一的国家,但由于几百年间先后有众多不同民族入侵英伦岛,且各自适用不同的原始习惯法,导致"整个英格兰王国的司法体系被撕成若干碎片"。与法律体系多样性相一致的是司法管辖权的

---

① [英] 戴雪:《英宪精义》,雷宾南译,中国法制出版社2001年版,第4页。
② Committee of the Association of American Law School. Select Essays In Anglo-American Legal History. Vol. 2, 1907, p. 172.

多元性。除了教会和国王具有一定范围内的司法审判权之外,每一个领主的领地内都有各种名称不同的小法院,皆适用自己的习惯规范,而无所谓中央统一的法制与司法体系。这种混沌的司法局面,导致不正义的现象常有发生,给英国政治、经济发展形成巨大阻碍。面对这种困境,13世纪前后,征服者威廉和他的后继者采取一系列措施,根除这种局面。这些措施的思路是,扩大王室法院的司法管辖权,削弱各领主控制下的封建法庭和其他特许法庭权力,其实质是要将司法体系统一于王室法院。令状制度就是在这种王权和领主权的博弈中发展形成的。

令状的形成有其司法化过程。令状在亨利二世即位以前,并不具有司法性质,它只是作为行政管理的主要手段,通常并不导致一项审判,大多只是解决国王所干预的具体个案的执行命令。令状的制作是为了满足特定案件的需要,而不严格考虑先例。一个新令状的制作和颁发必须得到国王本人的同意或得到首席法官的明确指示,当事人还必须向国王支付一定酬金。但是这种具有浓厚行政命令性质的令状制度,它基于一方的控诉而签发,可能会导致冲突和不公的发生。为了从制度上统一和完善令状制度,唯一的办法是把王室的这种干预规范化、司法化。这样,令状制度就从一个简单的行政命令发展到有确定的程序规则、有完全成熟的审查方式和一套特定的司法调查方法的司法制度。令状的这种司法化变革伴随着亨利二世的巡回法官制度的完善而渐趋于现实与定型。

令状制度本质上是英王在致力于中央集权化的过程中所采取的、意在推行王室正义和肯定王室司法管辖权的一种重要技术性手段,是对地方势力和领主司法管辖权的一种极有效的限制方式,这种制度在很大程度上也造就了英国法的法律至上原则。那么这种制度是如何设计以达到分权目的的呢,这种设计给英国法治带来了什么样的发展契机呢?从制度内容上看,令状制度的内容基本上是程序性的规定,即当事人根据案情向国王申请相应令状,要求国王主持正义。每一个令状启动特定的程序,而被启动的程序也就决定了该案件相应的救济结果。当事人应依所发生的事实选择法律规定的令状,令状的内容与当事人请求的事项必须相同,如果原告所请求保护的事实与令状所述不同,就等于国王的命令有错误,此令状就无效,原告在程序上就会被驳回而败诉,原告必须重新申请新的正确令状。令状制度的作用机理,则是基于国王是所有正义的源泉这一古老观念。"一切权能都寄附于他的身上,而且从他一人自身发轫。"[①] 由于法律体系的混乱和司法管辖权的多元性,人们容易受到领主法院的专断审判或其正当权利不能得到适时适当的救济。人们只能根据古老的习惯向英王要求正义救济,于是英王依法谚"有不法行为便有救济"而享有了对此类案件的管辖权。而"没有令状就不能在王室法院起诉"的惯例则要求当事人在向王室法院提起诉讼之前必须向英王申请令状。最初,令状的颁布只是在于解决具体个案中的正义性问题,所以令状多采取"我命令谁如何如何"的形式,大部分是一些以一方的主张为基础而由国王下达给地方官吏的行政性命令,实质上是英王利用令状来干预地方官吏的司法审判。这时令状只是国王播撒正义的一种恩惠,后来慢慢发展为一种制度。只要符合法律规定和程序,任何人均可以向国王申请令状。令状制度的设计发生质的变化是在亨利二世统治时期。"亨利二世把'如何如何做'之类的命令式的王室令状转变成为以下形式:'传唤到我的法官面前审问以决定争议的问题——那里有此令状。'这时的令状是设计用来引起一个司法诉讼程序的。"[②] 这种程序性指向就使得案件的实际审判权由领主法院转而归属于国王控制之下的王室法院,扩大了王室法院对各类案件的司法管辖权。这种设计之巧妙还在于,不直接对案件的实体规范作出修正而是通过程序上的改变将国王的政策贯彻到案件的审理中——在形式上,尊重各领主旧有的习惯法,使这项制度不致遭到贵族们的强烈反对;实际上又通过这种不流血的改革提高了国王的法律权威,促使司法权的中央集权化,也间接地使英王的政策获得了法律上的支持。

从令状制度的形成、发展和运作机理来看,可以深刻地感受到英国重程序法的传统。令状制度的实践确立了普通法中"程序先于正义"的原则,发展出正当程序的观念,同时确立了法律至上的原则,并直接导致了司法独立理念的萌芽。难怪有学者认为,令状制度是英国法治的基石。

2. 陪审裁判

最初的陪审团制度并不是现代意义上的陪审制,只是一种咨询和调查性质的证人活动,而非具有司法性质的审判活动。亨利二世之前虽然英格

---

① [英] 戴雪:《英宪精义》,雷宾南译,中国法制出版社2001年版,第227页。
② [美] 哈德罗·J. 伯尔曼:《法律与革命》,贺卫方等译,中国大百科全书出版社1993年版,第539页。

第二章 西方司法实践中程序正义的历史演变

兰的法院在司法过程中也曾适用陪审团裁决，但也只是偶尔为之，如12世纪的教会法院偶尔也将是否有罪的问题交给12人组成的团体来裁决。亨利二世在陪审制上的制度创新，是将陪审制以法律形式加以确认并将陪审制与令状结合起来，使陪审制成为正式的审判制度。《克拉林顿宪章》第9条正式确立了对后世影响深远的陪审团制度，该条规定，当某块土地是教会持有还是俗人领有出现争议时，应在当地骑士和自由人中选出12名知情人为陪审团成员，由他们对土地争议作出裁决。这是第一次以法令的形式将陪审制运用于地产案件的审判中。此后，陪审制被运用于地产案件以外的民事诉讼中，并且扩展到刑事诉讼审判中。

1166年亨利二世颁布的《克拉伦敦法令》规定了刑事诉讼使用起诉陪审团，要求地方法庭召集本地的12名自由人，将犯重罪的犯罪嫌疑人的名单交给法庭并出席法庭充当证人。而在1166年以前，对罪犯的指控是由被害人或他的近亲属提起的，民事与刑事案件并没有明确的区分。1176年《北安普敦法令》又进一步规定，在巡回法庭由当地的教士、地区长官、每村4名有威望的人以及由这4人选出的12人组成检控陪审团，即大陪审团，由其负责对本地区的刑事犯罪起诉。在刑事诉讼中起用大陪审团起诉后，王室法院对事实的认定以及对案件最终的判决仍然依据古老的非理性的方式：宣誓、神明裁判和决斗。也就是说刑事诉讼的审判程序并没有如民事程序那样起用陪审团裁决，在刑事诉讼审判程序中开始采用陪审团审判是在拉特兰宗教会议之后，在这次会议上教皇英诺森三世明令禁止教士参与神判活动。在没有教士参与的情况下，神判法就失去了权威性，这一命令实际上导致了神判法的废除。对神明裁判法的废止使当时的司法制度面临暂时的危机，巡回法庭的法官对案件事实的认定转而求助于为案件提供证据和事实调查咨询的陪审团，由于陪审团成员往往同时又负责对犯罪进行指控，因而这种临时性的权宜之计实行的是一种由起诉陪审团审判罪犯的制度。显然，由同一个陪审团既负责起诉又决定审判，容易导致先入为主和主观臆断，被告人就没有什么获得无罪判决的机会。后来，随着诉讼程序朝着合理的方向发展，被告人被允许从审判陪审团中剔除对之提出指控的大陪审团的任何成员。最终，起诉陪审团与审判陪审团逐步分开，审判职能由单独组成的小陪审团行使。

陪审团审判取代神明裁判法意味着一种理性的查证方式对于非理性的、诉诸上帝或其他神秘自然力量的方式的胜利。陪审团审判靠的是人的知识、

· 57 ·

理性与理解，这本身也说明了法律观念之于"人"的悄然转变。在这种程序中，法官引导审判进程，并最终作出判决，而陪审团则对关键的正当与非正当、罪与非罪的问题作出裁断。当事者双方在陪审团面前以对决的方式相互提出证据、进行辩论，陪审团不进行调查，在法庭上也不提问，他们的任务只是听取双方当事人及其证人发言，并在最后就案件事实做出裁决。陪审的评决不提示理由只给出结论，其性质就像"神的声音"那样拥有绝对的权威。在这样的制度下，结果是否真正合乎客观事实无从检验，只能由程序的正确来间接地支持结果的妥当性，程序问题具有极其重大的意义是显而易见的①。

3. 先例拘束原则

先例拘束原则在英国的形成、确立和成熟经历了漫长的历史发展过程。在英国，先例拘束始于中世纪，不过最初只是始于著作中的论证而不是法院的判决。13世纪初，法官已开始寻求先例的指导。在这方面布拉克顿（Bracotn）可谓是典范，他为后来援引判例的做法开了先河。他在《论英格兰的法律和习惯》中援引了大约500个判例，但是他援引判例并不是因为判例具有约束力也不是想从中推导原则、规则，而是为了证明他自己对法律的看法。他曾经写道："如果出现了相同的案件，就应该用一种相同的办法来判决：因为从判例到判例比较好处理。"②"假如出现一些从未遇见的全新案例，在国家内没有可参照的先例，在此之前也无相类似的案例发生，这时我们就可以对目前的案件以同样的方式判决，因为这是实行同等情形同等对待的好机会。"③ 1865年，英国成立了一个以律师协会的出庭律师为主体的"判例集编撰委员会"（The Couneil of Law Reporting）。该委员会的判例汇编具有半官方的性质，权威性很强。这不仅是英国判例汇编历史上的一个重大变化，也标志着英国的判例制度走进了一个新时代。至此，对先例原则来说，在法律渊源上的意义完全确立，判例成为判决不用再解释的合法性根据。

所谓先例，是指法院做出的决定或已决案件。其为后来出现的类似或相近案件提供了范例或者效力。法院在先前案件中确立的原则基础上审理

---

① [日] 谷口安平：《程序的正义与诉讼》，王亚新译，中国政法大学出版社2002年版，第4-5页。
② 张彩凤：《英国法治研究》，中国人民公安大学出版社2001年版，第83页。
③ Carleton Kemp Allen, *Law in the Making* (Seventh Edition), The Clarendon Press, 1964, p. 188.

第二章 西方司法实践中程序正义的历史演变

案件,在事实或法律原则上与待决案件相似的先前案件为先例。法官将新近发生的案子与其做比较,辨认哪些先例最为接近或者相似,法官从这些挑中的先例中所确立的原则出发支持自己的裁判,那些在事实和法律规则上都与待裁判的案件相似的已决案件就是先例。这样,被挑中的已决案件就发生了效力。先例有很多种含义,作为司法先例(Judicial Precedents)理解时,意思是指"高一级法院先前决定,这些决定被认为在后来的有着相同的或非常相关的法律问题的案件中体现了一个原则,这个可能陈述了或者包含的一个原则,可能至少对法院的决定产生影响,或者,在遵循先例的原则下,能够决定案件的结果。先例是在后来的案件中被认为法律渊源的先前的司法决定"。它指"法院对先例的坚持并且不能扰乱既定观点"。《布莱克法律字典》在解释遵循先例的定义时,列举了英国早期一些著名法官在具体案件中关于遵循先例的论述:"我们基本可以将遵循先例归纳为一种原理:一旦法院在某些或某个案件中确立了一项原则,那么在所有后来发生的所有实质性相同案件中也应当严格遵守这项原则";"先例不应该轻易被推翻,除非新确立的规则明白易见或者这种规则的确立是为了纠正那些持续发生的不正义。如果依据社会利益非修正和推翻不可,法院即可在一定的限制下,根据案件的具体情况决定是否遵循、修正甚至推翻先例的规定。"看来,从基本内涵讲,遵循先例是适用判例法的原理或者规则。

相对于陪审是关于认定案件真实的制度而言,先例拘束原则是关于案件法律适用的法理。其前提也在于当事者(主要是其律师)尽量找出有利于己方的先例,并通过辩论说服法院予以适用。因为事实上并不存在完全相同的案件,所以辩论的技术和程序就具有重要的意义①。

三、自然正义原则的实践表征

从以上论述中可以解析出,程序正义的原则主要有两个,即"任何人都不应当成为自己案件的法官"和"当事人有陈述和被倾听的权利"。

"任何人都不应当成为自己案件的法官"这一原则源于古罗马。查士丁尼皇帝在他主持编撰的《法学阶梯》中首次明确提到这一原则。在罗马法的影响下,英国学者布雷克顿在《关于英国的法和习惯》中提出,如果存

---

① [日]谷口安平:《程序的正义与诉讼》,王亚新译,中国政法大学出版社2002年版,第5页。

在任何与有关案件一方有血缘关系或朋友关系，或对案件一方怀有敌意，或与案件一方有服从关系，或是案件一方的拥护者的怀疑，一个法官就不应当审理该案件。在英国，一些重要的判例对这一原则做了较好的阐释。其中一个非常有代表性的案件是1852年的狄姆斯诉格兰特案。此案的坎特哈姆爵士在大法官法庭中审理了一系列与某一运河公司有关的案件，而他拥有该公司几千英镑的股份。在没有证据表明这种持股对案件的审理会产生影响的情况下，他的判决还是被上议院撤销了。在说明判决理由时，上议院坎贝尔伯爵写道："至于对提到的案件中的那个法官的意见，我必须说，我完全赞成人们对他的处理。没有人能够提出证据，说坎特哈姆爵士在审判中受到他的利益左右。但是，尊敬的先生们，任何人都不应当成为自己案件的法官，这是神圣不可动摇的原则。他不是案件的当事人，但他的利益在案件当事人一方，作为王座法院的首席法官，我必须宣布下级法院的裁决无效，因为在这个案件中，一个人，当他的利益包含在这个案件中时，参与决定了这起案件。"有的学者又称这一原则为"无偏私"原则。据此，无论是法官还是其他从事裁判工作的人，都不得与案件有任何形式的偏私，而应在控辩双方之间保持不偏不倚，并且与案件本身私益无涉。否则，他作为裁判者，就不具有道德上的正当性。

"当事人有陈述和被倾听的权利"主要包括获得公平的被倾听机会和适当告知两方面的内容。早在中世纪的日耳曼法中，就有类似的法哲学诉求，"诉讼一方的陈述等于无陈述；裁判者应听取双方的陈述"①。英国自然正义原则的起源可以追溯到剑桥大学上诉案。在该案中，本特来被剑桥大学剥夺了学位。他援引剑桥大学的校规，认为自己在被剥夺权利之前，校方根本就没有倾听自己的意见。法官认为，即便在伊甸园里，当亚当偷吃了禁果以后，上帝也将亚当叫到面前，倾听他对处罚的看法。该案提醒法院应认真对待这样一条原则：如果不给利益被决定者陈述的机会，任何裁决者的决定都不应当有效，当政府在处罚他人之时，正当的告知，适当的倾听必不可少。这条原则要求裁判者在作出一项公正的判决结论时，仅仅听取原告或者被告的一面之词是不行的，而必须听取另一方的意见和辩解。用程序法学的语言解释，就是要允许所有利益受裁判结论直接影响的人亲自参与到裁判的制作过程中来，提出自己的证据、意见和理由，与对立的一

---

① 陈瑞华：《看得见的正义》，中国法制出版社2000年版，第14页。

第二章 西方司法实践中程序正义的历史演变

方进行辩论，并进而对裁判者的结论施加积极的影响。

长期以来，有关自然正义的两个基本原则"任何人都不应当成为自己案件的法官"和"当事人有陈述和被倾听的权利"获得了人们普遍的赞同，并成为正当法律程序理论的重要渊源。第一个原则致力于如何避免裁判者的偏见，第二个原则则旨在保证当事人公正平等地被对待，两个原则的综合便是如何保证以"看得见的方式来实现正义"。

第三节 美国的正当法律程序

一、美国正当法律程序原则的历史由来与演进

正当法律程序制度发源于英国，却在美国发扬光大。美国《宪法》第五和第十四修正案中规定："任何人不经正当法律程序，不得被剥夺生命、自由和财产。"该表述被认为是正当法律程序的经典表述。美国通过自身的宪法实践，建立起世界上最完备的正当法律程序制度，它为世界各国树立了光辉的典范。

1. 英国普通法传统的影响——正当法律程序原则在各州的实践

英国在北美殖民的历史造就了美国深厚的普通法传统，正当程序由此也传入美国。美国独立革命前，有的殖民州的"特许状"就出现了隐含正当程序原则的法律规定。起源于英国《自由大宪章》的正当程序原则，在殖民地特许状中是对殖民者给予优先权的表达。王室颁发的特许状是殖民地早期的重要法律文件，殖民地的一切法律根据和殖民者的权利皆来源于此，特许状对正当程序作为一项英国普通法权利的确立和保障都具有重要的法律意义，客观上推动了正当程序思想在美洲的传播。如1639年《马里兰人民自由权法案》，确认普通法是殖民地居民有权获得的英国遗产之一。并且在与英国母国的对抗中越来越依赖普通法中所包含的政治权利和个人自由。1682年《宾夕法尼亚基本法》无论从风格形式还是从内容上都代表了当时北美殖民地最先进的宪政实践，开创了将居民权利的保护规定在基本法的先例，使权利法案在法律上获得了特殊的地位。基本法最有特点的

部分是有关殖民者权利的部分，这一部分列举了殖民地居民享有的基本权利，包括：选举权（限于自由人），不经法律不得被任意征税的权利，要求公正司法审判和陪审团的权利及严禁对犯罪人处以过重的罚款等。1774年第一届大陆会议通过的《权利宣言》再次重申："各殖民地居民享有英国普通法规定的权利"，"普通法规定的权利是我们固有的权利，是我们继承的遗产"①。1776年的弗吉尼亚州宪法规定："任何人非经国家的法律或受其同辈之审判，不得剥夺其自由。"马萨诸塞州、马里兰州、北卡罗来纳州、南卡罗来纳州等也采用了"国家的法律"一词。但没有采用"正当程序"这种说法。美国独立战争后，民众曾一度出现政治上反对英国、在法律上排斥英国普通法的情绪。但普通法还是迎来了它最终的胜利，"英语加上在美国来自英国的移民，就把这个国家保持在普通法系之中"②。

通过上述分析介绍可以看出，由殖民者带来的正当程序思想在美洲大陆得到了广泛的传播，体现了正当程序原则的"国法"条款在各州的立法和司法实践中被普遍适用，于是正当程序原则已经在美洲深深地扎下了根。正当程序在各州的实践，为独立后美国宪法修正案正式采纳正当程序条款提供了立法和司法的准备。

2. 正当法律程序原则在美国的确立和发展

1787年，美国制宪会议通过了美国《宪法》，但有关权利保障的条款却几乎是空白。按美国学者杰克·帕尔德森的看法，其原因大致有三：一是制宪者们认为宪法这样做是不必要的，因宪法中已经规定了禁止通过剥夺公民权的法案，公民权利已经有了保障；二是制宪者们认为宪法这样做是危险的，因为禁止性条款可能会使新政府对于没有授予的权力以默示的形式提出更多的权力要求，从而膨胀政府权力；三是有人主张对公民基本权利的保护应时刻铭刻于公民心里或头脑里，并不在于字面上如何规定③。

这个未包含权利法案的《宪法》提交各州批准时，受到激烈的反对和一致的抵制。在这种情况下，为解决困境，便于《宪法》通过，美国的制宪者们决定以宪法修正案的形式对《宪法》进行补充和完善。1791年通过

---

① 何勤华：《美国法律发达史》，上海人民出版社1998年版，第35页。
② [法] 勒内·达维德：《当代主要法律体系》，漆竹生译，上海译文出版社1984年版，第37页。
③ [美] 卡尔威因、帕尔德森：《美国宪法释义》，徐卫东等译，华夏出版社1989年版，第172页。

的《美国宪法第五修正案》规定:"无论何人,除非根据大陪审团的报告或起诉书,不得受判处死罪或者其他重罪之审判,唯发生在陆、海军中或发生在战时或出现公共危险时服役的民兵中的案件,不在此限。任何人不得因同一罪行而两次遭受生命或身体的危害;不得在任何刑事案件中被迫自证其罪;不经正当法律程序,不得剥夺生命、自由和财产。不给予公平赔偿财产不得充作公用。"这条规定适用于联邦政府机关。1868年通过的《美国宪法第十四修正案》规定:"凡在合众国出生或归化合众国并受其管辖的人,均为合众国的和他们居住的州的公民。任何一州,都不得制定或实施限制合众国公民的特权或豁免权的任何法律;不经正当法律程序,不得剥夺任何人的生命、自由或财产;对于在其管辖下的任何人,亦不得拒绝给予平等法律保护。"这条规定适用于各州政府机关。

从美国正当程序原则宪法确立的精神要义来看,对权力的制约无疑是其精髓,通过对公权力的有效限制和限定,可以在极大程度上保护公民个人的私权利。以此为开端,正当法律程序条款在美国宪政实践中成为"依靠法院的司法功能防范立法或行政部门逾越权力侵害公民私权利的防火墙"①。

二、美国正当法律程序的类型学演进和基本要义解析

以正当法律程序闻名的美国,在宪法修正案中明确规定了正当法律程序原则,即"未经法律的正当程序,不得剥夺任何人的生命、自由和财产"。第5条规定适用于联邦政府机关,第14条则为各州政府机关所规定。另外,根据美国学者和最高法院的解释,宪法所规定的正当法律程序包含两方面的意义:一是正当的法律程序被看作一个实体的规范,称为实质性的正当法律程序,这种意义的正当法律程序在于要求国会制定的法律必须符合公平和正义,如果国会所制定的剥夺个人的生命、自由或财产的法律,不符合公平与正义的标准时,法院将宣布这个法律无效。实质性正当法律程序的本质在于防止专横和不合理的行为。二是正当法律程序也是一个程序法的规范,称为程序性的正当法律程序,这种意义的正当法律程序旨在要求一切权力的行使在剥夺个人的生命、自由或财产时,必须听取当事人

---

① Annals of Congress, Vol. 1, 1st Conress, 1st and 2nd Sess. p. 439.

的意见，当事人具有要求听证的权利。① 正当法律程序从实体和程序两方面充分体现了公平、正义、合理等基本理念。

我们知道程序性的正当法律程序原则是为了禁止政府未经公平正当的合法手续，便剥夺人民的生命、自由和财产而建立起来的。也就是说，政府对于人民所采取的任何有不利影响的措施，必须按照法律已确立的正当程序。很显然，正当程序起到的主要是一个限制政府滥用权力的作用。这与美国建国者对于公权力的认识是一致的。美国的建国者们基于共和思想、人性幽暗意识以及对于权力的"恶"的深层次担忧性认识，而一直强调有限政府。因此程序性正当法律程序原则的确立及其基本精神即反映了该方面的思想，寻求人民的生命、自由和财产都受正当法律程序的保护。这里存在两个相继出现的问题：一是正当程序所保障的目标或对象如何确定；二是什么样的法律程序方可称为"正当"的程序。这两个问题是"正当法律程序的双阶结构"。对于第一个问题，根据美国宪法的第5条和第14条修正案可知，很显然正当程序所针对目标主要是两个，一是限制性对象，二是保障性对象。两条宪法修正案明确界定其限制的是政府的公权力。不过其约束的政府，经历了从单纯约束联邦政府到约束州政府的转变，起初正当法律程序只约束联邦政府机关的一切立法、行政和司法行为。1868年第14条宪法修正案的通过是正当法律程序约束州政府的权力、保障公民权的里程碑。从该法上看，如果一个州没有采取行动去制止个人侵犯各修正案赋予公民的权利，国会就有权依据联邦法律，通过它设置在这些州的法院，使该修正案在那里发生效力，从而对州的不作为或不利行为提供补救，以保证公民的人身和财产不受州权的侵犯。对于正当法律程序所保障的对象，同样经历了从自然人到法人的完善性变迁过程。正当法律程序原则仅针对自然人，既包括美国公民，也包括居住在美国的外国人。但随着商业的发展，大量的经济问题出现，而其中涉及大量的公司。在这种情况下，通过对"人"进行扩大解释，把公司包括在受该修正案保护的"人"中实现。这为美国经济发展开辟了道路。从其保障内容来说，它包括了人的生命权、自由权和财产权。从内涵上看，程序性正当法律程序要求在一切剥夺私人生命、自由或财产时，必须符合自然正义的要求，即"一个人不能在自己的案件中作法官；人们的抗辩必须公正听取"。美国《布莱克法律辞典》对

---

① 王名扬：《美国行政法》，中国法制出版社1995年版，第383页。

第二章 西方司法实践中程序正义的历史演变

程序性正当法律程序的具体解释是:"任何权益受判决结果影响的当事人有权获得法庭审判的机会,并且应被告知控诉的性质和理由……合理的告知、获得法庭审判的机会以及提出主张和辩护等都体现在'程序性正当程序'之中。"①

实质性的正当法律程序的内涵首先是由美国州法院的判决提出的。在1865年的"怀尼哈默诉人民"一案中,纽约州法院判决纽约州的禁酒法案是"不依正当法律程序而剥夺公民财产",这样,正当法律程序在历史上首次被用作实体法条款,而且是在保护财产的民事案件中加以运用。纽约州法院认为,该法的实施,消除和破坏了这个州的公民拥有烈性酒的财产权,与正当法律程序条款的精神不符;即使在形式上符合正当法律程序,也超出了政府权限的范围。此案所涉及的这项法律,尽管没有法律上的缺陷,但违反了宪法规定的精神。宪法已经明确地表示要保护个人的权利,使其不受专断权力的损害。在此之前的美国法官,包括联邦和各州的法官,还只是利用自然权利和社会契约来限制和制止政府行使专断的权力。这种以实质性正当程序代替以前诉诸自然法的方法,成为美国式宪法国家最高法院的普遍推理。1885年的"合租公寓雪茄烟案"使纽约州最高法院、1897年的"奥尔盖耶诉路易斯安那州案"使联邦最高法院坚持了实质性正当法律程序的理念。此后,实质性正当法律程序正式成为正当法律程序条款的组成部分。从其精神内涵上看,实质性正当法律程序要求联邦和州议会所制定的法律必须符合公平与正义,政府的行政行为受到必要的限制。在剥夺个人的生命、自由或财产时,如果政府制定的法律、实施的行政行为不符合公平与正义的标准,即使程序完整,法院仍将宣告这个法律或行为无效。

实质性正当程序实质上主要表现在经济领域,这与当时社会经济发展状况和主流经济社会思潮是紧密联系的。南北战争以后,美国进入了自由资本主义时期,社会盛行亚当·斯密的古典自由主义经济学,主张政府扮演守夜人角色,"管的最少的政府就是最好的政府",认为政府对市场的干预是违背社会正义法则的。同时在社会政治领域中同样流行相关思潮,如斯宾塞的契约自由主义理论、社会达尔文主义等。但随着经济形势的变迁和经济思潮的阶段性转型,特别是1929~1933年全球性经济大危机后,美

---

① 徐亚文:《程序正义论》,山东人民出版社2003年版,第77页。

国在经济理论上盛行主张政府干预的凯恩斯主义，在政策上罗斯福新政开始受到人们普遍认同，在这种情况下，正当性法律程序原则在经济领域开始衰落。1934年的"牛奶业主诉纽约州牛奶最低价格法"一案中，美国联邦最高法院认为，"在我们政体之下，财产的使用和缔结契约，本来视为私事，与公家无关，故不应该受到政府干涉。可是，无论是财产权还是契约权，都不是绝对的。因为人民若能任意使用其财产权以危害同伴，或行使其契约自由权以伤害社会，政府将有颠覆之虞。私权固然重要，而为了公共利益而管制私权的公权也很重要"[①]。不过，实质性正当法律程序在经济领域的衰退，并不意味着其时代已经终结。事实上，在保护公民人身权利的领域里，实质性正当法律程序条款仍然充满活力。

第四节　欧洲大陆的程序正义观念
　　　　《欧洲人权公约》

　　鉴于第二次世界大战对人类生命的践踏，1945年的《联合国宪章》重点强调了相关的人权条款，确定了人权保护的一些基本原则。《宪章》序言明确提出，"重申基本人权，人格尊严与价值，以及男女与大小各国平等权利之信念"。1948年12月10日，联合国大会通过并宣布了由联合国人权委员会起草的《世界人权宣言》。该《宣言》成为第一个被国际社会普遍接受的关于人权问题的国际文件。它第一次在国际范围内较系统、全面地提出了人权和基本自由的具体内容，同时明确规定了平等和禁止歧视原则，并扩展了平等与禁止歧视的范围。受到《世界人权宣言》的启发和影响，为了统一欧洲国家人权保护的行动，迫切要求有统一的法律体系和人权保护原则来确保对人权的有效尊重，在这种背景下，为了捍卫人类基本正义，欧洲国家制定了自己的人权保护公约——《欧洲人权公约》。

---

① 徐亚文：《程序正义论》，山东人民出版社2003年版，第76页。

第二章 西方司法实践中程序正义的历史演变

一、《欧洲人权公约》概略

《欧洲人权公约》又称《保护人权与基本自由公约》，于1950年11月4日在欧洲理事会主持下于罗马签署，1953年9月3日生效。它是第一个区域性国际人权条约，它规定集体保障和施行《世界人权宣言》中所规定的某些权利及基本自由。第二次世界大战后，西欧国家在欧洲联合的趋势下，为维护和实现作为欧洲国家共同遗产的理想和原则，促进经济和社会进步以求得国家间更大的团结，成立了欧洲委员会。各成员国为维护和进一步实现人权与基本自由，签订了该公约。1950~1996年，欧洲理事会部长委员会又先后拟定了《欧洲人权公约》的11项议定书以及《关于公民个人参与欧洲人权法院诉讼程序的欧洲协定》①。公约共5章66条。公约规定：缔约国应为在其管辖下的每个人获得本公约第一节中所规定的权利与自由（第1条）；任何人的生命权应受到法律的保护（第2条）；任何人不得被加以酷刑或使受非人道的或侮辱的待遇或惩罚（第3条）；任何人不得被蓄为奴或受到奴役（第4条）；人人享有自由和人身安全的权利（第5条）；在决定某人的公民权利与义务或在决定对某人的任何刑事罪名时，任何人有权……受到依法设立的、独立与公正的法庭之公平与公开的审讯；实行无罪推定（第6条）；刑法不溯及既往（第7条）；人人有思想、良心及宗教自由的权利；人人有言论自由的权利及人人有和平集会与结社自由的权利（第8、9、10及11条）；达到结婚年龄的男女有依照有关国内法结婚和成立家庭的权利（第12条）。此外，公约还强调，任何人在他享有的本公约规定的权利与自由受到侵犯时，有权向国家当局要求有效的补救，即使上述侵犯行为是担任公职身份的人员所犯；应保证人人享受公约列举的权利与自由，不得因性别、种族、肤色、语言、宗教、政治的或其他见解、民族或社会出身、同少数民族的联系、财产、出生或其他地位而有所歧视（第13、14条）。其中第15~18条均为一些特殊性说明和注释条款，主要规定某些限制性目的和在某些特定条件（如战争）下如何适用条款的问题。从第19条开始至第66条结束的第二、三、四、五章主要是保障条款实施的制度建设，也即设立欧洲人权委员会和欧洲人权法院，以确保公约得以有

---
① 本文采用的译稿来源于山东大学法学院人权研究中心。

效执行。11项议定书主要关涉的依然是制度完善与协调问题，与具体人权条款基本无关。

二、《欧洲人权公约》中的程序正义

一般认为，《欧洲人权公约》中程序性条款主要体现在第6条，特别是在其第1款中，这一项规定与英国的自然正义和美国的正当法律程序具有相通之处。

1. 程序的公开性与公平性

《欧洲人权公约》规定在决定某人的公民权利和义务或者在决定对某人确定任何刑事罪名时，任何人有理由在合理的时间内受到依法设立的独立而公正的法院的公平且公开的审讯。判决应当公开宣布。这就也意味着只有依法设立的独立而公正的法院才能进行审判。除了依法设立的法院，其他任何个人或组织（政府或非政府）不得对公民进行审判。同时法院必须是独立的，也即法官要独立于行政机关和党派，不受其他部门的影响。审判要公正、不偏不倚。法院审判的公平公开性使得人们体悟到了程序公平而得到了正义性，使当事人双方都在审判中得到了基本的人权尊重。如果没有公平、公正的程序，正义势必难以保证。

不过，《欧洲人权公约》也规定，基于对民主社会中的道德、公共秩序或者国家安全的利益，以及对民主社会中的少年的利益或者是保护当事人的私生活权利的考虑，或者是法院认为，在特殊情况下，如果公开审讯将损害公平利益的话，可以拒绝记者和公众参与旁听全部或者部分审讯。这样的规定，在我们看来，并非是对程序正义之公开原则的侵犯，相反它正好深层次领会和体认了程序正义的深层内涵，因为这种特殊性规定昭示了人性的光芒，表明了对人的尊严的保障与捍卫，而这正是现代政治文明发展最为深远的意义所在。

2. 公民的参与权、辩护权与受助权

《欧洲人权公约》规定，凡受刑事罪指控者具有下列最低限度的权利：

（1）以他所了解的语言立即详细地通知他被指控罪名的性质以及被指控的原因；

（2）应当有适当的时间和便利条件为辩护做准备；

（3）由他本人或者由他自己选择的律师协助替自己辩护，或者如果他

第二章 西方司法实践中程序正义的历史演变

无力支付法律协助费用的，则基于公平利益考虑，应当免除他的有关费用；

（4）询问不利于他的证人，并在与不利于他的证人具有相同的条件下，让有利于他的证人出庭接受询问；

（5）如果他不懂或者不会讲法院所使用的工作语言，可以请求免费的译员协助翻译。

自古以来，大多思想家都认可了这样一个基本的观点：人们的社会认同来自人们的参与。特别是在一个多元化的社会中，利益矛盾的化约依赖于一系列的参与，通过参与，人们意见的表达、妥协，进而达到社会的共识（公共利益）。美国学者本特利就认为，"公共利益是各方利益冲突和妥协的结果，如果政府行为表达了这种妥协的结果，它就是合法的，反之即不合法"①。在正义的实现过程中，如果被告双方都被赋予了充分的参与权和辩护权，赋予其权利实现的基本条件，也就是其在法律过程中得到了平等、公正的对待，其主体性人格得到了应有的尊重和捍卫，那么人们往往对法律的结果持认同态度，也即认为正义的过程形成了正义的结果。所以，公民的参与权和辩护权的授予展示了程序正义的精神内涵要义。

3. 公民权利保护的法律正当性

《欧洲人权公约》规定，凡受刑事罪指控者在未经依法证明为有罪之前，应当推定为无罪。第5条第一款、第二款规定："应当以被逮捕的任何人所了解的语言立即通知他被逮捕的理由以及被指控的罪名。"正如前文一再引用亚里士多德的观点，人们必须要遵守法律，但该法律应当是良法而不是恶法。良恶之分关涉价值判断，正如前文一再论述的，在一个多元化时代与社会中，这种价值的化约困境重重，所以得出了技术性之分，即程序左右着法律的良恶，我们宁要有程序的恶法，不要无程序的良法。法律的正当性与正义性不仅来源于其实体的规定，即对公民实体权利与义务分配的正当性问题，而且来源于其程序的正当性。很多思想家往往倾向于认为，法律是一种"必要的恶"，法律虽然有其恶的一方面，但法律却是不可缺少的，我们认为正当的程序即能有效控制法律之恶，有效保障公民之权利。所以《欧洲人权公约》中的相关规定，无疑透视了程序正义对于公民权利保护的至深内涵。

---

① Arthur Bentley, The Process of Government, Evanston, Ill: Principia, 1908.

4. 程序的时效性与及时性

《欧洲人权公约》规定:"被逮捕或者拘留的任何人,应当立即送交法官或者是其他经法律授权行使司法权的官员,并应当在合理的时间内进行审理或者在审理前予以释放。释放应当以担保出庭候审为条件。"这与程序正义的理念——"迟来的正义非正义"无疑殊途同归。

本章小结

在漫长的人类历史文明长河中,对人的主体性权利的确认和保障,是人类政治文明进步与彰显的标志。在这一政治文明演进过程中,正义与非正义、实质正义与程序正义的时代转换尤其具有实质性的影响与意义。人类文明的发展告诉我们,正义是最高的目的,人必须要按照正义生活,社会要按照正义去组织。由此考察司法实践中程序正义的观念渊源,其理论与实践意义是显而易见的。按照马克思主义的理解,理论源于实践,实践深化理论。我们结合自古以来的司法实践,全面探讨程序正义的历史演变,可以在更深层次上理解程序正义的源起,透视程序正义的精神实质,深化关于程序正义理念的认识。程序正义观念的源起与发展,深受自然法理念的影响,自然法理念既是提升实在法的标准,也是法律制度应当接受的理想。它们把"逻各斯"、"理性"、"神"看作宇宙秩序的创造者、主宰者,人受到这种最高规则,或者说一种普遍的法则的规制,这种普遍法,即自然法,贯穿于一切事物之中,是人的行为的最高准则,它要求人按照自然生活,这种所谓的自然生活方式实质上就是按照程序正义的程式去生活、去行为。程序正义的观念萌芽在古罗马时期就已经在法律实践中出现。在古罗马时期就有"任何人未经审判,不得处以死刑"这样的经典程序正义的法谚,在司法实践中,有一套严格规范的诉讼制度和诉讼程序,程序的重要性和程序法的权威性都因此得以确认。中世纪虽然在整个西方思想史上被称为一段黑暗的时期,但程序正义在司法实践中依然在承继,中世纪的教会法,依然重视这种"看得见的正义"的程序法则。程序正义原则的现代性确立,则要归功于英国的"自然正义"与美国的"正当程序"。英国的"自然正义"原则,确立了程序正义的两大基础性准则,即"任何人都

第二章 西方司法实践中程序正义的历史演变

不应当成为自己案件的法官"和"当事人有陈述和被倾听的权利"。这两大准则获得了人们普遍的赞同,并成为正当法律程序理论的重要渊源。第一个原则致力于如何避免裁判者的偏见,第二个原则旨在保证当事人公正平等地被对待,两个原则的综合便是如何保证以"看得见的方式来实现正义"。正当法律程序制度发源于英国,却在美国发扬光大。《美国宪法第五修正案》和《美国宪法第十四修正案》中规定:"任何人不经正当法律程序,不得被剥夺生命、自由和财产。"该表述被认为正当法律程序的经典表述。美国通过自身的宪法实践,建立起世界上最完备的正当法律程序制度,它为世界各国树立了光辉的典范。从程序正义的司法实践发展中不难看出,人们已经深刻认识到,法的正义性已经不仅仅体现在最终的结果,相反过程中的程序正义性更为重要。这一点对后世的影响极大,从西方国家各个时期的法律来看,如果违反程序法或蔑视法庭的权威,都要受到较严厉的制裁;这种制裁或者说制裁所保证的权威正是程序法得以实施的重要源泉,在一定程度上保证了制定之法与现实之法相吻合至少差距不大。程序正义的世代传继与发展,正是源于程序正义存在的理据,这种理据源于程序正义的价值理性。

第三章 程序正义的价值内涵

价值问题本质上是人类社会历史实践活动中的问题，价值表示一定客体对作为一定主体的人的意义，如好、坏、善、恶、美、丑等。关于价值的内涵，就如正义的内涵一样，自古至今，众说纷纭。不过我们依然可以从中解析出几种关于价值内涵的思维维度。其一，实体性界定，认为价值是一种固有的存在，它是既定的、客观的，只有我们没有发现它，而没有所谓的"它根本不存在"；其二，附属说，认为价值是事物的属性，它的存在依赖于另一客体的存在；其三，本质说，认为价值是事物的特有本质；其四，关系说，认为价值在主客体之间的相互关系中产生。本书并不试图对以上四种论调进行辩论性分析，并提出明确的认同界定。笔者认为思考任何一种事物价值，皆可以从以上四种维度进行探索。思考法的价值，思考程序的价值，同样可以如此。以上的四种维度我们可以将其概括为两种模式。一种模式承认价值的内在性：价值是本质的固有的存在物，也即意味着价值有其独立而不依赖于他物的价值内涵取向。另一种模式则强调价值的外在性，强调价值附属于某一客观物，只有同这种客观物发生联系才有意义。从这个角度，我们思考程序正义的价值，就有了两种视角：其一，程序正义是否有其内在的价值，如果有，是什么？其二，程序正义作为一种主客体间的关系存在，其外在的价值是什么，是否有外在的标准可以衡量程序的正义性。基于这种认识，我们可以将上述两个问题界定为程序的内在价值与外在价值。本章的主旨即在于探讨这一核心问题。

人文科学总是一种文化（文明）的历史传承，我们今天的人文智识总是建立在对前人文化（文明）的承继基础上的。正是由于传承，人类文明才能不断地走向灿烂与辉煌。所以，在试图总结程序正义内在与外在价值内涵之前，我们不妨先来看看古今中外一些相关代表人物是如何看待这个问题的。

程序正义与人的存在

第一节 西方关于程序正义的主要理论建树

通过前文的论述我们可以看到，在现代法中，对于程序的价值人们基本没有争议，程序的各种积极功能也得到了政府和民众的广泛认同。但在较长历史时间内，对程序的价值地位并无一致意见。概括说来，基本分为两大类：一是认为程序并无自主和独立地位，只是实现某种目标的"功利"手段，这种观点，我们把它界定为程序工具主义。二是强调程序是为保障一些独立于结果的内在价值而设计的，并不是实现某种实体目的的手段或者工具，这种观点我们一般把它称为程序价值主义。下文就主要基于这种两分法进行探讨。

一、程序工具主义

程序工具主义认定，程序是达到某种良善目标的工具性手段，其合理性来自结果的正义性。在西方思想史中，对于程序的定位，有着各种不同的论点，如从人性论出发而得出的功利性哲学，从法律产生的理论社会渊源及法律自身发展特点出发来论证，从经济、伦理道德来引述法律的程序性问题。

1. 边沁的功利主义哲学

在西方源远流长的人文思想中，关于人性的探讨一直是一个重要的理论出发点，很多思想家的理论建构都基于这一基础，边沁的学说也不例外。何为功利？休谟在《人的本质》一书中认为，人的知识来源于经验，经验来源于感知，五官感觉中总有快与不快之别，人的本性是就快乐避不快乐，作为人类经验升华成的一般理论科学就内在地必然地不离此宗。受休谟哲学的启蒙，边沁把这种基于人性的功利主义精神忠实地沿袭下来，他把功利称为"最大的幸福"，以此建构了其功利主义学说，集中体现在他的两本著作中，即《政府片论》和《道德与立法原理导论》。

功利主义思想在西方的渊源可以追溯到晚期希腊哲学的伊壁鸠鲁派和斯多葛派。伊壁鸠鲁派认定快乐是最高的善，"自然公正乃是引导人们避免彼此伤害和受害的互利的约定"①,"培根开辟了近代快乐主义的时代"②。斯宾诺莎认为,人性的一条普遍的规律是"人人是两利相权取其大,两害相权取其轻"③。这些思想构成了边沁功利主义思想的源头。到了18世纪,法国百科全书派的爱尔维修发展了功利主义思想。爱尔维修认为,人们总是趋向快乐,而避免痛苦。趋乐避苦是人的唯一动力和人的行为的根本原因,是人的永恒不变的本性。既然趋乐避苦是人的本性,那么依此原则去进行道德判断,凡是使人得到快乐的就是善的,凡是对自己有利的,就是符合善的。因此,"无论在道德问题或认识问题上,都只是利益宰制着我们的一切判断"④。于是,在他看来,利己心按其本性是合乎道德的,没有利己心的人不是现实的充满活力的人。18世纪意大利著名的法律改革家贝卡利亚的思想对边沁功利主义学说有着较为直接的影响,边沁所提出的"最大多数人的最大幸福"曾受贝卡利亚的影响。贝卡利亚认为,"如果人生的善与恶可以用一种数学方式来表达的话,那么良好的立法就是引导人们获得最大幸福和最小痛苦的艺术"⑤。

这些前人的思想无疑对边沁产生了巨大的影响,但这些思想在当时对现实社会并没有产生实质性的影响。直到19世纪,英国的边沁和密尔全面阐释了功利主义及其道德理想,随后这一思想便渗透到现代资本主义社会的各个方面。"自19世纪后期以来,功利主义构成了现代西方社会的一种生活观,一种社会的整体价值取向,一种社会伦理准则和道德规范。"⑥

"边沁主义有一道致命锋刃。边沁的根本基设说,无论在私人与公共层次、道德与政治层次,凡产生最多数人最大幸福的行动,就是好的行动。"⑦边沁通过对前人思想的继承与修正,通过对人性的考察,对经验中的事实的描述,发展了自己的功利主义学说。边沁认为,正像自然界有其规律一样,人类也有自己的规律。他认为人的本性是避苦求乐,并认定这是人性所在,追求快乐是人的一切行为的潜在指导者,趋乐避苦是人的天性,是

---

① 周辅成:《西方伦理学名著选辑》(上卷),商务印书馆1987年版,第103页。
② [美] 杜兰特:《探索的思想》(上),朱安等译,文化艺术出版社1996年版,第108页。
③ [荷] 斯宾诺莎:《神学政治论》,温锡增译,商务印书馆1982年版,第215页。
④ 北京大学哲学系外国哲学史教研室编译:《十八世纪法国哲学》,商务印书馆1963年版,第457页。
⑤ [英] 边沁:《政府片论》,沈叔平译,商务印书馆1995年版,第38页。
⑥ 唐代兴:《边沁功利主义思想浅析》,《北京社会科学》2002年第3期。
⑦ [美] 约翰·麦克里兰:《西方政治思想史》,彭淮栋译,海南出版社2003年版,第493页。

人的行为的根本原因。他说:"自然界把人类置于两位公主——快乐和痛苦——的主宰之下。只有它们才指示我们应当干什么,决定我们将要干什么。"①

如何判断善恶,根据什么来进行判断,这是边沁功利主义所要解决的第二项内容。在边沁看来,动机在一般意义上是中性的,"不存在绝对好或绝对坏的动机"②,因而根据动机判断善恶是不可能的。他认为唯有效果,唯有是否增进快乐才能决定一个行为的善恶,"一项行动的总的倾向在多大程度上有害,取决于后果的总和,即取决于所有良好后果与所有有害后果的差额"③。很显然,边沁的功利主义是一种注重后果与效果的学说。

在这两者基础上,边沁提出了其功利原则。"功利原理是指这样的原理:它按照看来势必增大或减小利益有关者之幸福的倾向,亦即促进或妨碍此种幸福的倾向,来赞成或非难任何一项行动。"④"最大多数人的最大幸福是正确与错误的衡量标准。"⑤ 从中我们可以看出,边沁的功利原则包括了两个方面的内容:其一是个人的快乐和幸福;其二是最大多数人的最大幸福。

边沁基于功利原则的分析,提出了其关于法的一系列主张和观点。边沁把法当作实现功利原则的工具,他认为,增进人类社会幸福的办法应从立法开始,通过立法,用赏罚分明的立法特别是通过惩罚那些破坏幸福的行为,来增进人类的幸福。"个人,即构成共同体的个人之幸福——他们的快乐与安全,就是立法者应该考虑的唯一目的。"⑥ 边沁认为,功利原则是衡量、解释和研究法律制度的标准,功利原则可以用来控制并指导法学研究的某些制度或制度组合体的分类。只有用功利原则来解释这些制度组合体所具有的名称,才能使它们的分类变得清晰。法理学的目的和任务是以某种方式排除不符合功利原则的一切不良制度。他认为在功利原则的指导下,"恶劣法律的祸害就可以被发现"⑦。立法艺术是教社会如何以立法者应

---

① [英] 边沁:《道德与立法原理导论》,时殷弘译,商务印书馆2000年版,第52页。
② [英] 边沁:《道德与立法原理导论》,时殷弘译,商务印书馆2000年版,第151页。
③ [英] 边沁:《道德与立法原理导论》,时殷弘译,商务印书馆2000年版,第122页。
④ [英] 边沁:《道德与立法原理导论》,时殷弘译,商务印书馆2000年版,第58页。
⑤ [英] 边沁:《政府片论》,沈叔平译,商务印书馆1995年版,第92页。
⑥ 张乃根:《西方哲学史纲》,中国政法大学出版社1993年版,第169页。
⑦ [英] 边沁:《政府片论》,沈叔平译,商务印书馆1995年版,第29页。

有的动机采取有助于社会幸福的方针。好的立法就是能够最大限度地促进"最大多数人的最大幸福"实现的立法。法律的作用是防止人与人之间发生冲突，如果法律限定了个人对快乐的追求与享受，那么就不是一部好的法律。

在边沁的法思想中，国家法律和刑罚都不是从自然法和契约产生的，而是由人们的功利主义所引申出来的。所谓的自然法权利和社会契约学说，都基于虚构、渺茫无际的猜想，对于国家和社会的现实没有任何意义，这一违反历史真实的幻想早已成为过去，大自然创造的人类具有趋乐避苦、趋善去恶的本性，这一永恒的人类理性引导人们根据行为本身所引起的苦与乐的计算，考虑到服从某一个人或某一群人或某一集团（国家或统治集团）的习惯所造成的祸害比不服从某习惯所造成的祸害要小的时候，或者所造成的不利要小的时候，就会计算到建立国家、制定法律、确立刑罚，服从国家、遵守法律相比之下是利大于害，乐大于苦，这样，国家和法律产生了，刑罚出现了。这是人们的功利思想在起决定性作用。

通过以上对边沁功利主义思想的剖析，我们可以看出，在边沁视域中，程序有没有用，或者好不好，要看它服务的法律能否实现良好的结果，这种理念是程序工具主义的本质。基于此，边沁在分析审判程序时说：首先，审判活动的直接目的在于实现判决的正确性和准确性，即正确地将法律适用到已得到证明的事实上。其次，程序法作为所谓"附属法"，只在它有助于执行实体法的情况下才具有善的品质，程序的目的就在于形成正确的裁判结果。最后，正确的裁判只有在其符合保证最大多数人的最大幸福的功利原则下才能得到证明①。

2. 卢曼的系统论

作为社会结构功能主义的代表人物，卢曼对法律的定义和理解都是从系统—结构—功能角度进行的。

（1）社会功能分化与法律进化。卢曼认为，法律和知识一样，都是社会赖以存在的前置性条件。在他看来，法律是社会的一种基本结构安排，"在法律系统内并不进行作业的人是作为'委托人'出现的，因而主要的问

---

① 陈瑞华：《走向综合性程序价值理论——贝勒斯程序正义理论述评》，《中国社会科学》1999年第6期。

题就变成了法律系统如何为其委托人服务"①。其最基本的功能在于为社会成员提供行为预期。法律可以说与社会是相互依存的。一切社会生活某种意义上、某种程度上都是由法律所形成的。而正是因为社会和法律相互依存的状况，导致了法律的进化理论。不同的社会制度往往需要形成反映其复杂分化程度的专门形式的预期结构：相对较简单的社会具有极高的可预测性，传统的习惯使一系列的行为预期完全内化，根本无须成文的规范；而随着偶然性的增加，交往中潜在的冲突也有所增加，从而要求并促进了法律结构的变化。

卢曼划分了三种社会：古代社会、高度文明的社会和现代社会。古代社会指的是原始社会或部落社会；前现代的高度文明出现于那些功能没有完全分化的社会，如中国、印度、伊斯兰、希腊—罗马以及欧洲大陆、盎格鲁—撒克逊；现代社会则指工业社会乃至"后工业社会"。这三种社会分别对应于三种社会分化：区隔分化、阶层分化和功能分化。区隔分化指的是社会由不同的家庭、部落等构成；区隔分化是平等的，而阶层分化则是不平等的，它将社会划分为等级不同的次系统；功能分化则既有平等，又有不平等，它按照特定的功能而形成部分系统。在这三种社会分化中，功能分化对现代社会具有重要意义。与此三种社会和分化相适应，存在着三种法律：古代法、前现代高度文明的法和实证法②。

（2）程序与法律自治。现代社会是功能分化的社会。在卢曼看来，"社会的各个功能子系统始终都是一些自我指涉的（Self-referential）系统：它们预先假设并且复制（Reproduce）出它们自己。它们通过对它们的各个组成部分的安排布置来设立它们的这些组成部分，而这种'自我生成的'（Autopoietic）闭合状态就是它们的单一整体性。这种存在方式暗示，这些系统能够进行自我组织和自我调节，但对这种存在方式必须不仅在结构上，而且首先是在系统的基本要素层面上来实现"③。这种一般性理论观念在卢曼看来可以适用于法律系统。"如果这样一个系统是在功能分化的背景下演化，那么，所有的调节都必然是自我调节。只有在法律系统的范围内，才能把法律规范的变化理解为法律的改变。"④由此我们可以看出作为子系统的法律是"自我生成"的，自我生成的概念意味着法律"自己生产自己"，或

---

① ③ ④ ［德］卢曼：《法律的自我复制及其限制》，韩旭译，《北大法律评论》1999年第2卷第2辑。
② Niklas Luhmann, A Sociological Theory of Law, Routledge & Kegan Paul, 1985.

者说，法律效力的证明和这种效力的获得在同一个过程中发生。与此相关，法律行为的效力不能从法律系统之外进行推导，而只能在法律系统内部推导。一方面，从规范上，法律是循环封闭的。法律的"自我生成"与"自治"虽然"并不意味着要否认环境，尤其是政治系统对法律系统的影响。但是，法律系统是通过法律事件，而且也只是通过法律事件，来进行自我复制的"①。"只有法律事件（例如法律判决，而且还包括像选举这一类作为法律事件传达的事件）才能保证法律的连续性。"②另一方面，从认知上，法律对环境又是开放的，"如果追循系统论研究的最新进展来看，我们就会认识到闭合性与开放性不再是相互矛盾的，而是两种相反相成的状态。一个系统的开放性是基于自我指涉的闭合性，而闭合性的'自我生成的'复制与环境有关"③。"规范上的闭合性并不排斥认知上的开放性。相反，它要求在系统与环境之间进行信息交换。"④这意味着法律在各方面都得适应环境，当法律系统从外在社会环境（政治、经济等）获知一些信息后，它会按照环境的需要和要求重新解释自己，通过自己的要素自己调整自己的程序安排，以适应环境。"如果法律系统仅仅涉及一个规范系统及其环境，那么，这一点将永远不会对认知领域发挥作用。如果一个规范系统意味着这个系统的基本要求就是规范的话，那么，法律系统并不是一个规范系统。它是一个运用规范的自我指涉来复制它自己并且选择信息的法律运作系统。法律系统基于其规范的自我指涉，是一个信息处理系统，而且如果能充分地将这个认知结构普遍化，它就能够使它自己适应正在发生变化的环境。"⑤法律的自治植根于一切法律制度、推理模式、判决规则以及原则之间的互动。法律是独立自治的，因为它的意义是自我参照的——法律意义来自组成法律系统的各要素之间的交流。独立自治的法律系统是自我反射的：只有法律能够改变法律。法律规范的改变只有发生在法律系统内部才能被视为法律的改变。它通过程序法自己修正自己，以此应对偶发事件，适应环境。

所以，卢曼系统视域中程序意味着为了法律性决定的选择而预备的相互行为系统。法为了从人们脑海中浮现出具体行为的映像中解脱出来，为了更具有抽象的概念性质，需要实现内在于概念性质之中的选择作用，正是这一缘故导致了程序这样一种特有的行为秩序的发展。"程序本身虽然不

---

①②③④⑤［德］卢曼：《法律的自我复制及其限制》，韩旭译，《北大法律评论》1999年第2卷第2辑。

能等同于真理的标准，但却可以消除妨碍发现真理的障碍、改进沟通和审议的质量、提高决定的正确性。正因为程序可以促使人们从内心承认和接受某种具有强制力的决定，所以满足程序要件，特别是落实程序公正的原则势必有利于法律的价值正当化。"① 程序的意义表现为它能够保证法的形式合理性或者形式正义，适应社会系统的现代性转变，可见设定程序的主要目的是实现法律本身的自治，从而从规范意义上实现正义。

3. 波斯纳的经济成本理论

波斯纳（Richard Allen Posner）是20世纪70年代以来最为杰出的法律经济学家之一。他将人们从互相自愿的交易中各自获得利益的简明经济理论和与经济效率有关的市场经济原理应用于法律制度和法学理论研究，为法律经济学的研究奠定了理论基础，是经济分析法学的集大成者。波斯纳运用新自由主义经济学的原理和方法，对财产法、合同法、家庭法、侵权法、刑法、反垄断法、劳资关系法、金融法、税法、程序法、宪法、行政法等全部法律部门进行了效益分析和评价，试图揭示其中的经济基础和经济逻辑。波斯纳对法律程序（包括法律规则的制定程序、民事案件和刑事案件的审判程序、行政程序）的经济实质也进行了相当深入的分析。这些分析深化了人们对法律程序和整个法律制度的认识。

波斯纳把法律程序看作分配资源的市场，并对法律分配和市场分配作了比较分析。他说，在许多法律诉讼中，最终要决定的问题是何种资源分配会使效益极大化。虽然市场通常决定着这个问题，但是在市场决定的费用可能超过法律决定的费用的情况下，这个问题就要交给法律制度来决定。决定的标准经常是相同的。波斯纳分析各种具体法律程序时，指出它们也都有其效益目标。例如，民事审判程序和刑事审判程序的目标，从经济上看都是为了减少错误判决的代价和直接的程序代价；行政程序是为了增加政府的管理效益，同时减少管理的费用②。

波斯纳认为，从经济学的角度看，诉讼制度的目的是使两类成本之和最小化。第一类成本是错误的司法判决的成本（Cost on Erro-neous Judicial Decision）。假设某一类事故的预期成本是100美元，而潜在加害人避免事故的成本是90美元（我们假定受害人避免事故的成本高于100美元）。如果

---

① 季卫东：《在法学经典中感悟"两造抗辩"的奥妙》，《南方周末》2005年4月7日。
② [美] 理查德·A. 波斯纳：《法律的经济分析》，蒋兆康译，中国大百科全书出版社1997年版。

第三章 程序正义的价值内涵

潜在加害人受制于过失或严格责任标准,而且假设这一标准能得到准确的执行,那么他就会去避免这一事故。但假如在事故案中以下情况的概率为15%,即加害人可能希望由诉讼制度造成的错误性事实判断而规避责任。那么,加害人的预期事故成本就降至85美元,而且由于对他而言这一费用要低于避免事故的成本(90美元),所以事故就得不到防止。其结果将是10美元的社会净损失。第二类成本是诉讼制度的运行成本,也即程序在进行过程中直接投入的资源所产生的成本。假设为了将这种不追究责任的错误从15%降至10%,我们就要在每一事故上追加20美元的诉讼制度支出。那么,我们应该容忍15%的错误概率。因为在此错误成本(10美元)低于消除错误成本所必需的成本(20美元)。波斯纳举例说,将一辆明显被弃置的汽车拖走并作废品卖掉之前,我们是否要将此通知车主并听取他的意见?如果汽车不是真正被弃置而是坏了或被盗了,那么争议还不是很大,听取车主意见的成本相对于汽车的价值而言也是合适的;所以,也许像大多数法院所认定的那样,车主应该有权得到通知并提出意见。但假设我们不谈弃置车辆而讨论违法停放的车辆,由于汽车不可能被当成废物毁掉,所以剥夺的可能性就比弃置车辆情况下小得多。由于通常判决汽车是否违法停放是很清楚的,所以错误的概率也就小得多。然而,剥夺前听取意见的成本却是很高的。如果在拖走汽车之前必须通知车主,那么他就会在汽车被拖走之前将之移至他处,拖走汽车的威慑效果也就被消除了。所以,法院认为,在违法停放车辆的案件中,正当程序(Due Process)并不要求剥夺前的听证①。

所以综上,波斯纳关于程序的主要观点是从成本和收益相比较来进行分析的,其关于程序的认识是基于要最大限度地减少法律实施过程中的经济耗费,认为这是评价和设计法律程序时所应考虑的重要价值,也是司法活动所应达到的价值目标。

4. 德沃金的道德成本理论

罗纳德·德沃金是公认的当代英美法学理论传统中最有影响的人物之一。如果说波斯纳从经济成本角度分析法律程序,那么德沃金则提醒人们,法律程序除了存在经济成本外,还存在道德成本,研判道德成本可以加深我们对法律程序地位、功能、作用的理解。德沃金认为,程序的道德成本

---

① [美] 理查德·A. 波斯纳:《法律的经济分析》,蒋兆康译,中国大百科全书出版社1997年版。

主要有两类，出现在两类可能的错误判决上。一是对无罪者治罪，二是未对有罪者治罪。"撇开这两类错误判决的纯粹损害或经济损害不谈，前者比后者更为有害，因为它侵犯了无罪不治罪的权利（无罪原则）。这种侵权行为即是道德损害或道德成本。"①所以，法律程序的优化就在于实现错误成本的最小化，这个错误成本也即经济损害加上道德成本。因而，从这个层面上说，法律程序的目的可以表述为实现经济和道德错误成本以及程序的直接成本的最小化。为了实现这个目标，我们该如何设计程序呢，程序过程中有什么需要优先予以重视的呢？

在图3－1中，我们可以清晰地看到，既然CI比-CG的成本更高，那么我们应该偏向选择防止CI错误的程序制度，也就是说-CG错误优于CI错误。实现这一结果的方法是，转移证明责任，使治罪更为困难。

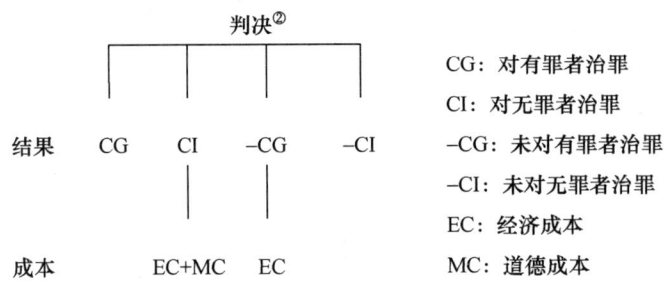

图3－1　道德成本分析

很显然，德沃金关于程序的道德成本分析方法同样是一种功利主义方法，只是其更加重视程序的道德成本，认为合理良好的程序设计目的应在于防范对无罪者治罪所带来的道德成本。

程序本位主义者虽然在一定程度上否认了程序的独立性功能地位，但他们都认可了程序对于结果的重要价值意义，这实乃对于程序外在价值的判定。程序的外在价值即在于程序对于结果的意义——程序能够保证"最

---

① ［美］麦克尔・D. 贝勒斯：《法律的原则——一个规范的分析》，张文显译，中国大百科全书出版社1996年版，第27页。
② ［美］麦克尔・D. 贝勒斯：《法律的原则——一个规范的分析》，张文显译，中国大百科全书出版社1996年版，第28页。

大多数人的最大幸福",程序能够保障法律的自我生成与自身发展,程序能够有效控制法律所带来的经济成本,同样程序也能够有效防范法律过程中可能的道德风险。

二、程序价值主义

前文已有论述,与程序工具主义不同,程序价值主义某种意义上是一种价值本位的理论学说,他们更加看重的是某种过程和程序的重要性,注重的是程序之于实体结果的某种优先性价值取向。鉴于对程序价值的深入认识及其对于社会正义实现的重要价值,不少学者从不同的立场对该问题进行过深入的探讨。如当代政治哲学最著名的代表人物之一罗尔斯,就对程序正义的三种类型进行了深入的发掘;富勒则从"法的外在道德"与"法的内在道德"角度对法的正义性进行了探讨;戈尔丁则直接分析了程序正义的九项标准;而萨默斯从程序的"好结果效应"分析了程序的独特价值;马修更是直接从人的尊严的高度探讨了程序正义的深层价值所在。

1. 罗尔斯程序正义观

程序正义是罗尔斯正义理论体系中一个重要组成部分,他把程序正义作为一个独立的范畴进行类型分析,并根据程序正义与实体正义的关系将程序正义分为三种。第一种是"纯粹的程序正义",指的是关于什么才是合乎正义的结果并不存在任何标准,存在的只是一定的程序规则。例如不需要任何技术的赌博行为,只要严格遵守其程序规则,得到什么样的结果都被视为合乎正义的。第二种是"完全的程序正义",指的是在程序之外存在着决定结果是否合乎正义的某种标准,且同时也存在着使满足这个标准的结果得以实现的程序。例如在把蛋糕完全均等地分给数人的场合,达到均分的结果才合乎正义,这是标准问题,同时,也存在着实现均分的程序,那就是动手切蛋糕的人最后领取自己的一份。第三种是"不完全的程序正义",指的是虽然在程序之外存在着衡量什么是正义的客观标准,但是百分之百地使这个标准结果得以实现的程序却不存在。例如,刑事诉讼中真实就是程序之外的标准,然而无论如何精巧地设计程序,认定无辜的人有罪或相反的结果总是难以避免的。在罗尔斯看来,如何设计一个社会的基本结构,从而对基本权利和义务作出合理的分配,对社会和经济的不平等以及以此为基础的合法期望进行合理的调节,这是正义所要回答的主要问题。

而这些问题的答案是，按照纯粹程序正义观念来设计社会系统，这样无论出现什么样的结果都是正义的①。罗尔斯的理论虽然在现实中很难实现，但至少给我们一种深刻的启示，在安排一种至少会使一部分人的权益受到有利或者不利影响的活动或做出决定时，不能仅仅关注结果的正当性，而且要看这种结果的形成过程或者结果据以形成的程序本身是否符合客观的正当性、合理性标准。

2. 富勒的程序自然法理论

富勒（Lonl Fuller）是美国著名的法理学家，他在合同法、刑法、劳工法等领域均有研究，在法理学领域更是闻名于世，其主要著作有《法理学》、《法律的道德性》、《法的虚构》等。富勒的基本观点，或者说其关于法的基本理解思路在于其对法的基本内涵的判断，即认为法是使人类的行为服从规则治理的事业。人类要和谐地生活在一起，就需要有规则去维护他们之间的和平，使他们公正相处并有效地合作。法就是应这种需要而产生的。作为一种有目的的崇高的事业，法有其道德性。法的道德性表现在两个方面，即"外在道德"和"内在道德"。法的外在道德，指的是法的实体目的或理想，如人类交往和合作中应当遵循的实体性原则，如正义等，其反映的是一种"实体自然法"思想。法的内在道德，则是一种"程序自然法"，它强调的是关于法的制定、解释和适用等程序上的原则或法治原则，是使以规则治理人类行为的事业成为可能的道德。在对法的道德性进行类型学划分的基础上，富勒特别重视法的内在道德，也即程序的重要性和意义。

富勒所说的法的内在道德包括八个要素。其一，一般性或普遍性。由于法所调整的是全体的公民，而非单个的人，因此法应当具有一般性和普遍性，而非特殊性特征。一般性和普遍性意味着同样的情况应当受到同样的对待，实质是法律面前人人平等。其二，公布。一项法律规定制定出来以后，必须要向社会公布。如果法没有公布，人们就无法按其规范行动，同时，人们对法的批评也就失去了基础。其三，可预测性或不能溯及既往。法一般是适用于将来的，它只能规约人们将来的某种行为，不能用明天的法来治理今天的行为，亦不能因为人们先前的某种行为现在看来是违法的

---

① [美] 罗尔斯：《正义论》，何怀宏译，中国社会科学出版社1988年版，第二章第十四节相关内容。

就处罚他们。其四,明确。所谓明确,也即法的内容能够被人们正确理解,至少法律从事者能够弄懂它的确切含义。其五,不矛盾。如果法自相矛盾,人们将无所适从。另外,如果法本身互相矛盾,人们无可适从,只能自行解决矛盾,法制就失去了其应有的规范性意义。其六,可为人遵守。法不应当规定人们无法做到的义务,实现不可能实现的事情。否则,法制就会面临困境,或者强迫人们做他们无法做到的事情,构成传统专制社会中恶法的普遍不公正性事实,或者对公民所谓的"违法行为"视而不见,从而损害法应有的权威。其七,稳定性。法不应当频繁改变,更不应朝令夕改。否则法将让人无所适从,让人无法根据法来预测和调整自己的行为,从而发挥法所应有的规范性作用。其八,官员的行为与已公布的规则的一致性。法不仅仅是用来规约普通公民的,它更是用来规范政府和官员行为的,这才是法治的真正精神内涵。所以,官员的行为必须符合已经公布的规则,必须忠实地解释法的真意。这一条在富勒看来是法制原则中最复杂、最迫切的一项。

法的内在道德和外在道德相互作用,共同建构法的权威性及其正义性。如果法的外在道德败坏,法为某一极不公平、极不正义的目的服务时,那么该法规不可能具有一般性、普遍性或明确性等法的内在道德特征。同时,如果法的内在道德败坏,不能有效遵循上述八大原则,那么法的实体正义势难保证。

3. 戈尔丁自然正义的九大原则

美国著名法理学家戈尔丁非常强调程序在解决法问题中的重要意义,他说:"程序公正尤其对纠纷的审理和解决的实现方式有决定性影响,也对第三者接受和使用劝导性材料有决定性影响。"① 他举出这样一个例证表达了他对程序的思考,他说,古人通过观察小鸡的内脏来决定当事人有罪与否,这使我们忍俊不禁。但我们可以把它看成是一种"法律的"程序而不只是巫术的程序,因为古人们相信能够以这种方式决定有关问题,而且此类问题的判决也只是一种法律程序的要素之一②。

戈尔丁直接探讨并列举了程序公正的九项标准。第一,"与自身有关的人不应该是法官"。第二,结果中不应含纠纷解决者个人利益。第三,纠纷

---

① [美] 戈尔丁:《法律哲学》,齐海滨译,三联书店1987年版,第231–232页。
② [美] 戈尔丁:《法律哲学》,齐海滨译,三联书店1987年版,第233页。

解决者不应有支持或反对某一方的偏见。第四，对各方当事人的诉讼都应给予公平的注意。第五，纠纷解决者应听取双方的论据和证据。第六，纠纷解决者应只在另一方在场的情况下听取一方意见。第七，各方当事人都应得到公平机会对另一方提出的论据和证据做出反响。第八，解决的诸项条件应以理性推演为依据。第九，推理应论及所提出的论据和证据①。

很显然，戈尔丁的九项程序公正原则或者说标准构成的正义程序，提供了解决纠纷的机制，它能给当事人一种受公平待遇之感。公平的程序能够促进纠纷解决，同时还能解决人们对法解决机制的信任问题。

4. 萨默斯的程序价值理论

美国法学家罗伯特·萨默斯（Robert S. Summers）是较早对法律程序中的正义问题进行理论思考的西方学者。1974年，时为康奈尔大学法理学教授的萨默斯发表了长篇论文《对法律程序的评价与改进——关于"程序价值"的陈辩》，首次提出了法律程序的独立价值标准问题，并对这种与程序的工具性相对的价值标准，即所谓的"程序价值"，在理念、标准及其对法律程序的作用等方面的独立性问题进行了较为系统的分析和论证。萨默斯认为，任何一种法律制度都必须通过法律程序的具体运作才能得到实施。这些法律程序包括选任各种官员的程序、立法程序、适用法律的程序、实施法律救济的程序以及实施一项惩罚措施的程序等。传统上，人们习惯于按照一些普遍的价值标准对法律程序形成的结果进行评价，但程序本身也有其存在的独立价值。程序的价值首先在于法律程序对于法律结果的影响效应。如果法律程序具有产生好结果的能力，也就是说具有所谓好结果效应（Good Result Efficacy），那么人们就可以根据这一点对该项法律程序作出积极的评价。所谓好结果是指法律程序运作的结果符合如和平、安全、正义等实体性价值标准。

但是，"好结果效应"并不是法律程序所具有的唯一价值。如果一项法律程序本身——而不是通过它的结果——能够达到诸如程序理性、人道、尊重人的人格尊严和隐私等，那么我们就认为该程序在这方面是好的，而不论它是否具备"好结果效应"。萨默斯把这种用以判断法律程序本身是否为善的价值标准称为"程序价值"（Process Values），而这种由法律程序本身所具有的提供"程序价值"的能力则被称为"程序价值效应"（Process

---

① [美] 戈尔丁：《法律哲学》，齐海滨译，三联书店1987年版，第240-241页。

Value Efficacy)。

对于程序的这两项价值,萨默斯明确地表明其更加专注于后者,也即程序本身所具有的内在价值。萨默斯说,现代社会对程序的强调远少于对结果的强调;无论在我们的思想世界还是在我们的行动世界,程序价值没有获得它应得到的尊重①。按照萨默斯的观点,"程序价值"与程序的"好结果效应"的关键区别在于后者的产生是由于程序与好结果之间存在着一种内在的因果联系,是从好结果中派生出来的一种价值;而前者则是独立于好结果而存在的,是法律程序过程中体现出来的一些内在的独立价值。对于这种通过法律程序本身而不是裁决结果所体现出来的价值,萨默斯认为有10项基本内容,即参与性统治、程序正统性、程序和平性、人道性及尊重个人的尊严、个人隐私、协议性、程序公平性、程序法治、程序理性、及时性和终结性。参与性统治意味着在民主社会里,公民不同程度地进行自主性的自决。有关公民在一项决定作出的过程中通过参与,可以有机会表达自己的观点,这意味着他们不仅需要自由,而且需要一种自行决定个人命运的措施。程序正统性强调人们愿意通过一种他们所同意或认可的程序而不是强加的程序接受统治。前一种程序把他们当作人来对待,后一种则把他们作为客体或公共的工具。程序的和平性主张一项和平的法律程序即使不比那些非和平的程序产生的结果更好,一般也更容易被人接受,因为在那些充满暴力或没有秩序的法律程序中,人们经常遭受身体上的伤害,而且即使没有人受到这种伤害并且发生这种伤害的危险不大,人们一般也不喜欢冲突和紧张,而愿意选择和平和安宁。从程序的人道性和尊重个人的尊严的角度来看,在发现事实真相的程序中使用刑讯手段本身就是一种恶,尽管在特定的案件中靠这种方法能收集到可靠的证据。尊重人的尊严本身就是一项程序价值,这不仅体现在发现事实的程序之中,同时还意味着在法律面前人人平等。个人隐私原则认为,虽然防止个人隐私受到损害的程序特征在很多情况下都会成为准确查明事实真相的障碍,但我们仍应珍视这些对个人隐私的保护,将其视为一项重要的程序价值。协议性原则意味着对强制参与的否定,不论结果如何,建立在有关公民自愿选择基础上的协议性都需要通过法律程序本身实现其程序价值。程序公平性要求裁判者对那些处于相似情况下的当事人赋予平等的程序性权利。程序法治也

---

① 孙笑侠:《程序的法理》,商务印书馆2005年版,第102页。

称为程序合法性,即要求提供一种来自法律的而非来自人的程序统治。因为法的运作将是更加确定的并具有更大的可预见性。程序理性原则反对随机、任意或完全的强制方法。程序的理性能够保证我们更易了解程序的运作情况并理解结果产生的过程和原因。程序的及时性一方面反对拖延,另一方面也反对不合理的急速。拖延会导致那些受程序影响的人无理由地受到长时间的拖累,而过于急速又会使程序无法达到理性的要求。同时,如果法律程序不能产生最终的结果,也会使其运作过程受到不当的拖长。一种争端解决程序总是因同一事项而被反复启动,它是不足以成为一种程序的[①]。

5. 马修的尊严价值理论

美国耶鲁大学法学教授杰里·马修(Jerry L. Mashaw)的"尊严价值理论"颇为引人注目。1981年,他在《波士顿大学法律评论》上发表了长篇论文《行政性正当程序:对尊严理论的探求》,以美国联邦最高法院对行政案件中正当法律程序原则的解释为素材,提出了著名的"尊严理论"(Dignitary Theory),对美国宪法中的"正当法律程序"原则赖以存在的基础作出了崭新的分析和论证。论文发表以后,在英美法学界引起强烈反响。目前,该论文已被普遍视为法律程序价值尤其是程序正义问题研究方面的经典之作。1985年,马修出版了《行政国的正当程序》一书,该书在继续坚持论文提出的重要思想的同时,对程序正义理论又有所发展。马修的主要理论贡献是从人的尊严价值出发对程序正义的理论基础进行了深入的思考和论证。"尊严理论"的核心内容是,评价法律程序正当性的主要标准是它使人的尊严获得维护的程度。这种体现于法律程序本身之中的价值,是以普遍的人性为基础而提出的,它们可以有如自治、自尊和平等等不同的价值要素。这些价值能否在法律实施中得到实现,完全取决于裁决制作活动采取什么样的形式和程序。也就是说,萨默斯等学者提出的那些独立于裁决结果的程序价值的基础,在马修这里被解释成尊重人的尊严;维护法律程序自身的公正性、人道性或者合理性,其最终目的在于使那些受裁决结果直接影响的人的尊严得到尊重。

显然,作为旨在对美国宪法中的正当程序原则作出重新解释的理论,

---

① 陈瑞华:《通过法律实现程序正义——萨默斯"程序价值"理论评析》,《北大法律评论》1988年第1期。

第三章 程序正义的价值内涵

尊严理论表达了一种与传统的实证主义理论完全不同的程序价值观念。马修将这种通过法律程序本身而不是裁决结果所体现出来的价值称为"尊严价值"（Dignitary Values）。在他看来，"尊严价值"大体包括"平等"、"可预测性"、"透明性"、"理性"、"参与"、"隐私"等方面。

马修指出，那种认为只有程序而非结果与自己有关的观点可能是人们的一种直觉，但却是一个误解。因为我们已经习惯于将自己在诉讼中的要求进行合理化，以至于不再把获得胜诉结局的要求与程序上的要求区分开来。当其利益可能受到裁判结果直接影响时，人们愿意充分地参与这一裁判的制作过程，并且以这种参与的程序作为衡量程序公正的标准。但这种参与往往只被人们视为保护自己实体权益的最好手段。尽管如此，人们在直觉上仍然会将败诉与受到不公正的对待明确加以区分。即使在获得胜诉的情况下，人们也会因为程序的不公正而感到自己尊严的丧失或被冒犯，觉得他们作为独立的人没有得到应有的重视。这显然说明，那些会使人们产生不公正感的程序特征尽管有时是模糊不清的，但确实是存在的。对于这一点，马修以选举程序为例作出了说明。他认为，一个人在选举过程中被排除在外，往往会使他作为公民的自我形象受到损害，并由此产生不公正的感觉。这会促使人们为了维护自己的政治权利而将对方诉诸公堂。看来，人们参加选举实际上是在行使参与政治决策过程的权利，不论选举结果如何，这种参与本身都是有价值的。在马修看来，对宪法上的尊严价值加以维护是正当程序裁判的核心功能。当事人参与并对裁决结论的产生施加影响，可使其作为人的尊严和道德主体地位得到维护，并且产生受尊重的感觉。因为他在这一法律程序中并不是仅仅被视为实现他人或社会利益的工具，而是享有实体性权利并可以为维护这些权利而抗争的法律主体。正是由于这一点，参与、提供裁判理由等程序价值与维护人的尊严之间的联系才能得到合理的揭示①。

如果说程序本位主义者强调的是一种"好结果效应"，那么程序价值主义者则认同的是程序本身的价值性，即程序的内在价值。程序价值主义者强调不依赖结果的程序内在价值的意义，这种内在价值与人的尊严休戚相关。

---

① 陈瑞华：《程序正义的理论基础——评马修的"尊严价值理论"》，《中国法学》2000年第3期。

三、综合性程序价值：贝勒斯走向综合性程序价值理论

在英美法律正义研究史上，两种思潮一直占据着主导地位，一种是程序工具主义，其认为程序的目的是保证实体结果的正义性，如边沁的功利主义正义论、波斯纳的经济成本理论、德沃金的道德成本理论等。另一种是强调程序有其内在价值的程序本位主义，如罗尔斯的正义理论、萨默斯的程序价值理论、马修的人的尊严理论等。贝勒斯的程序正义理论就是这种背景下产生的。美国佛罗里达州立大学哲学和法学教授迈克尔·D.贝勒斯从对法律原则的一般分析入手，运用规范分析和比较分析的方法，以简明的语言概括和评论了程序法、财产法、合同法、侵权法、刑法等主要法律领域的基本原则。贝勒斯综合了上述程序正义理论成果，同时又超越了这种工具与本位的二维分野，他对边沁的功利主义理论、波斯纳的经济成本理论、德沃金的道德成本理论以及萨默斯等人的程序价值理论进行了一次成功的综合，从而发展出一种综合性程序价值理论。

贝勒斯认为，法院裁判一般包括两个目的，即解决争端和发现事实真相对于裁判者而言，解决争端和发现事实真相都是需要在裁判过程中完成的基本任务。由此贝勒斯设计了解决争端的三项法律程序标准。第一项标准，他吸取了波斯纳的经济成本理论，也认为法律程序应最大限度地减少错误成本和直接成本。第二项标准，他认同德沃金关于道德成本的相关观点，认为在两种错误成本之中，惩罚无罪者要比放纵有罪者更加不可接受，不论它们所带来的纯粹成本或经济损害如何。不过，贝勒斯认识到经济成本理论和道德成本理论都是通过分析裁判结果的正确与否而对法律程序进行评价的指标。也就是说，适用这两种理论的共同前提是人们对法律程序所产生结论的正确性有明确的判断标准。假如某种程序所产生的结论无所谓正确或错误，不会带来错误成本的问题，那么经济成本理论和道德成本理论都会要求尽量降低直接成本。按照这两种理论的逻辑，"人们不应获得法庭审判的机会，而只需投掷硬币或者采取其他较为经济的方法制作裁判，解决争端"。这种不会有正确答案的情况在一些案件中确实存在，有些类型的案件甚至永远也不会有正确的答案。另外，按照上述两种工具主义理论，实体与程序是紧密联系在一起的：案件涉及的实体事项越重要，可能支出

的错误成本也就越大。例如，从经济学的角度来看，在两起涉及金额分别为500美元和500000美元的案件中，相似的裁判错误所带来的错误成本是不一样的；同样，对无罪者错误地判处5年监禁刑罚也要比判处5个月刑罚所带来的道德成本更大，因为权利被侵害的程度越严重，所造成的道德损害也就越大。结果，越是涉及实体事项不太重要的案件，需要投入的直接成本也就越少，所适用的法律程序也就越简便、快捷。贝勒斯的结论是，由于经济成本理论和道德成本理论都主张避免错误裁判所带来的成本支出，它们都追求发现事实真相这一目标。"如果没有什么事实真相可以发现，法律程序就失去了存在的意义。它们关注争端解决的唯一理由是裁判能够对争端做出正确的结论。"但是，降低或者避免了经济成本和道德成本的过度支出，是否一定会使争端在心理和实践两个层面上得到解决呢？贝勒斯对此显然是持否定态度的。正因为如此，他又提出了用来评价法律程序的第三项价值标准——"程序价值"。

贝勒斯所说的"程序价值"（Process Benefits 或 Process Values），是指通过法律程序本身体现出来的、独立于裁判结果正确性之外的价值，如尊严、公平、参与等。这种价值可以称为"内在的程序价值"。如果说程序工具主义理论关注事实真相的发现而忽略了解决争端这一目的的话，"程序的内在价值"理论则更注重争端在心理和实践这两个层面上的解决。也就是说，一项法律程序如果按照这些"程序价值"标准进行设计，争端各方在心理上就愿意接受裁判者提出的解决方案，各方也更容易化解敌意，达成合意和谅解，并对建立在法律规范基础之上的裁判结果产生信任和尊重。而且，法律程序的各项要素还可以不通过正确的裁判结果而自行发挥上述功能。贝勒斯总结了七项关于程序内在价值的原则。第一，和平原则，程序应当是和平的，如果缺少这一点，争执就有可能酿成暴力事件和血亲复仇。第二，自愿原则，人们应能自愿地将他们的争执交由法院解决。第三，参与原则，当事人应能富有影响地参与法院解决争执的活动，参与有助于解决争执，使当事人更易接受判决。第四，公平原则，程序应当公正、平等地对待当事人。为了实现这项原则，解决争执者应保持中立，双方都应提供信息，互相知道对方提供的信息并有机会对此发表自己的意见。第五，可理解原则，程序应当能为当事人所理解。第六，及时原则，程序应提供及时的判决。第七，提供终结性裁判原则，程序中必须包含一个最终的决定程序以结束争执①。

四、其他有影响的见解

除上述笔者根据程序地位功能划分出的三种流派外,还有众多著名的学者从各自的立场与学科对程序正义的深层内涵进行了富有成效的探索与发掘,为我们更深入地理解程序正义的深层价值提供了一系列有益的参考和有力的论证。

1. 考夫曼法哲学思想:以人为基础的正义程序理论

考夫曼认为法哲学必须要体现对法权的关怀,即对人类的关怀,更进一步说,要体现对以所有形式存在的生命的关怀。基于这种认识,考夫曼发展了一种以人为基础的正义程序理论。在他的视域中,所谓的"人"并不是纯粹经验主义的人,也不是纯本体的人(Noumentale),而是人格人(Person)。这里所谓的"人格人",其实就是将人类学、生物学意义上的人和哲学思辨、法律关系中的人予以区分,强调的是人不是实体,而是关系,更明确地说,人是关系和关系者的结构统一。作为"关系的总和"(Ensemble der Beziehungen)的人,在这些关系中,人相对其他人和物而存在。从根本上讲,法权从来只有在它保证每一个人都能作为"人格人"存在时才能合理化,此即个人正义(Suum Justum——主要通过基本权利和人权的保障)。正因为如此,黑格尔曾说过,法权的戒条是:"尊重其他人作为人者方得为人。"

以人为基础的正义程序理论要回答的是程序的真理和正义理论究竟要给人们提供些什么?考夫曼认为虽然在"规范领域中所产生的真理(正当性)并不单单通过程序产生,但是毫无疑问又的确在很大程度上产生于程序之中"。按照考夫曼的理解,程序正义可以结合理性原则中产生出来的三个重要支柱作出合理辩证。这三个支柱即论证原则、合意原则(或趋同原则)和缺陷原则。根据论证原则,理性的探讨会产生一种自由的论证群体,在此群体中,所有论点都可随意表达。同时论证原则需要以合意原则和缺陷原则予以补充。这表明,没有任何合意是最终的定论;相反,每个表述、

---

① [美]麦克尔·D. 贝勒斯:《法律的原则——一个规范的分析》,张文显译,中国大百科全书出版社1996年版,第二章《程序法》。

结论、论点原则上都是有缺陷的；换句话说，都是可以修正的——但是有一个例外，合意原则本身，即没有任何达成的合意是最终的定论这个规则，却是没有缺陷的；然而，一个可能是合意原则对立面的最终合意倒能存在①。

2. 谷口安平程序正义理论：追寻程序的正义

传统上，人们一直关注结果和实体的正义，把实体法当成是"主法"，而认为程序法只不过是"助法"或"附带性规范"。谷口安平认为，这是一种以完美无缺的实体法为前提的思想认识，把程序仅仅当成以判决的方式产生结果的机械性过程或就是这个机械本身。但事实上实体法是存在缺陷的，今天的实体法放弃了法律完美无缺的神话，而更多地依赖于程序过程中法官的判断这一点已经是不争的事实。拿破仑所谓用一部包罗万象的法典即可以调整世间一切事物的豪言壮语已失去意义。

实体法的实现也依赖于程序法。实现实体法内容的方法归根结底是由程序法所规定的诉讼过程，实际上程序法对这个过程进行的调整结果总会归结到实体法上去。换言之，诉讼的实际结果会因诉讼程序或具体过程的差异而有极大的不同。于是，从这个角度出发，就出现了另一种思想，认为程序法并不是助法，而是具有实体内容形成作用的法的重要领域。实体法所规定的权利义务如果不经过具体的判决就只不过是一种主张或"权利义务的假象"，只是在一定程序过程产生出来的确定性判决中，权利义务才得以实现真正意义上的实体化或实定化。

谷口安平认为，在当下，随着社会的发展不断产生新的纠纷，在这些"多极化纠纷"案件中，其解决的方式有别于传统的所谓"非黑即白"的判定，而不得不更多地采取调整式和调解式的方法。在这样的事态面前，"审判的正当性"就重新成为问题，因为法院在处理这一类案件时并没有以事先存在的实体法作为判断的标准，很难仍像传统的诉讼那样从严格按照既存的法律作出判决来寻找正当化根据，而不得不向程序本身寻求正当性的依据②。

今天，我们的生活中，越来越难以指出什么是实体上正确的。然而无

---

① ［德］阿图尔·考夫曼：《后现代法哲学》，米健译，法律出版社2000年版，第40－52页。
② ［日］谷口安平：《程序的正义与诉讼》，王亚新译，中国政法大学出版社2002年版，第1－21页。

论如何我们必须就事情做出决定。政治辩论就是一个典型。它也许会无休止，但我们必须确立政策并去实行。在民主的制度中，多数原则就解决了这个问题。没有人能说明多数人所采纳的政策在实体含义上是对还是错。也许历史最终会告诉我们，但那可能至少是100年以后的事了。然而这个政策是合理的，因为它是社会全体成员都同意的程序所通过的①。

同时，我们的世界已变得越来越错综复杂，价值体系五花八门，人们常常很难就实体上的某一点达成一致。一个问题的正确答案因人而异，因组织而异。程序是他们唯一能达成一致的地方，而且他们一旦同意了程序，则无论是何结果，都必须接受所同意的程序带来的结果。正因为如此，程序公正必须被视为独立的价值②。

3. 哈特对"法是规则"的程序性解读

哈特对"法是规则"的解读是从评析奥斯丁的"法律命令说"开始的。哈特认为奥斯丁的"法律命令说"是"对内至上、对外独立的个人和团体"之主权者发布的"以威胁为后盾的、被普遍的服从所支持的普遍命令"③。这种法律的界定存在明显的缺陷。从法律内容上说，这种"法律命令说"可以解释刑法，也可以解释一些侵权行为法，但对于诸如合同法、遗嘱法、婚姻家庭法这些重要类别的法律，完全不能解释。这些法律执行的是完全不同的社会职能，以威胁为后盾的命令与它们毫无共同之处。另外，"法律命令说"的适用范围也存在法治内在的张力，法律命令说很显然只是针对他人而设立行为模式，但法治从本质上说，不仅仅只是涉及他人行为的规则，立法者自己也要受到这些法律的约束。因此，哈特强调"约定说"，认为制定法律就像作出一个约定，首先存在一定的规则，依照此规则，具有资格的人为一定范围的人设立义务，这些义务同样适用于立法者。

哈特在分析批判了奥斯丁的"法律命令说"之后，断定其是"一个失败的记录"，其失败的原因在于"该理论由于建构起来的那些因素，即命令、服从、习惯和威胁的观念，没有包括也不能由它们的结合产生出规则的观念，而缺少这一观念，我们就没有指望去阐明哪怕是最基本形式的法律"④。为此，哈特充分阐发了他的法律规则学说，即所谓的第一规则和第

---

①② [日] 谷口安平：《程序的正义与诉讼》，王亚新译，中国政法大学出版社2002年版，第374页。
③ [英] 哈特：《法律的概念》，张文显译，中国大百科全书出版社1996年版，第25、27页。
④ [英] 哈特：《法律的概念》，张文显译，中国大百科全书出版社1996年版，第82页。

二规则的结合。其中第一规则要求人们做一定的行为或者禁止人们去做一定的行为。第二规则是附属性的，它引入新的规则，以废除、修改旧的规则，决定它们的范围和运作的方式。第一类规则设定义务，第二类规则授予权力。

哈特法律规则说的出发点是在存在法律的地方，人类的行为在某种意义上就成为非任意的。从这个意义上看奥斯丁的法律命令说同样也是基于这个出发点。但哈特认为，奥斯丁理论表现的是"被迫去做"，而他的理论则强调的是"有义务去做"，因此，义务的观念乃是哈特理论的出发点。关于义务，哈特区分了道德义务和法律义务。认为法律义务是一种从内在观点看待的义务。接受规则为指导是一种内在的观点，而不接受规则指导则是一种外在的观点。内在的观点强调规则和行为的理由，而外在的观点则重视规则和行为的可观察性。哈特指出，一个具有法律的社会，既有从内在观点出发接受法律规则并以此为指导的人，也包括持外在观点，必须以武力或武力的威胁为之强行设定这些法律准则的人。"这两部分之间的平衡将取决于许多不同因素。如果这一制度是公正的，并真正关注所有它所要求服从的人的巨大利益的话，它就可以取得和保持大部分人长期对它的忠诚，从而也将是稳定的。相反地，这一制度可能是一个狭隘的、排他性的、为了谋求统治集团利益的制度，它可能日益成为压制性的和动摇的，具有产生破坏的潜在威胁。"

哈特设想了一种原始社会的状态，在这个社会里，没有立法机关、法院和官员，社会控制的唯一手段就是群体对自己的标准行为模式的一般态度，其实质乃是第一规则支配的社会。这样的控制结构在哈特看来存在三大缺陷：其一是"不确定性"，即社会群体据以生存的规则构不成一个体系，而仅仅是一批单独的标准，没有任何确定的或者共同的标志。其二是"静态性"，即缺少废除旧规则，引入新规则，适应社会变化的意识。其三是社会压力的"无效性"，即这种社会缺少决定性和权威性决定，缺少专门性的职能机关，社会控制的方式是武力。基于这三种缺陷，哈特从其第二规则理论中提出了三条补救性措施。补救之一是引入"承认性规则"，即确认具有某些特征的规则，使它们成为这个社会所要遵循的、有社会压力支持的规则，如将不成文法变成成文法等。之二是引入"改变规则"。之三是引入"审判规则"，即针对个人特定情况作出判决以确立一般的规则。审判规则既包括审判主体方面的规则，也包括审判程序的规则。审判规则的出现,就界定了诸如法官、法院、审判权和审判之类的法律概念。

4. 哈贝马斯的交往理论(讨论模式程序理论)

交往行为是哈贝马斯交往理论的核心概念,哈贝马斯认为,"人总是社会的人,不能没有'交往行为',不能脱离种种交往关系,而必须生活于'交往行为'的联系之内"①。基于对交往行动理论的理解,他区分了四种社会行为类型。

第一种是目的性行为,又称作工具性行为。这是一种目标取向的行为,在比较、权衡各种手段以后,行动者会选择一种最理想的达到目的的手段。哈贝马斯认为,在韦伯与法兰克福学派的理论中,所谓合理的行动,主要指上述这种行动。

第二种是规范调节的行为,即一个群体的受共同价值约束的行动。规范控制行动严格遵守那些由个体组织起来的群体所具有的价值期望。

第三种行动是戏剧性行为,它指行动者在一个观众或社会面前有意识地表现自己主观性的行动。这种行动重在自我表现,通过自我表达达到吸引观众、听众的目的。"行动者在观众面前,以一定方式进行自我表述……想让观众看到并接受自己。"②

第四种是交往行为,它是行动者个体之间通过符号协调的行动,它以语言为媒介,行动者使用语言或非语言符号作为理解其相互状态和各自行动计划的工具,以期在行动上达成一致。

四种行为侧重于不同方面。目的性行为主要考虑客观的或外在的世界;规范控制的行为对应于社会世界,这个世界从本体论上说虽由行动者个人组成,但规范关系才是最重要的;戏剧行为与主观及外部世界相适应;而只有在交往行为模式中,行动者"从他们自己所解释的生活世界的视野,同时涉及客观世界、社会世界和主观世界中的事物,以研究共同的状况规定"③。在四种行为所对应的有效性要求方面,目的性行为,陈述是真实的;规范调节的行为,陈述是正当的;而戏剧性行为涉及行为者主观意图与感受,所以其陈述是真诚的。而交往行为与三大有效性要求全部关联,即陈述是真实的、正当的和真诚的。因此,交往行为比其他行为在本质上更具

---

① [德]哈贝马斯:《通向理解之路:哈贝马斯论交往》,陈学明等编,云南人民出版社1998年版,第3页。
②③ [德]哈贝马斯:《交往行动理论》,洪佩郁、蔺菁译,重庆出版社1994年版,第128页。

第三章　程序正义的价值内涵

合理性，因为它考虑了所有这三个世界，涉及所有的三大有效性要求。

在通过交谈活动而获得有效性要求的过程中，行为者使用现存的环境定义或创造一个新的、规定其社会关系之秩序的定义。这种定义既成为他们生活世界中知识储备的一部分，又成为据此提出、接受或反驳有效断言的标准。由此，在通过交往活动所达到的理解过程中，生活世界是用来判定有关客观世界、主观世界和社会的有效断言的一个参照点。这样，在哈贝马斯看来，真正的交往互动过程比工具型行动包含着更多的合理性。他说："我们有以下四个概念总结了达到理解过程的合理的结构特征，第一，行动者的三个世界关系和相应的客观世界、社会世界和主观世界的概念；第二，命题真实、规范正确和真诚可靠的断言；第三，在合理的动机之上达成的共识……第四，达到理解的概念，即认为理解是对环境之共同定义的合作性协商的概念。"①

在分析了四种交往行为后，哈贝马斯接着提出了他关于"生活世界"和"系统"的理解。在哈贝马斯看来，生活世界是交往行为始终置身其中的场域，他认为，"生活世界似乎是言语者和听者在其中相遇的先验场所；在其中，他们能够交互地提出要求，以致他们的表达与世界（客观的、社会的和主观的世界）相协调；在其中，他们能够批判和证实这些有效性要求，排除他们的不一致并取得认同"②。而"系统"在哈贝马斯看来，是与"生活世界"相对应的概念，它是物质性的，是内容的承担者，是一种技术性的东西，在其中仅仅运行着目的性行为。

作为卢曼的最主要论敌，哈贝马斯无疑特别强调交往、沟通、协商、审议过程中的理想对话情境、论证伦理以及反思的理性。哈贝马斯与卢曼关于程序的理解是有着本质区别的。哈贝马斯认为卢曼法社会学理论的要害问题是以系统抹杀了主体；为了避免这样的缺陷，必须强调个人的直接参与行为，互动关系以及具有伦理性、道德性的议论；也就是说要解构那个制度化的观察者或判断者（系统），以突出各个当事人自己的主观化视点或者作为主体的价值判断。当然，哈贝马斯认为个人之间议论纷纷的局面还是有必要通过程序规则和论证规则来加以整理、制约的。因而他的程序概念意味着从平面相互作用的媒介的角度来理解沟通活动，并且这些沟通

---

① ［德］哈贝马斯：《交往行动理论》，洪佩郁、蔺菁译，重庆出版社1994年版，第188页。
② ［德］哈贝马斯：《交往行动理论》，洪佩郁、蔺菁译，重庆出版社1994年版，第191页。

活动必须局限于那些能够按照论证规则来进行评价的语言行为。总之，哈贝马斯所理解的法律秩序是建立在根据程序规则和论证规则所达成的个人主体之间的共识的基础之上的①。

综合分析前人的观点，并非为了探讨别人的不足，而是想佐证自己的观点。在某种意义上，我们都站在前人的肩上。前述的这些观点，让我们更加深层次地透析了程序工具主义和程序价值主义的机理，深化了我们对程序的实质性认识。程序工具主义并非否认程序价值，只是他们认为程序最终要服务于实体性价值。比如在边沁的功利主义哲学视角里，程序目的是满足最大多数人的最大幸福，卢曼的系统理论则要告诉我们，程序是为了作出有决定性的正义选择。波斯纳和德沃金则从另一个层面来论证程序要与实体联结。波斯纳要求对法律程序进行经济效益成本的分析，而德沃金在某种意义上批评了波斯纳单纯的经济成本分析理论，提醒人们要更加关注法律程序背后的道德成本问题。程序价值主义者与程序工具主义者有相通之处，他们都认可程序有其价值，只有价值主义者更加强调程序的内在价值，即这种价值并不依赖于某种实体性的结果或价值分析，这种价值是程序所固有的。罗尔斯的程序的优先性、决定性，富勒的法的内在道德，戈尔丁的程序价值效应，马修的人的尊严理论，无不在为程序的内在价值性摇旗呐喊。综合性的程序价值理论则试图在两者之间进行某种调和与融合，走出第三条道路，但这种调和往往有简约化综合之弊端。所以，我们认为，对程序的深入透析，对程序价值的总结评判，对程序工具主义与程序价值主义的对比评析，都需要我们从最高的哲学视域引入分析的基点，这个基点能够从最深的领域揭示程序的真正意义所在。这个基点便是我们下文所要重点阐述的，也是本书的重要关注点所在。

第二节　程序正义的内在价值

前文已经论述，对于程序地位的理解，主要有程序工具主义和程序价值主义两种观点。前者认为程序并无自主和独立地位，只是实现某种目标

---

① 季卫东：《在法学经典中感悟"两造抗辩"的奥妙》，《南方周末》2005 年 4 月 7 日。

的"功利"手段。后者则强调程序是为保障一些独立于结果的内在价值而设计的，并不是实现某种实体目的的手段或者工具。程序工具主义和程序价值主义的分野和对立实际上与程序正义的丰富价值内涵密切相关，程序正义同时具有内在价值和外在价值。上述两种对立的观点实际上是分别从一个极端片面地强调了程序正义的内在价值或外在价值。因此，要真正把握程序正义的价值和内涵，需要全面地分析它的内在价值和外在价值，从而形成综合的、全面的理解。外在的价值通过社会系统来评价，其标准是程序以外的要求，反映的是一种工具主义取向；而内在的价值则是通过法律程序内部来进行评价，其标准是程序本身的要求。两种价值标准共同决定着纠纷解决的正义性。

在第一节中笔者已经概括了程序研究方面各代表人物的主要观点，在论述程序正义的内在价值之前，我们不妨先来简要回顾这些人物的主要见地。

富勒认为法的内在道德包括八个要素：一般性或普遍性、公布、可预测性或显而易见溯及既往、明确、不矛盾、可为人遵守、稳定性、官员的行为与已公布的规则的一致性。

戈尔丁列举了程序公正的九项标准：与自身有关的人不应该是法官、结果中不应含纠纷解决者个人利益、纠纷解决者不应有支持或反对某一方的偏见、对各方当事人的诉讼都应给予公平的注意、纠纷解决者应听取双方的论据和证据、纠纷解决者应只在另一方在场的情况下听取一方意见、各方当事人都应得到公平机会来对另一方提出的论据和证据做出反响、解决的诸项条件应以理性推演为依据、推理应论及所提出的论据和证据。

萨默斯认为程序正义的内在价值有10项基本内容，即参与性统治、程序正统性、程序和平性、人道性及尊重个人的尊严、个人隐私、协议性、程序公平性、程序法治、程序理性、及时性和终结性。

马修"尊严理论"的核心内容是，评价法律程序正当性的主要标准是它使人的尊严获得维护的程度。"尊严价值"大体包括"平等"、"可预测性"、"透明性"、"理性"、"参与"、"隐私"等方面。

贝勒斯总结了七项关于程序内在价值的原则：和平原则、自愿原则、参与原则、公平原则、可理解原则、及时原则、提供终结性裁判原则。

从上述五位代表人物对程序正义内在价值的总结来看，他们的观点既有联系，也存在一定的分歧。这给我们的启示是：第一，在一个价值多元化的社会里，人们可能很难就某种价值达成完全一致的意见，如我们关于何为正义的观念就是这样一个问题。不过正如我们论述过的，世界虽然纷繁复杂，但存在着一些最低限度的价值通则，这些最低限度价值通则的存在，维持着这种多元化的世界与社会。因此，程序正义的内在价值虽然众说纷纭，但是我们认为它存在着一些基本的，我们也可以称为最低限度的价值标准，它构成了程序正义内在价值的硬核部分。第二，基于上述认识，笔者认为阐述程序的价值问题关键要有一个切入点，这个切入点应当是最低限度价值的基准点所在。因此，从这样一个思考角度出发，笔者认为这个切入点，或者是这种最低限度程序正义的内在价值在于能够对人的存在予以确认，对人的尊严予以尊重。本书正是从这个角度，在前人基础上试图对程序正义的内在价值进行某种价值维度上的重新整理与归类。

从关注人的存在角度，笔者认为程序正义内在价值表现在其人道性、参与性、自愿—合意性、公平—中立性、公开—透明性、理性、和平性和及时终结性八个方面。

第一，人道性。人道性最为直接地体现了对人的价值与地位的确认，对人的尊严的尊重。程序的人道性意味着在解决纠纷的过程中，作为主体的人应被人道地对待，其隐私权要受到尊重。

第二，参与性。法律纠纷的解决过程中对人的关注，首先必须体现在当事双方应有参与权，能够参与到程序之中，并对结果发挥其影响力。如果一个人在对自己利益有影响的判决制作之前和之中，不能参与到过程之中，哪怕结果是正义的，他还是会产生不公平感。所以，今天在法、政治和社会生活中，公民的合法参与已经构成一项基本的规范性运作准则。在社会经济生活中，哪怕一种物品的涨价都要通过听证会形式。我们业已形成一种观念，没有公众的听证，该项涨价是不合正义原则的。听证就是一种典型的让利益影响者参与决策的行为。而法作为现时代规范社会生活最重要的规则性工具，对公民利益影响最大，更要遵循参与性原则。程序参与表现为信息获得与传递的机会，即被告知和听取陈述意见的机会。

第三，自愿—合意性。自愿—合意性强调人的选择自由，是相对于强制性原则而言的。虽然说参与性原则是现时代一项最基本的规范性运作准则，但我们一定要认识到参与是公民一项权利而非义务，也就是说公民可以选择参与，也可以放弃参与，它强调的是一种自愿。萨默斯明确强调不论结果如何，建立在有关公民自愿选择基础上的协议性都是需要通过法律程序本身实现的程序价值。

第四,公平—中立性。公平—中立性强调人得到同等对待,它意味着裁判者"既听取隆著者也听取卑微者",裁判者的利益、态度均要保持超然和不偏袒任何一方。它意味着"任何人均不得担任自己诉讼案件的法官"。公平—中立性能够确保相同情况相同对待,确保人与人的平等,避免在法律纠纷解决过程中人的不平等对待和对人尊严的亵渎。该原则除了对当事人有意义外,对程序本身和裁决者同样有意义。它意味着程序的决定应当排除外部干扰,在决定结果的产生方面只承认程序内的所有信息,唯有程序具有决定性作用,排除对程序外的其他因素的考量。

第五,公开—透明性。公开—透明性要求程序法必须公布,公开的程序规则的存在是人们规划行为、预见结果的依据。同时要保证法律程序诸要素为公众知晓。在程序过程中,各方都应能够知道对方提供的信息,这样各方当事者才能得到公平机会对另一方提出的论据和证据作出反应,这是公平原则的一项补充。同时,最终裁决的结果、理由、论据、证据都应能为人们所知晓。公开—透明性典型体现了程序正义"看得见"的特点。

第六,理性。程序理性,是指法律证据分析与法律推论过程必须符合理性的要求,而不能是凭直觉的、任意的和随机的。裁判者对自己的决定必须要阐明理由,同时也避免其享有不必要的自由裁量权。富勒曾论述过程序理性原则对于法官的要求:首先,仔细地收集证据并对各项论点进行讨论;其次,仔细地对这些证据和论点进行衡量;再次,冷静而详细地对案件作出评议;又次,公正而无偏见地解决问题并以事实为根据;最后,对判决和决定提供充足的理由①。

第七,和平性。萨默斯指出,一项和平的程序所产生的结果并不一定比一项充满暴力的程序产生的结果好或者说正义,关键是和平的程序更容易让人们接受,人更容易受到人道的对待。程序的和平性价值为当事人双方提供不用武力解决争端的方法,这很显然有别于前现代社会的血亲复仇、刑讯逼供等制度,从这个意义上讲,程序的和平性体现了人类现代法文明的进步。

第八,及时终结性。"迟来的正义为非正义",实体结论过迟同样可以造成程序过程的不公正,它损害了司法裁判的及时性。这意味着程序同

---

① 陈瑞华:《刑事审判原理论》,北京大学出版社1997年版,第67页。

样有一定的效率要求，程序法对程序法律行为完成时间有明确的要求。波斯纳的经济成本理论就明确告诉我们程序是存在成本的，一项久拖未决的程序更有可能带来对当事人的非正义伤害，按照德沃金道德成本的思路，这一种伤害更为可怕。比如说如果一个当事人在诉讼过程中被暂时性拘押，但最终被判决无罪，如果程序无限拖长，这事实上造成了所谓的"对无罪者治罪"。但我们否定久拖不决，并不意味着我们非常强调程序的高效率，因为一味强调效率，就有可能容易出错，毕竟程序的道德成本与人的尊严维护是直接正相关的。所以必须在效率与确保公正之间寻求一个平衡点。及时终结性原则还强调程序中必须包含一个最终的决定程序以结束纠纷，毕竟程序最终目的还是为实现实体正义服务，这一点是不容置疑的。

第三节 程序正义的外在价值

如果说程序的内在价值是指程序固有的、不取决于程序结果好坏的那种价值，那么程序的外在价值则指程序预期要达到结果的那种价值。程序工具主义典型地体现了这种程序的外在价值。从第一节中我们总结的程序工具主义的几位代表人物的观点来看，程序正义的外在价值主要体现在"好结果效应"上。边沁认为程序的价值在于"保证最大多数人的最大幸福"；波斯纳运用经济成本理论，认为程序的外在价值应在于实现两类成本最小化，即通过程序获得错误结果而发生的成本以及程序在进行过程中直接投入的资源所产生的成本；德沃金则将权利引入成本计算中，提出了程序的道德成本概念，对无罪者定罪的判决比未对有罪者定罪的错误判决更有害，因为它造成了巨大的道德损害或道德成本。

综上，笔者认为程序正义的外在价值就在于程序正义能够实现好的结果。这种"好结果效应"体现在两个方面，一是成本最小化，二是收益保障化。

第一，成本最小化。根据波斯纳、德沃金等人的观点，笔者认为程序的成本包括程序的直接成本、程序的经济错误成本和道德错误成本。程序的直接成本表现为程序过程中所耗费的成本。任何一项程序的实施、执行都要耗费一定量的成本，而同时任何一项纠纷的裁决无疑又需要通过一定的程序。但程序可简可繁。按照波斯纳的观点，关涉利益比较小时，我们应该尽量减少程序过程中所耗费的成本，如果关涉利益较大时，则程序的成本必不可少。他举出例证，当城市执法者在马路上发现一辆违章停放的车辆时，如果这辆车将要被认为是赃车，或者要被彻底处理，那么这关涉到较大的利益，我们在程序上就要慎重。但如果这辆车仅仅是暂时拖放到其他场所，等待车主，那么这其中很多程序可以省略。所以从这个意义上讲程序直接成本的投入价值在于其所要解决的事项重大与否。程序的经济错误成本在于一项错误判决而带来的经济成本。如果某一违法行为，其得到正确裁决的可能性非常大，且如果一旦违反该规则，所受的惩罚成本可能比较大，那么潜在的违反当事人就可能尽量规避这种风险，降低违反的可能性，那么使社会受到损失的可能性就较小。但是如果该行为存在较大可能性无法裁决，或者极有可能被错误判决，那么潜在当事人惩罚成本就较低，从经济人的理性角度出发，他就可能对该项规则持任意甚至于虚无的态度，最终可能会伤害社会整体利益，同时也会损害法规范的权威性。而错误判决的道德成本则是"对无罪者定罪"和"未对有罪者定罪"两种裁决的后果。前者的成本包括错误判决带来的经济成本，还包括由于侵犯了无罪者无罪的权利而引致的道德成本，而后者则仅会带来经济成本。因此该项成本对我们的启示是在程序执行过程中，我们不能仅关注程序的经济效益，更要重视它所带来的道德伦理效应。基于这种理解，笔者认为程序正义的第一项外在价值在于实现成本最小化，即程序本身的直接成本、错误判决所带来的经济成本和道德成本最小化。

第二，收益保障化。程序收益保障化最为直接地体现了好结果效应，它意味着程序最终产生了所期望的良好结果、目标，程序的工具性已经实现。不过结果的好坏往往很难评价和界定，因为在一个多元化的社会里，即使是在单一的社会中，不同阶层、不同地位，甚至不同性别、年龄的人对某一结果的期望也往往是不同的，他们的评判决标准往往是不一致的。在这种情况下，笔者认为程序收益应通过保障一些公认的、最低标准的或者我们常说的最低限度的价值来予以确认，比如我们经常强调的诸如正义、和平、安全、公正，甚至于经济繁荣、社会稳定等，甚或更为抽象的价值。

人类刑事诉讼制度的发展史在一定程度上可以被视为程序内在价值从

无到有、从依附到独立的发展史①。法律产生之前，人们一直倾向于从工具目的性角度看待法规范，认为法的最终目的是实现某种判决结果，结果正确了，那么法的目标性诉求也就完成了。随着社会的发展和法治理念逐渐趋于成熟，人们开始认识到结果并不能成为法律完善的合理辩据，程序有其独立的价值与美德，这时人们开始从过程、内在角度关注程序正义本身。所以，对于现代的司法公正来说，程序的外在价值和内在价值是统一的，必不可少的，并不是程序外在价值是程序内在价值的最终归宿，某种意义上程序的内在价值更为重要。

第四节　程序正义的深层价值

法是一种社会规范，是用来调整社会关系的规范。马克思主义认为，社会关系实质上是人们在社会实践中所形成的一种人与人之间的关系，所以从这个层面上说，法规范与人的行为直接相关。法的作用发挥是以人为基点的，如法的指引作用，强调法对人的行为具有指导作用；法的评价作用指法律作为一种行为标准，具有判断、衡量他人行为合法与否的评判作用；教育作用指通过法的实施使法律对一般人的行为产生影响；预测作用强调凭借法律，可以预先估计到人们相互间如何行为；强制作用指法可以通过制裁违法犯罪行为来强制人们遵守法律。故而，我们认为评价一项法，应该以人为中心，应该看人的主体性在这项法规中能否得到确认。如果人的尊严和主体性通过这项法律的运行得到了有力的保障和捍卫，那么笔者认为这项法律就是好的，否则就不是良法，甚至可以说是一项恶的法律。通过前面章节论述，我们可以简单地将法的运行过程看成是从程序到结果实体的过程，从这个意义上说，笔者认为程序正义的深层价值就在于它确保了"人之为人"的价值尊严，在于对人的存在的关注和对人的尊严的捍卫。

---

① 陈瑞华：《刑事审判原理论》，北京大学出版社1997年版，第46页。

第三章 程序正义的价值内涵

一、程序正义具有不可替代的独特价值地位

社会是由人组成的，故而亚里士多德认为人是一个天生的政治动物。但有社会即有纷争，防止纷争需要规范，于是公权力产生。在私有制、阶级、国家尚未出现的原始社会，由于社会结构——功能分化程度较低，人们矛盾的解决缺乏应有的制度规范，实现正义往往要依赖于诸如血亲复仇等野蛮形式。而这种方式往往会引起矛盾与仇恨的循环深化，代价过大，于是人们产生了对中立的第三者的需求。人们首先找到了神明，产生了神明意志的人间代理者与仪式，把神圣的道德与习惯引入人间世俗社会，正义的判决取决于这种伦理道德与社会习俗，西方早期的自然正义理念就是这种类型。人们对社会公正的期盼往往表现为对一些智者的期待，如柏拉图的"哲学王"思想认为，要有一个拥有大智慧的哲学家来治理国家。但现实社会中"哲学王"永远缺席，所以人们只能选择次优的法治模式。之所以说是次优是因为法治本身就是一种"必要的恶"。在法治模式下，以程式化的条文和严格又清晰的程序来防止第三者的权力恣意，故而我们说现代民主政治是一种程序政治①。现代社会经历从单一、封闭、落后走向多元、开放与进步的过程。现代化给人们带来了前所未有的进步，促进了人类文明的飞速发展。正如马克思、恩格斯在《共产党宣言》中的评价，"资产阶级在它的不到一百年的阶级统治中所创造的生产力，比过去一切世代创造的全部生产力还要多，还要大"。②但现代化在给人类带来福祉的同时，也给人类社会带来一系列的困惑。当马克思、恩格斯感叹"过去哪一个世纪料想到在社会劳动里蕴藏有这样的生产力"③的时候，人们也发现，现代化使人类发生了前所未有的变化，那就是分化，或者说多元化时代的来临。在这样一个利益、文化、价值观念日益分化和多元化的时代，面对利益矛盾、文化价值观念的冲突，正义的理念往往成为一种悖论，因为人们无法就正义的结果性指标达成共识，于是人们发现和挖掘出另一种更深层次的正义理念，即程序正义。所以，程序正义是正义观念演进的合乎逻辑的结

---

① 何包钢：《保卫程序：一个自由主义者对卡尔·施密特例外理论的批评》，《浙江学刊》2002年第2期。
②③《马克思恩格斯选集》（第1卷），人民出版社1995年版，第277页。

果,是人类社会发展的必然趋势,是人类文明发展的必然结晶。它有着独特的功能效应,有着特定的价值取向,它对于化约多元化社会中的矛盾冲突,建立一个正义、祥和的和谐社会有着无可替代的价值。所以,程序正义不是可有可无的,而是人类政治法律文明发展的必然要求。

二、程序正义的深层价值在于人之存在的价值

在图3-2中,笔者列举了一系列关于人的理解,其实质是对人的本质的体认。马克思主义认为,"人的本质不是单个人所固有的抽象物,在其现实性上,它是一切社会关系的总和"①。"人的类特性恰恰就是自由的自觉的活动"②。所以,从中不难可以看出人的本质诸方面的规定性:人的主体性强调人应当是社会的主体,是人组成了社会;人的自由性强调人的本质在于人的自由自觉的劳动,人的至高理想在于成为一个全面发展的完整的人;人的价值性告诉我们人是一种价值性动物,人之为人的意义在于人的价值性;

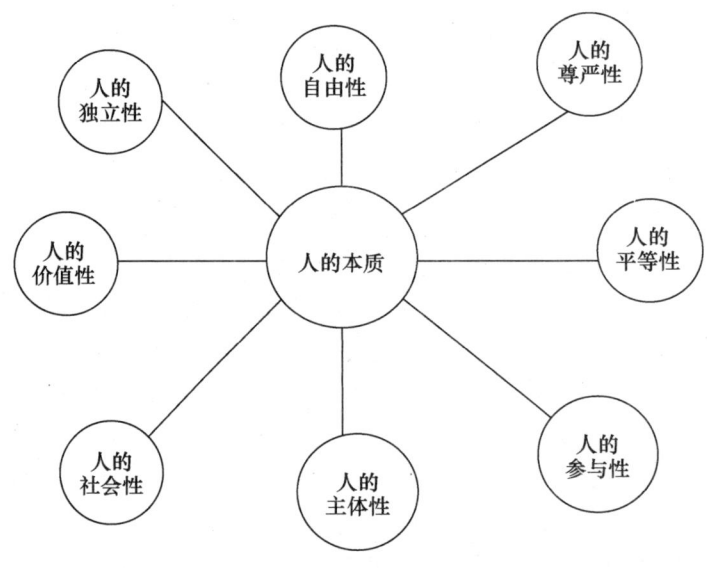

图3-2 人的本质理解示意图

---

① 《马克思恩格斯选集》(第1卷),人民出版社1995年版,第56页。
② 《马克思恩格斯全集》(第42卷),人民出版社1979年版,第96页。

第三章 程序正义的价值内涵

人的独立性表明人拥有独立的价值主体尊严，拥有不被他人或物支配的独立自主性；人的平等性则认为人人平等，人作为个体应当被平等地对待；而人的社会性则补充了平等性判断的现实悖论，即人是一个社会的人，人的平等性、人的自由性、人的独立性、人的发展性都要受到人所处的特定社会关系的制约；人的参与性则给予了人们一个改变自己地位的机会，通过参与的公平机会，人可以捍卫自身的价值尊严，包括实现自身的利益诉求；而这一切都源于人应当具有社会认可的价值尊严。这一切共同保障了人之本质性。

程序正义理念正是一种与人的本质密切相关的规范性理论。

程序正义源于人的社会性，在马克思主义看来，人总是处于特定的社会关系之中，总是要受到特定社会关系的制约，这种特定的社会关系往往表现为公权力的产生与运行。所以，公权力产生于人们的社会生活，是为了化约人们社会生活中的利益价值矛盾。在这个层面上，程序正义的产生源于人的社会性，程序正义的出现即在于保障社会中的人。

程序正义保障了人的主体性，维系着人的自由性。程序正义的参与性原则确立了程序过程中人的主体性地位，而自愿—合意等原则则是对人的主体性地位的程序性保障。自愿—合意原则强调程序参与主体充分交涉与沟通后产生的一致意见，强调主体参与的自愿性，强调主体的自主选择性，而不应是被强制的，不应是毫无选择性的，强制和无选择情境下无所谓参与，传统上有观点把强制参与也列为参与的一种类型，这是有问题的，因为强制本身是对参与，对人的主体性精神价值的否定。公开、透明原则实质上是一种典型的"看得见的正义"，它确保人们在程序过程中可以知道对方诉讼的理由和论据，它可以知晓整个法律的程序和流程，可以确保对自己权利与义务的维护。

程序正义坚持了人的平等性，体现着人的价值性。公平—中立原则强调人作为人的平等性，在同等情况下受到同等的对待，而不应该是歧视性待遇，那是对人的尊严的一种亵渎。理性原则否定直觉的、任意的和随机的行为，要求裁判者按照理性推演的方法公正而无偏私地慎重地作出最终的判决。这样可以在实践中防范错误的判决，特别是防止"对无罪者定罪"这种道德灾难的发生。及时终结原则强调程序不应该是无限时的，"迟来的正义非正义"，这本身是对人的尊严的忽视，同时它也反对草率，这样有可能出现错误的判决，会直接伤害人的主体性价值。和平原则强调了人被人道地对待,强调人们通过一种合意的程序方式和平解决争端。这一系列无疑都是为了在最大程序上对人的存在的关注,在最大程度上捍卫人的价值。

程序正义支持着人的参与性,保障着人的独立性。现代社会与传统社会的一大分野就在于现代社会更加强调法治和民主,而现代法治和民主理念都强调普通公民对公共生活的支配决定作用。虽然现代社会由于"大国善治"的问题,不大可能实现卢梭式的直接民主,但是并非就是神话式的乌托邦,也不像某些精英主义人物所强调的民主在历史上、今天和将来永远不可能实现。我们认为今天的民主并不一定意味着人民的直接统治,在很大程度上人民通过一系列的程序来进行间接控制和统治,而这一种间接的民主,它的核心精髓就在于人民的参与。无论是民主还是参与等价值,确认的都是人民的主体性,都是对人的主体性的关注,都是基于对人之为人的权利与尊严的承认和捍卫。所以,笔者认为程序正义通过其内在的价值准则可以确保人的主体性地位,可以确保每个人在关涉自己利益的裁判中都能够表达自己的意见,并且自己的意见将会得到同等程度的重视,使自己真正成为有影响力、有制约力的当事人,而不是成为将被宣判的无奈的第三人。

程序正义捍卫着人的尊严。程序正义保证了对人性、对人的尊严的尊重。萨默斯就强调过,基本的和正规的程序法规则可以保障人们抵抗非人道行为。即使某种程序并非不人道,它也仍然可能导致不尊重人的尊严。笔者认为,在法律纠纷解决过程中,包括在政治决策过程中,首要的价值在于对公民尊严的承认,应当以尊重权利、捍卫他们的尊严等方式对待他们。程序设计和运用中的实用主义工具态度只会导致程序成为一堆冷冰冰的规则集合,甚至可能蜕变为权力意志的"遮羞布"。例如在更有效地打击和惩治犯罪的名义上,警察在侦查活动中采用非人道、贬低人格甚至侵犯个人隐私的手段,却打着结果理想、程序虚无的旗帜而被默许。

从程序正义的外在价值到其内在机理,从其内在机理到其深层关注,我们深深地体会到程序正义具有不可替代的价值,这种深层价值是与人的存在和活动密切相关的。马克思主义认为,人不是神、上帝创造的,而是由动物进化来的。人与动物的区别不在于什么理性或意识,而是生产自己生活资料的劳动。"一当人开始生产自己的生活资料的时候,这一步是由他们的肉体组织所决定的,人本身就开始把自己和动物区别开来"[①]。所以,

---

[①]《马克思恩格斯选集》(第1卷),人民出版社1995年版,第67页。

确定人之为人的真正的本质不是别的，而是人们的劳动实践。马克思指出，"劳动这种生命活动、这种生产活动本身对人说来不过是满足他的需要即维持肉体生存的需要的手段。而生产生活本来就是人类生活。这是产生生命的生活。一个种的全部特性、种的类特性就在于生命活动的性质，而人的类特性恰恰就是自由自觉的活动。"① 从人的实践所具有的自由自觉的本质规定性的观点中，马克思进而推演出人的最高价值在于人的自由、全面发展的伟大思想。所以，程序正义基于对人的存在价值的深层关注，这与马克思主义的理想是相一致的。从这个意义上说，从马克思主义实践哲学的视角深化对程序正义的体认就显得十分必要，更具有合理的必然性。

本章小结

在现代社会生活中，程序的价值日益得到各种文化语境中的人们的普遍认同。但关于程序正义的价值取向，一直以来争论不休。究其机理，在于缺乏统一与总体性的视角，从而使多元化的价值与文化观念造成对程序正义理念在理论与实践理解上的误区。

在西方思想史中，程序正义的价值内涵基本被区分为工具主义的认识和价值主义的观念。前者认定程序是达到某种良善目标的工具性手段，其合理与合法性源自某种结果的正义性，即认为程序追求的目标是"好结果效应"。代表者诸如边沁的功利主义哲学、卢曼的法律进化与法律自治的理论、波斯纳的经济成本理论、德沃金的道德成本学说等。而后者则是一种价值本位的理论学说，相较于前者，它最大的特点在于认定过程和程序之于实体结果的优先性。如罗尔斯的正义理论、富勒的程序自然法学说、戈尔丁的自然正义原则说、萨默斯的程序价值论、马修的尊严价值等。这些学者虽角度各一，但都认同程序本身具有的价值，追求程序的内在价值。

从程序的外在价值和内在价值的区分中我们可以得出：程序的内在价值直接保障了人的主体性和人的尊严，而程序的外在价值则满足了人们对正义结果的不断追寻。无论是程序的外在价值，还是程序的内在价值，它

---

① 《马克思恩格斯选集》（第42卷），人民出版社1995年版，第96页。

们共同建构着正义的社会理想或者说价值,它们都是以人为中心的,都确立了人的存在的价值理念,这正是程序正义的深层内涵所在。通过本章的分析,笔者得出三条结论:第一,应当强调:通过对程序正义的内在的和外在的价值的分析,可以确证程序正义不是可有可无的,而是有其独特的、不可替代的价值;第二,程序正义的深层价值是与人的活动和人的存在密切相关的,必须整合程序正义的内在价值和外在价值,突出其体现人的存在和实践活动规定性的深层价值;第三,基于上述分析,可以断言,对于程序正义的深层价值的真正把握,必须通过对人的存在和人的活动的分析来实现。应当说,马克思主义哲学对人的存在的把握和理解,为程序正义价值的确立奠定了坚实的人本学基础。

第四章 程序正义的人性诉求

简单地说，在前三章中，我们实乃在论证程序正义存在的合理性及其必然性，论证其内在内涵与深层价值。但这种多角度的论证与论述，尚缺乏一个统一的视角，对程序正义的理念需要一种更深层次的体认，那么从哲学文化的视角对其进行深入阐发，无疑是必要的，也是重要的。从文化哲学的视角进行解读，程序正义在西方司法实践中之所以具有如此重要的地位，是因为它在一个侧面集中体现了西方理性文化对个体自由和人性的价值追求，后者构成了程序正义的深刻的社会文化基础。

第一节 程序正义的理性文化基础

西方源远流长的理性文化对于人的自由和价值的理解，构成了程序正义的深刻的文化基础。早在公元前6～前5世纪中叶，希腊人已经从"黑暗时代"的蒙昧状态走出来，一大批自然哲学家出现在希腊的历史舞台上。萨拜因就曾评述过，"哲学—科学的思考方式是从古希腊人开始的"[①]。在世界本质这一根本问题上，公元前6世纪小亚细亚沿海的爱奥尼亚的理性主义哲学家首先起来向传统的超自然解释挑战。他们提出了"世界究竟是由什么组成的"这一根本问题[②]。泰勒斯推测万物始源于水，因为液体、固体和蒸汽都是水的存在形式。赫拉克利特认为万物的始基是火，因为火非常活

---

① ［美］萨拜因：《政治学说史》（上册），商务印书馆1986年版，第7页。
② ［美］斯塔夫里阿诺斯：《全球通史》，吴象婴等译，上海社会科学院出版社1999年版，第216页。

跃，能转变为万物。阿那克西米尼主张气为万物的始基。他论证说，气稀薄化，便成为火；气逐渐凝聚就次第成为风、云、水、土等。这些观点，从现代哲学视角来看，当然是朴素的。但这些观点——无论世界本原被当成了水、土、气、火，还是被理解成抽象程度更高的种子、原子、数，都表明了这些早期的自然哲学家研究身份角色的转变，即从"论述神的人"转变成"论述自然的人"。这个时期的哲学家专注于对自然现象的研究，他们摆脱了人对自然的恐惧和崇拜。到了公元前5世纪中叶，希腊社会的情况日益复杂，哲学家将他们的注意中心从物质世界又转移到人和有关人的各种问题上。如以普罗泰戈拉为代表的古希腊智者学派，开始从对自然和"神"的研究转向对人和社会的研究，在研究中，他们深刻认识到随着人类社会的各种制度的形成和生产力的发展，人们会越来越意识到人本身的力量，由此，他提出了著名的命题："人是万物的尺度，存在时万物存在，不存在时万物不存在。"这一命题把人从自然界、动物界中分离出来，把人看作是万物的核心，这无疑体现了对人的尊重和人的地位的提升。正是出于对人的强调，智者学派都谴责奴隶制度和战争，支持民众的事业。

在这种理性文化基础上，苏格拉底、柏拉图等人同样强调了人的核心地位。柏拉图在《辩诉篇》中写道，苏格拉底主张，凡是为一个人自己的理智所宣判为错误的东西，就不应该去想、不应该去做，哪怕受到当权者或任何法庭的强迫，也要不惜任何代价予以抵制——"……未受考察的生活是不值得过的……"苏格拉底指出了自由辩论对社会的重要性。这种不受束缚的自由思想是希腊人所独有的，至少就其普遍和强烈的程度而言是如此。希腊人相信，也坚信，人活着，最主要的事是完满地表现此时此地人的个性[①]。

古希腊灭亡之后，随着社会历史条件的变化，文化中的理性主义色彩不断被弱化。但到了14～15世纪，商品经济逐渐取代农业经济成为社会的主导经济，市场经济的出现导致中世纪社会结构的松动，并促使其逐渐解体，理性又逐渐从被压制的状态中解放出来，理性不再是神学的奴仆，而是首先作为人的认识能力呈现自身。在14～16世纪的文艺复兴运动中，人文主义者赞扬人性的美好，反对神的权威；提倡幸福就在人间，反对教会

---

① [美]斯塔夫里阿诺斯：《全球通史》，吴象婴等译，上海社会科学院出版社1999年版，第212页。

第四章 程序正义的人性诉求

的禁欲主义；崇尚理性，反对教会的蒙昧主义和神秘主义。他们提倡个性自由，反对封建等级桎梏，他们把理性、个人自由和追求个人幸福看作是人类普遍的、永恒的本性。这一时期的许多思想家，如意大利的马基雅维利、康帕内拉，法国的布丹，英国的莫尔等，已经从人本身出发，用人的眼光观察、解释社会政治问题，以理性和经验为根据，提出并论证他们的政治要求和主张。用这种观点看待社会政治问题，国家被解释成为人的需要的产物，法律成为理性与权利的表现。

从哲学视角来界定，所谓理性，实质是一种"对象性思维方式"。所谓对象性，就是从主体出发，将客体视为外在的客观实在，并在主体和客体之间划出界线，从而预设了主—客体二元分立的认识结构。对象性思维通过严格区分主体与客体，从而强调主体的独立性。主体可以运用逻辑方法以探求客体的内在本质①。这种基于人性的主客体的二元分立结构直接使得近现代意义上市民社会诞生，从而又使人们的契约文化精神得以成长。

卢梭在《社会契约论》中认为，"当人民被迫服从而服从时，他们做得对；但是，一旦人民可以打破自己身上的桎梏而打破它时，他们就做得更对。因为人民正是根据别人剥夺他们的自由时所根据的那种同样的权利，来恢复自己的自由的，所以人民就有理由重新获得自由；否则别人当初夺去他们的自由就是毫无理由的了。社会秩序乃是为其他一切权利提供了基础的一项神圣权利。然而这项权利决不是出于自然，而是建立在约定之上的"②。"即使最强者也决不会强得足以永远做主人，除非他把自己的强力转化为权利，把服从转化为义务。"③"既然任何人对于自己的同类都没有任何天然的权威，既然强力并不能产生任何权利，于是便只剩下约定才可以成为人间一切合法权威的基础。"④ 因此，国家的公权力和公民的私权利是相对等的，它们是相互约定的产物。这种约定或者说契约"要寻找出一种结合的形式，使它能以全部共同的力量来卫护和保障每个结合者的人身和财富，并且由于这一结合而使一个与全体相联合的个人又只不过是在服从自己本人，并且仍然像以往一样地自由"⑤。所以人的自由构成了社会契约的

---

① 魏敦友：《回返理性之源》，武汉大学出版社2005年版，第119页。
② ［法］卢梭：《社会契约论》，何兆武译，商务印书馆1982年版，第8—9页。
③ ［法］卢梭：《社会契约论》，何兆武译，商务印书馆1982年版，第12页。
④ ［法］卢梭：《社会契约论》，何兆武译，商务印书馆1982年版，第14页。
⑤ ［法］卢梭：《社会契约论》，何兆武译，商务印书馆1982年版，第23页。

基础，没有人的自由，就无所谓契约，无所谓约定；而结成的社会契约要保障的也是人的自由，自由乃是人性的产物，"人性首要关怀，是对于其自身所应有的关怀"①，"放弃自己的自由，就是放弃自己做人的资格"②。

从这个权力与权利的约定中，从这种社会契约中，产生了人们基本的契约精神，而这正是市民社会产生与成熟的文化基础，也是市民社会所要张扬的价值观念。

按照黑格尔的观点，"市民社会是处在家庭和国家之间的差别的阶段"，"作为差别的阶段，它必须以国家为前提，而为了巩固地存在，它也必须有一个国家作为独立的东西在它面前"，"在市民社会中，每个人都以自身为目的，其他一切在他看来都是虚无。但是，如果他不同别人发生关系，他就不能达到他的全部目的，因此，其他人便成为特殊的人达到目的的手段。但是特殊目的通过同他人的关系就取得了普遍性的形式，并且在满足他人福利的同时，满足自己。由于特殊性必然以普遍性为其条件，所以整个市民社会是中介的基地"③。可见黑格尔将市民社会看作私人利益的体系，认为个人是市民活动的基础，也重视在生产和交往中发展起来的社会组织的作用，认为市民社会依附于国家。马克思批判地继承了黑格尔的思想，把市民社会看作市场经济中人与人的物质交往关系和由这种交往关系所构成的社会生活领域。这一观点切入了市民社会的本质，从而深化了黑格尔所确立的市民社会的基本观念。马克思明确肯定国家作为一种上层建筑，归根结底要受到经济基础的制约，"法的关系正像国家的形式一样，既不能从它本身来理解，也不能从所谓人类精神的一般发展来理解，相反，它们根源于物质的生活关系，这种物质的生活关系的总和，黑格尔按照18世纪的英国人和法国人的先例，称之为'市民社会'，而对市民社会的解剖应该到政治经济学中去寻求"④。马克思从经济的角度看待市民社会，把它规定为市场经济条件下人们的经济交换关系及其所构成的经济交往领域，这无疑抓住了市民社会的本质。因为正是由于市场交往关系体系的形成，才使独立于国家的私人领域形成了一个因契约关系而联结的整体社会，才使人类社会的活动以现代的交往方式进行。市场交往中的契约活动是市民社

---

① [法]卢梭：《社会契约论》，何兆武译，商务印书馆1982年版，第9页。
② [法]卢梭：《社会契约论》，何兆武译，商务印书馆1982年版，第16页。
③ [德]黑格尔：《法哲学原理》，张企泰译，商务印书馆1979年版，第197页。
④ 《马克思恩格斯选集》（第4卷），人民出版社1995年版，第170页。

第四章　程序正义的人性诉求

会中个人最基本的活动，是人们进行其他一切活动的基础，因而制约着其他一切活动的进行；在市场交往中形成的契约关系也因而成为塑造市民社会中人与人关系的基础。如果离开了市场中的经济交往和契约关系，就不可能有市民社会与政治国家的现代分离，因而也就不可能有真正的市民社会。

市民社会与国家的现代分离，使得市民社会成为国家权威和个人自由的缓冲地带，市民社会关键在于公民权的觉醒，不在于国家权力的扩张。社会契约和市民社会的理论形成了现代的基本社会文化价值——自由、民主、平等、人权等。而这一切正是现代法产生的哲学文化基础，是程序正义理念诞生的宏观社会底蕴。理性精神和契约意识的觉醒、市民社会空间的开拓，充分表明在这种文化基础的变迁中，"人"的地位的转变，这一切的核心是人的主体性崛起。所以，程序正义的哲学文化基础最终要诉之于对"人"的深层次反思。程序正义不是为了程序正义而程序正义，其深层价值在于一种对人的深度关怀。因此，从马克思主义人学的视角对程序正义的人学意蕴进行更深层次的透视，无疑是必要且重要的。

第二节　马克思主义实践哲学对人的价值的确认

法学的研究离不开哲学的洞悉。事实上马克思就曾经通过行动实践向人们证明了这一点。1835年马克思进入波恩大学研习法学，其后转学到当时以黑格尔哲学而闻名的柏林大学继续学习法学和财政学课程。但马克思一直认为，"他在大学修法学课程只是次要的；他认为历史和哲学才是主要的课程"①。在1837年11月10日给父母的长信中，马克思认为"自己的本分是研究法律，而他最迫切的愿望是想在哲学方面试试自己的力量"②。"他研究了海尼克修斯、提波和各种典籍，把罗马法全书的头两卷译成德文，并且试图在法的整个领域内创立一种法哲学体系。"③ 从马克思的思想历程来看，虽然带有马克思对学科的不同偏好，但无疑在思考法学时，他更为

---

① [德] 弗·梅林：《马克思传》，樊集译，人民出版社1965年版，第19页。
②③ [德] 弗·梅林：《马克思传》，樊集译，人民出版社1965年版，第20页。

深刻地认识到哲学体察的重要性与必要性。所以，我们同样深深认识到，从哲学的视角对法律思想的重要思索与整理，对程序正义的重新体认无疑必要而迫切。

从哲学的视域，马克思继承了西方文化强调人的价值和自由的传统，他充分关注到"法"背后的人的价值问题。但是另一方面，马克思认为，西方传统哲学对人的理解停留于抽象的人，而他的实践哲学是要在现实的感性活动中，在人的现实交往中，确立自由、民主、平等，特别是人的全面发展的价值，马克思的论述在更深的意义上为程序正义奠定了文化基础。

在西方哲学史上，有各种不同的关于人的价值的理解，它们从不同方面揭示了人的活动和人存在的一些规定性，但是，大多具有片面性。早在古希腊时期，哲学家们就在探讨人及其在世界中的地位问题。例如德谟克里特提出"人是一个世界"，看到了人的复杂性；普罗泰戈拉提出"人是万物的尺度"，意识到人在世界中的主体地位；亚里士多德已经把人和社会生活联系起来，提出"人是天生的政治动物"的命题。经过漫长而又黑暗的中世纪之后，西方哲学更是兴起了关于人的研究热潮。文艺复兴时期，一些哲学家提出要关心人的世俗生活，动摇了神学的绝对统治地位。文艺复兴时期，人们强调的不是神，而是人本身。他们认为，人与动物不同，突出表现为人有思想，人是"先思而后行"。他们指出，人是自由的，人有自由的意志。这同中世纪的宗教神学把人看作上帝的奴仆、没有任何权利和自由的观点，是针锋相对的。文艺复兴时期的哲学家们还提出人具有满足自己欲望和追求享乐的本性，这是对封建神学所宣扬的禁欲主义的反抗。到了18世纪启蒙运动时期，启蒙思想家们更是冲破了神学世界观的束缚，用无神论和唯物主义的自然观考察人。他们提出"天赋人权"论，认为人不是上帝创造的，而是从自然界中发展出来的。"人是生而自由的"，"人生而平等"，人有追求幸福和享乐的主体性权利。这一系列的思想在特定的时代为人的解放、为人的尊严的确定起到了非常重要的作用。但这些学说中的人往往是抽象的，而非生活于现实社会中的具体的人。他们认为人的本性是天赋的，而排斥了后天的生活实践作用。所以，马克思、恩格斯曾经批判费尔巴哈说，"他还从来没有看到现实存在着的、活动的人，而是停留于抽象的'人'，并且仅仅限于在感情范围内承认'现实的、单个人、肉体的人'，也就是说，除了爱与友情，而且是观念化了的爱与友情以外，他不知道'人与人之间'还有什么其他的'人的关系'"①。在哲学史上，对人的本质与价值的科学揭示则是由马克思主义哲学完成的。马克思的实践哲学关于人自身的理解在人类思想史上实现了革命，使我们对于人本身的认识发生了革命性的突破和飞跃。

马克思主义哲学之前的思想家之所以未能科学地揭示人的本质，最根本的原因在于其世界观和方法论上的局限性，特别是在社会历史观上，无一例外地都是唯心主义。马克思从历史唯物主义的基本视角来揭示人的本质，他认为，人的本质并不是先天的，而是在后天社会生活和社会实践，特别是生产实践中形成的，人的本质也不是一成不变的，而是受制于特定时代的社会关系。由此，马克思主义赋予了人相对于这个世界的独立、自主的自我类本质，揭示出人的自由全面发展的最高理想。而这正是程序正义的深层内涵与价值所在。

一、哲学与人的问题

当我们回归哲学来分析程序正义时，这意味着我们对程序正义的探讨进入了深层次的视域，进入到了人的心灵深处。然而，哲学是什么？哲学的探讨为何会深化我们对程序正义问题的研究？这些看起来不成问题的问题在这里却让我们异常困惑。文德尔班说过，"鉴于'哲学'一词的涵义在时间的进程中变化多端，从历史的比较中要想获得哲学的普遍概念似乎是不现实的"②。那么哲学是否意味着虚无缥缈、不着边际呢？为了回答和正视这个问题，我们先思考哲学的起始内涵。哲学一词源于古希腊文，由"爱"和"智慧"两字组成，意思是"爱智慧"，从字面上理解，哲学就是给人以智慧，使人更聪明有学问。从这个层面上说，古代哲学思想的诞生，实乃意味着人类开始有意识地去探索自身生存的外围世界，开始摆脱传统从属于自然的原始思维的束缚，通过自身主体的能动行动去改变自然，从而改变自身从属的自然历史境遇。因此，从这种思维分析范式出发，我们认为哲学与人有关。如果我们要寻找一个哲学的切入点，甚或我们要自负地对哲学作一个明确的语义式界定，我们认为这个概念的立基点就在于人。

---

① 《马克思恩格斯选集》（第1卷），人民出版社1995年版，第78页。
② ［德］文德尔班：《哲学史教程》，罗达仁译，商务印书馆1987年版，第11页。

然而，哲学基于人的认识，在原始阶段，并没有确立人的本体地位。在古代本体论哲学看来，在人之外存在着一个比人更高、更根本的存在，它决定着人类的命运，人类就要用智慧寻找和揭示这个决定人类命运的最高本体，人处于这个最高命运决定本体的从属地位。近代以来，随着人类的力量，特别是科技的飞速发展、强大，人类改造自然的能力突飞猛进，一夜之间，人类成为了自然的征服者和支配者，于是人类的主体性认识萌发。于是笛卡尔提出了自负的"我思故我在"的命题，康德有了"人为自然界立法"的狂妄想法。近代认识论哲学正是在这种背景下产生的，这种哲学的旨趣不再是寻找和揭示人之外的最高本体，而是研究和探讨人如何认识人之外的世界，其历史使命在于用人的理性说明世界、解释世界。这时期的哲学虽然强调人作为认识的主体性地位，认为世界可以被人们所认识，但这种世界仍然存在于人之外和人之上，成为制约人的本体性存在。所以，无论是古代的本体论哲学，还是近代的认识论哲学，人的特殊存在完全被湮没在一般存在之中。直至19世纪中叶，马克思主义哲学产生之后，人才正式成为哲学的主题，于是哲学的人学意蕴才第一次被开拓。马克思主义认为，"以往的哲学家只是用不同的方式解释世界，而问题在于改造世界"①，哲学的使命不仅在于解释世界，关键还是在于改造世界。在马克思主义看来，随着资本主义统治的确立与强化，人的异化问题凸显出来，哲学的紧迫任务在于思考人的异化和异化扬弃问题，按照马克思主义的理想，哲学的紧迫任务在于要解放全人类，这是未来理想社会——共产主义社会的最本质性特征。这样马克思主义的实践哲学将人的问题真正凸显出来，并作为哲学的最高问题来进行研究。从这个意义上说，机械决定论和宿命论的哲学理念不可能产生理性的社会文化，不可能产生人的自由、平等、权利理念，也就不可能为程序正义奠定文化基础。而近代以来，特别是马克思主义实践哲学关于人的主体性的揭示与展示，无疑为程序正义奠定了深厚的文化基础。

不过，当我们意识到人的问题的重要性时，并不意味着人的问题已经得到解决。正如哲学人类学创始人舍勒所言："自从我的哲学意识第一次觉醒以来，诸如'人是什么，人在存在中的地位是什么'一类的问题，便比

---

① 《马克思恩格斯选集》（第1卷），人民出版社1995年版，第19页。

其他任何一个问题更强烈、更集中地萦绕在我心头。"① 古希腊有个神话：俄狄浦斯路遇妖怪斯芬克司。斯芬克司要每一个过路人猜一个谜语，如果猜不准，它就吃掉过路人。无数人因猜不出斯芬克司之谜而被害。俄狄浦斯凭着自己的勇敢和智慧猜出谜语，结果斯芬克司跳崖而死。这个谜是：有一种生命，早晨用四条腿走路，中午用两条腿走路，晚上用三条腿走路，谜底是人。这个充满神奇和悲壮色彩的神话，是古希腊人对"何以为人"的问题深刻思考的结晶。此后，"斯芬克司之谜"成了对人困惑不解的代名词。因此，在探究人的价值之前，我们先来看看人生成的本质。

二、人是"非决定"的自我创造性的存在

在讨论马克思主义"人"学思想之前，笔者首先想从文化人类学的视角来看看人之于世界、社会以及自然的价值性，这样可以加深我们对于马克思主义关于人的本质的理解，使我们对人的价值有更深层次的体认。人是一种存在，是一种理性的存在，是一种自觉性的存在。然而长久以来，人的存在却一直被湮没在一般性存在之中，人的尊严、人的价值、人的本质、人的意义一直得不到合理揭示与应有的捍卫。当我们执意要探究人的存在问题时，我们首先必然要思考人的存在到底是以何种形式而出现的，人的存在价值又在何处，这也是人学所要探讨的基本主题。然而，存在又是什么？海德格尔在《存在与时间》中引用柏拉图《智者篇》中的话说，"当你们用'存在着'这个词的时候，显然你们早就很熟悉这究竟是什么意思，不过，虽然我们也曾领会了它，现在却茫然失措了"②。人的存在就是这样一个问题。从马克思主义实践哲学角度来看，人的生成、发展，不是自然给定的，而是人类实践行为方式和生存方式的历史积淀的结果。

德国生物人类学家格伦通过非特定化或非专门化范畴来确定人在生物学领域中的"先验的结构整体"。他认为，从人的生物学领域来看，人与动物的最大区别在于人的未特定化或非专门化（Unspecialization）。动物在体质上的特定化使它们可以凭借某种特定的自然本能在特定的自然链条上成功地生存，而人在体质和器官上则呈现出非特定化的特点，由此决定了人

---

① ［德］马克斯·舍勒：《人在宇宙中的地位》，贵州人民出版社 1989 年版，第 1 页。
② ［德］海德格尔：《存在与时间》，陈嘉映等译，三联书店 1987 年版，第 1 页。

在自然本能上的薄弱性。德国哲学人类学家蓝德曼也曾对人与动物的这一本质差别作了大量的研究，他分析得出，"不仅猿猴，甚至一般的动物，在一般构造方面也比人更加专门化。动物的器官适应于特殊的生存环境、各种物种的需要，仿佛一把钥匙适用于一把锁。其感觉器官也是如此。这种专门化的结果和范围也是动物的本能，它规定了它在各种环境中的行为。然而人的器官并不指向某一单一活动，而是原始的非专门化（人类的器官特征正是如此，人的牙齿既非食草的，也非食肉的）。因此，人在本能方面是贫乏的，自然并没有规定人该做什么或不该做什么。因此，人没有专门的生育季节，人可以在一年中的任何时候相爱繁殖"①。但是，从长远看，这种非专门化特征给人类带来的结果不是悲剧，而是喜剧。正是由于人先天自然本能方面的缺陷，使他能够从自然生存链条中凸显出来，用后天的创造来弥补先天的不足。所以，蓝德曼接着分析道，"尽管非专门化最初有消极的效果，但经过长途跋涉之后，它却具有不可估价的优点。专门化缺乏实际上相联于一高级肯定能力。因为人的器官没有被狭隘地规定在少数的生命功能上，它们可能具有多重作为。因为人没有被本能控制，人自己可以反思和创造。因此人缺少此则具有彼。人所缺少的专门化得到补偿，甚至超出了补偿。这是因为下列事实：人多种的能力和人的创造性，使人适应了变化的外在条件，而且通过创造活动和社会制度，使人更易生存。于是，人甚至远远超过了动物。尽管动物看来有更好的装备去进行生存斗争。用新方法看，理性人类学实际上是正确的。理性实际上就是非专门化的必然相关物"②。正是从这种角度转换的认识当中，马克思认为人与动物的区别在于两者类特征的本质差异，"一个种的全部特征、种的类特征就在于生命活动的性质，而人的类特征恰恰就是自由的自觉的活动"③。马克思所说的人类"自由的自觉的"类本质特征就是理性。人类借助理性的力量，不仅克服了生理上的天然缺陷，而且充分发挥自己的主观能动性去改造自然，使自然在人类的实践中部分地人化。这正如17世纪法国哲学家帕斯卡尔所说，"人只不过是一根芦苇，是自然界最软弱的东西；但他是一根能思想的芦苇，用不着整个宇宙都拿起武器才能毁灭他；一口气，一滴水就足

---

① ［德］蓝德曼：《哲学人类学》，彭富春译，工人出版社1988年版，第210页。
② ［德］蓝德曼：《哲学人类学》，彭富春译，工人出版社1988年版，第211页。
③ 《马克思恩格斯全集》（第42卷），人民出版社1972年版，第96页。

以致他死命了。然而，纵使宇宙毁灭了他，人却仍然要比致他于死命的东西高贵得多；因为他知道自己要死亡，以及宇宙对他所具有的优势，而宇宙对此却是一无所知"[①]。人与自然（动物）的区别在于理性，人之所以高贵是因为人有理性。因此，我们说人是一种存在，人更是一种理性的存在。理性对人来说是内在的，具有与生俱来的本质意义，是人的第二自然。人的本质和所有的文化意义都因理性而产生，理性使得人类具有了文化意义。

综上所述，人的"非决定的"自我创造的存在，实为人对自然给定性的超越，是人类通过实践超越自然本能、突破自我的文化进步。正如蓝德曼所言，在自然中，人与其他动物不同，人不是单面地受到限定，而是可以塑造他自己。"人没有不变的、封闭的存在状态。或者，更细致地说，只有人的最一般的结构，人的认识和行动的特殊方式，等等，是自然通过牢固的遗传赋予人的。不过，这些坚固的要素并非是人的所有一切。在这之上产生的第二维度，并非由自然规定，而是由人自己的创造力去决定……所有这些以及作为宗教、艺术、科学等较高层次的领域，在人类天性中并没有强制性的标准。所有这些就是'文化'，而文化这一概念的定义就是由人类自身的自由创造性加以创造的。这就是人类赋予文化以多样性的原因。文化因人而异，因时而异，但人在创造文化的同时，人也创造了自己。"[②]因此，从发生学的角度来看，首先，人产生的根本途径就是超越本能或生物学的自然，建立自己特有的一种生存体系，建立自己的"第二自然"。其次，人与动物相区别的最根本的规定性，即超越性与创造性，也就是自由的维度。人作为自然之子，永远不可能脱离大自然而生存，但是，人之为人的基础，人在宇宙万物中的独特性，人所带来的独特价值，不在于自然和本能，而在于人对自然的超越和人的文化创造。最后，人对自然的超越的维度是人这个特殊类的生存基础。人与动物的根本不同就在于，人永远在追求某种创新[③]。所以，这种文化人类学的分析同样表明了理性文化对人的主体性的意义，这也从源文化角度揭示了程序正义产生的必然性和依据。

---

① ［法］帕斯卡尔：《思想录》，何兆武译，商务印书馆1987年版，第157-158页。
② ［德］蓝德曼：《哲学人类学》，彭富春译，工人出版社1988年版，第7页。
③ 衣俊卿：《文化哲学十五讲》，北京大学出版社2004年版，第23页。

三、马克思主义实践哲学视域中人的本质生成：实践是人的存在方式

实践作为一种社会现象，并非马克思首先发现和思考的。早在古希腊时期，苏格拉底就曾经说过，"只要一息尚存，我永不停止哲学的实践"。亚里士多德认为，"实践是包括了完成目的在内的活动"。在欧洲哲学史上，康德正式把"实践"概念引入哲学中，并提出了"理论理性"和"实践理性"的概念。在康德看来，实践理性具有行动的能力或功能。费尔巴哈则把"实践"和"生活"联系起来，提出"理论所不能解决的那些疑难，实践会给你解决"。这就把生活、实践看成是理论的根源，反映了其唯物论的哲学特征。但是，费尔巴哈并没有真正理解人的实践活动，认为"生活"不过就是吃喝、享用对象等。正如马克思所说，费尔巴哈"仅仅把理论的活动看作真正人的活动，而对于实践则只是从它的卑污的犹太人的表现形式去理解和确定。因此，他不了解'革命的'、'实践批判的'活动的意义"①。黑格尔提出了"实践理念"的概念，认为它的任务在于扬弃客观世界的片面性，按照主观的内在本性去规定并改造客观世界的事物和现象。不过，黑格尔视域中的实践理念根本上是抽象的理念活动，现实人的活动只不过是这种抽象理论活动的样式，其实质是一种唯心主义哲学理论。而马克思哲学则把实践理解为同自然过程相联系又相区别的自觉的社会过程，是人能动地改造物质世界的对象性活动。

1. 实践是人之存在的方式

马克思指出，"从前的一切唯物主义（包括费尔巴哈的唯物主义）的主要缺点是：对对象、现实、感性，只是从客体的或者直观的形式去理解，而不是把它们当作感性的人的活动，当作实践去理解，不是从主体方面去理解。因此，和唯物主义相反，能动的方面却被唯心主义抽象地发展了，当然，唯心主义是不知道现实的、感性的活动本身的"②。与动物消极地适应自然的活动不同，人的实践活动具有自主性。人通过实践不但能够认识客观规律，而且能够利用客观规律，从而使物按人的方式同人发生关系，

---

① 《马克思恩格斯选集》（第1卷），人民出版社1995年版，第78页。
② 《马克思恩格斯选集》（第1卷），人民出版社1995年版，第58页。

达到物被人所掌握和占有的目的。同时，实践还具有创造性，它创造出按照自然规律本身无法产生或产生的概率几乎等于零的事物。人对世界的改造本质上就是创造。没有创造，就不会形成适合人类生存和发展的属人的世界。实践的自主性和创造性共同体现了人的主体性特征。实践是由人发动同时又是为了人的活动，它使人与物的关系由物支配人变成人支配物，由此确立了人对自然界的主体地位。在实践中，人按照对事物运动规律的认识去改造事物，把它塑造成适合人占有和利用的形式，充分显示了人的主体能动性。同时，人在实践中自觉地把自己和自然界区分开来，意识到自我的存在，具有了主体意识。因此，我们可以总结说，实践的发展，是人的主体性不断发展和提升的过程，是人的主体意识不断提高和发展的过程，作为人的本质活动和存在方式的实践，其最本质特征在于对给定性（自然和自身）的否定、扬弃和超越，在于对人自身和人的世界的创造与再创造。所以，实践是主体人的存在方式，实践也塑造了人的主体性，实践充分展示了人的自由创造，而这一切无疑是理性文化、市民社会崛发的必要精神前提。

2. 实践统一着人与世界的关系

马克思主义认为物质生产是人的第一个历史活动，是实践首要的、决定性的形式和根本内容，这个意义上的实践很显然主要处理的是人与自然的关系。但马克思主义实践哲学中的"实践"并不仅仅是以"主体—客体"结构为核心的，改变外在对象的，简单的工具性的操作活动（Practice），而是以主体间的交往为核心的，人的基本的生存活动（Praxis）。因此，物质生产首先是人以自身的活动来引起、调整和控制人与自然之间物质交换的过程，在这个过程中，人和人之间又必然要结成一定的社会关系并互为活动，人和自然的关系制约着人和人的社会关系，人和人的社会关系又制约着人和自然的关系。

在人与自然的关系上，传统哲学一直贬低人的主体性地位。自然唯物主义哲学就认为，人是自然之物，人来源于自然，也最终回归自然，因此，人属于自然世界的组成部分，人的生存从属于自然世界的规律，自然高于人的存在并决定着人的存在。这种自然唯物主义的观点抹杀了人所以为人的根本特征，把人降低到动物的地位上。宗教神学认为在自然界之外存在着一个超自然的力量，它在主宰、支配、创造着自然世界中的万事万物。然而"谬误在天国的申辩一经驳倒，它在人间的存在就陷入了窘境。一个人，如果想在天国的幻想的现实性中寻找一种超人的存在物，而他找到的却只是自己本身的反映，他就再也不想在他正在寻找和应当寻找自己的真正现实性的地方，只去寻找自身的假象，寻找非人了"①。所以，"对宗教的批判最后归结为人是人的最高本质这样一个学说"②。唯心主义哲学则常常夸大人的意志的作用，把人看作目的，看作自然秩序的立法者，看作宇宙万物存在的尺度，或者认为有种理念在统治着世界、支配自然世界和人类社会。这两种哲学虽然肯定了人在自然世界中的主体地位，但却忽视了自然界对人的绝对优先地位，把人神化了。只有马克思主义的实践哲学把人与自然统一起来。马克思主义认为，人是自然的存在物，自然世界是人存在和发展的绝对基础，对人的活动具有优先性，人每时每刻都不能离开自然条件。但人并非是自然史的简单延伸，人诞生的秘密在于他的对象化劳动，即实践中，在人本身那里，"有着关于自己依靠自己本身的诞生，关于自己的产生过程的显而易见的、无可辩驳的证明"③。人不断地在意识中而且在现实活动中寻求建立自身与自然的统一。"动物只是按照它所属的那个物种的尺度进行塑造，而人则懂得按照任何物种的尺度进行生产，并且随时随地都能用内在固有的尺度来衡量对象"④ 于是，通过对象化活动，人不断地对象化，自然不断地人化。

  在人与社会的关系维度上，马克思一再强调，历史唯物主义的出发点绝不是离群索居的栖息在世界之外的抽象的人，而是"从事实际活动的人"、"现实的人"。不应把"社会"作为抽象物同个人对立起来，人由于其内在的和外在的双重普遍尺度，必然是"类的存在"，亦即"社会的存在物"，"人的本质是一切社会关系的总和"。人所有的社会关系包括政治的、经济的、思想的、文化的等关系是人在社会实践中生成的，又在各种实践活动中得到丰富与完善。同时，作为一个特殊的个体在本质存在的各种关系中也会得到充分的发展，人也通过其主体间的交往关系改变着社会。因此，通过社会实践改变不合理的、落后的社会关系，创造合理、完善、符合人的个性发展的社会关系就成为个人与社会的共同价值追求。这正是马克思的人文价值观："必须推翻那些使人成为被侮辱、被奴役、被遗弃和被

---

① 《马克思恩格斯选集》(第1卷)，人民出版社1995年版，第1页。
② 《马克思恩格斯选集》(第1卷)，人民出版社1995年版，第9–10页。
③ [德] 马克思：《1844年经济学—哲学手稿》，人民出版社1979年版，第48页。
④ [德] 马克思：《1844年经济学—哲学手稿》，人民出版社1979年版，第50–51页。

蔑视的东西的一切关系。"①

在认识的主体与客体关系上，唯心主义先验论从思想和感觉到物的认识路线，否认认识的对象是物质世界，认为认识是一种主观自生的，不受物质决定的东西；不可知主义的怀疑论把人的认识看作一种不能证明其对错，不能证明其是否正确反映了客观事物的东西；而旧唯物主义认为认识的主体是一种生物性的自然存在，人的反应是认识者消极、被动地接受外界刺激的过程，即客体直接映射在人的大脑中的过程。我们可以看到，旧认识论的致命缺陷在于在人的认识和客观世界之间人为地划了一条不可逾越的鸿沟，把认识主体与客体当成自然给定的二元对立，因而总是寻求某种外在的东西作为二者统一的基础或中介。马克思主义立足于实践，全面地分析和说明了人对世界反映的社会性、主体性和能动性，认为认识的本质在于认识是在实践基础上主体对客体的能动反应。一方面人的认识来源于自然的对象存在；另一方面人又不像动物反应外界事物那样，仅仅停留在直接感受的水平，正如列宁所说，"认识是人对自然界的反映。但是，这并不是简单的、直接的、完整的反映，而是一系列的抽象过程，即概念、规律等的构成、形成过程"②。

人和世界的关系问题之所以作为人学研究的基本问题，就在于人是一种对象性存在，只有在人和世界的关系中，我们才能把握人是什么。马克思主义从实践哲学角度，把人和世界统一起来，正确界定人之存在的合理定位，而以往的哲学则或多或少，或从这个方面、从那个层面夸大或缩小了人的作用和地位。这正是我们本节关于人的本质生成探讨的意义所在，也是我们探讨程序正义的文化基础的核心所在。

四、马克思主义实践哲学视域中人存在的最高价值意义：人的现实性与完整性

马克思的实践哲学对人的本质生成的研究，无疑有力地反映了马克思主义哲学对人的关注，人学思想构成了马克思主义哲学中最有生命力的组成部分。但马克思主义哲学所论述的人不是抽象的人，不是一般人的观念，

---

① 《马克思恩格斯全集》（第3卷），人民出版社1972年版，第10页。
② 《列宁全集》（第55卷），人民出版社1990年版，第311页。

而是现实的人、具体的人,这是马克思主义哲学对人的认识同以往思想家对人的认识的重要区别之一。马克思主义哲学之所以能科学地揭示出人的本质,就在于他从现实的人出发,所谓现实的人即指总是一定生产关系下从事物质生产的个人,人的本质在其现实性上是一切社会关系的总和。

1. 人的本质在其现实性上是一切社会关系的总和

通过上文的初步梳理,我们知道人的本质这一概念正是人对自身的认识发展到一定阶段时所形成的,人的本质力图从根本上回答"人是什么"或"什么是人"这一重大问题。

按照马克思主义的理解,"人是什么"或者说"什么是人",很显然要从主体人的超越性和创造性方面来理解,这种理解包括人与自然的区别和联系、人与人的区别和联系。人类最初并未认识到"自我"的存在,他们崇拜动物图腾,即把某种动物作为自己的祖先加以崇拜。这意味着人类此时还没有把自己与动物区别开来。但是,人由于自己的"非特定化"和"非专门化"的自然生理特性,注定要与动物不同,因此,随着人的超越性和创造性潜能被激发,人开始意识到自己与动物的不同,人们力图找出人所具有的共同性。很显然,这里人与动物区别形成的本质是人的"类本质",即人是一个人类整体。

但是,我们对人的使用,对人本质的把握并不能仅从类本质上掌握。事实上,我们通常从几个方面来界定人,即个体的人、类本质上的人、群体意义上的人。个体的人即每个独立的个人,是人的最直观的具体对象;类本质上的人则强调整个人类的独特存在,使人与人类之外的东西区别开来;群体意义上的人,则强调特定时空中的不同的人,强调人与人之间的特殊性与具体性,如不同国别的人,不同时代的人,不同阶级的人等。前文中从人与动物的区别中界定人的本质,很显然仅指类本质意义上的人,而忽视了个体人的存在,特别是人的特殊性和具体性。因为,人的本质在于人的社会本质。马克思主义认为,人的本质在于人的社会性质,或者说人的本质在其现实性上是一切社会关系的总和,人的社会性是人的根本属性,它一方面把人与动物区别开来,另一方面也把不同时代的人区别开来。马克思强调,"人的本质不是单个人所固有的抽象物,在其现实性上,它是一切社会关系的总和"[①]。这也就是说,人的本质不是单个人天生就具有的

---

① 《马克思恩格斯选集》(第1卷),人民出版社1995年版,第56页。

东西,也不是从所有个体的人身上抽象出来的共同性,现实的人总是处在特定的社会关系和特定历史条件下的人,因此,对人的本质的把握,应该深入到现实的社会关系中去。从这个角度,我们理解人的价值,重要的是要从人与人形成的社会关系中去予以探索。

2. 人的自由及其实现

自由是标志着一个人活动状态的概念。人的活动涉及三大领域,即自然、社会和自身,于是对人的限制也就来源于这三大领域:一是受自然条件的制约;二是受社会条件的制约;三是受人自身条件的制约。我们刚刚探讨过对人的本质理解更重要的是从现实的社会关系中寻求。马克思、恩格斯在《德意志意识形态》中就明确指出,"事情是这样的:以一定的方式进行生产活动的一定的个人,发生一定的社会关系和政治结构。经验的观察在任何情况下都应当根据经验来揭示社会结构和政治结构同生产的联系,而不应当带有任何神秘和思辨的色彩。社会结构和国家经常是从一定个人的生活过程中产生的"①。从中,我们可以看出,在经典作家看来,人同社会的关系是双重的。一方面,社会关系和机构是在个人的实践活动中生成的,是由个人间的交往关系构成的,个人的发展程度和生存状态直接影响和制约着社会运动的情形;另一方面,社会关系和社会机构一旦形成,又反过来为个体的活动和生存提供场所和条件,社会关系的性质和状况又强有力地影响和制约着个人的生存和发展。马克思主义非常重视社会关系对人的自由与全面发展的制约性,马克思指出,"人的依赖关系(起初完全是自然发生的),是最初的社会形态,在这种形态下,人的生产能力只是在狭窄的范围内和孤立的地点上发展着。以物的依赖性为基础的人的独立性,是第二大形态,在这种形态下,才形成普遍的社会物质变换,全面的关系,多方面的需求以及全面的能力的体系。建立在个人全面发展和他们共同的社会生产能力成为他们的社会财富这一基础上的自由个性,是第三个阶段"②。在这三个阶段中,第一阶段是人的依赖关系占统治地位的阶段,是人通过自然的依赖和人身依附而组成社会关联的传统农业文明时期。在这一时期,人被血缘宗法关系、经验常识等自然主义和经验主义文化模式所支配,尚未形成个体本位的主体性,其生存状态呈现为自在自发的自然状

---

① 《马克思恩格斯选集》(第1卷),人民出版社1995年版,第29页。
② 《马克思恩格斯全集》(第46卷上),人民出版社1972年版,第104页。

态，无论个体还是社会总体均缺乏创造力和超越性。在这种状态下，"无论个人还是社会，都不能想象会有自由而充分的发展，因为这样的发展是同个人和社会之间的原始关系相矛盾的"①。第二阶段是以物的依赖关系为基础的人的独立性的阶段。在这一阶段，独立的个体本位的主体性开始形成，人的理性创造力和自由得以展示，由此给社会发展注入极大的活力，创造了前所未有的物质财富和精神财富，这是人的发展历史上一次巨大的进步和飞跃。但是，由于社会关系以异己的物的关系同个人相对立，人的发展受到社会关系的束缚和压抑，人的主体性还存在着较大的局限。第三阶段是"建立在个人全面发展和他们共同的社会生产能力成为他们的社会财富这一基础上的自由个性"②的阶段。在这一阶段，人摆脱了对物的依赖，摆脱了异化的命运。社会关系不再作为异己力量支配人，而是置于人们的共同控制之下，人成为全面发展的人，人成为自由个性的人，人的主体性得到了完全的展示，人的自由得到了充分的尊重，人的价值得到了完整的体现。

3. 走向完整人——人的全面发展

人是一种总体性的存在。所谓总体性的含义有二：一是指人的存在的整体性，即人是不可独存的。具体的人都是个人，与众不同，独一无二。但是，假如我们如此孤立独存，我们又是谁呢？没有他人、群体、社会与个人并存，个人不会获得任何具体而有意义的规定，所以马克思称"人的本质，在其现实性上是一切社会关系的总和"。二是指人的存在的综合性。人的存在是复合的，人是精神，也是物质；是个人，也是社会；是感性，也是理性；是主体，也是客体。人的一切活动、一切方面、一切因素都是复合的③。从这个意义上说，人的完整性，就是人的总体性的全面发展，人的个性的充分发挥。笔者认为，所谓人的全面发展，就是人的社会关系的发展，就是人的社会交往的普遍性和人对社会关系的控制程度的发展；在人与自然、社会的统一上表现为在社会实践基础上人的自然素质、社会素质和心理素质的发展，也就是在人的各种素质综合作用的基础上人的个性的发展。人的全面发展并不是指单个人的发展，而是指全社会的每一个人

---

① 《马克思恩格斯全集》（第46卷上），人民出版社1972年版，第485页。
② 《马克思恩格斯全集》（第46卷上），人民出版社1972年版，第109页。
③ 邴正：《马克思主义文化哲学》，吉林人民出版社2007年版，第13页。

第四章 程序正义的人性诉求

的全面发展。人的发展不仅应当是全面的,而且应当是自由的。在整个社会不断发展的基础上,逐渐实现人的全面发展。人的全面发展最终实现"人和自然之间、人和人之间的矛盾的真正解决"。从而也实现了"存在和本质、对象化和自我确证、自由和必然、个体和类之间的斗争的解决"①。"人以一种全面的方式,也就是说,作为一个完整的人,占有自己的全面本质。人同世界的任何一种人的关系——视觉、听觉、嗅觉、味觉、触觉、思维、直观、感觉、愿望、活动、爱,总之,他的个体的一切器官,正像在形式上直接是社会的器官那样,通过自己的对象性关系,即通过自己同对象的关系而占有对象。对人的现实性的占有,它同对象的关系,是人的现实性的实现,是人的能动和人的受动,因为按人的含义来理解的受动,是人的一种自我享受"②。

马克思主义认为,"真正的人"应该是自由和全面发展的人,真正人的社会应该是使人得到自由和全面发展的社会。全面发展的人不应被异己的经济职能和社会职能所肢解,不是商品的附属物或者生产剩余价值的工具,不是规则制度的附属品,而应该成为全面占有生产资料的劳动者、全面和直接地主宰自己劳动产物的主人。人的完整性意味着把"人"置于人的中心③,意味着人的自由的全面实现,意味着恢复人的完整性和整体性。人的根本在人本身,在人的主体性、人的本质、存在与价值。人的全面性回归,就是要把人从机器、技术、金钱、权力等各种工具性约束载体中解放出来,还人以本来面目。人的完整意味着人可以自由地主宰自己的命运、自由地展示自己的本性,人自己不再是扭曲的、破碎的,人与世界的关系也不再是扭曲的、破碎的,而是完整的。

著名西方马克思主义者葛兰西同样从实践哲学视角,探讨了社会革命与主体人的问题。葛兰西理解的实践哲学是对客观主义和历史宿命论的批判,通过这种否定与批判,他确立了人作为实践的存在所具有的自由自觉的主体性,强调人作为历史主体在历史进程中的作用。他认为实践是哲学的基础和核心范畴,实践之所以能够成为哲学的基础和核心,是因为实践

---

① 《马克思恩格斯全集》(第42卷),人民出版社1979年版,第120页。
② 《马克思恩格斯全集》(第42卷),人民出版社1979年版,第123–124页。
③ 这里需要指出的是人成为中心,只是强调人的主体性,而非强调某种自负的人为宇宙中心的论调。人为宇宙中心在当下日益受到质疑。如20世纪60年代兴起的生态主义思潮,就强烈批判人为宇宙中心的论调,而强调万物平等。

作为人的能动的、创造性的本质活动，首先是历史运动的基础和动力。实践是人的本质规定性，人按其实践本质是能动的活动过程，人在自己的实践活动中能动地建立起人与人的关系和人与自然的关系。而葛兰西之所以积极确立以人的主体性为核心的实践哲学，就是因为这种哲学强调人的实践活动对现存的批判性和超越性，是以变革现存世界为宗旨的革命哲学。这无疑也揭示出了马克思主义实践哲学的核心与精髓。

葛兰西曾经评述过，"实践哲学是以所有这一切过去的文化为前提的：文艺复兴和宗教改革，德国哲学和法国革命，达尔文主义和英国古典经济学，世俗的自由主义和作为整个现代生活观的根子的这种历史主义。实践哲学是这整个精神的和道德的改革运动的顶峰，它使大众文化和高级文化之间的对照成为辩证的"①。所以，从马克思主义实践哲学的视角认识人，无疑是从历史文化的至高度使我们对程序正义的理念有了更深层次的体识，丰富了我们对程序正义的理性文化基础的分析。

第三节　程序正义的生存论意义

基于对马克思主义实践哲学关于"人"的深层理解，我们认识到人的价值在于人的主体性与自由性，在于人的自由全面的发展，意味着人的人格、尊严的维护和捍卫，意味着人的目的性与完整性的实现。我们认为，程序的最深层次的内涵与价值就在于把握了对"人"的关注与深层理解。

一、法规范与人的存在：法规范产生源于人的生存、发展的内在基本需求

历史唯物主义告诉我们，人的社会法律关系的发生、人对法规范的诉求，并不是由人的自然禀性（或天生本性）决定的，也不是什么上帝的赐予，而是由人直接从事劳动生存活动、解决相互利益矛盾的生产方式来决定的。经过本章第一节的分析，我们知道人与其他生物物种的生存方式根

---

① ［意］葛兰西：《实践哲学》，重庆出版社1990年版，第17－18页。

本不同，人生理结构的"非特定化"、"非专门化"初看起来，是自然存在的缺陷，然而这个看起来"致命"的缺陷却成为人类文明的福音，人通过劳动实践，通过自己的创造性、超越性活动，发展出人类的生产社会关系，创造了一个适合人类生存、发展的人化世界，创造出灿烂的人类文明。人的法规范生活，同样也是人类劳动实践的产物，在人们实践中产生，又通过人们的实践活动而不断地发展，因此，我们要在人类的实践劳动中把握人—社会—法规范三者的内在的必然联系，才能了解人与法规范的终极本质。

人类虽然总处于一定的社会关系和社会规范（当然包括法为核心的调整规范）中，然而人类却对这种社会规范处于不知其所以然的茫然无知状态，正如马克思所言，像每个人天天都同商品打交道，却不知商品为何物一样①。那么我们不禁要问，人为何要结成社会关系，人为何需要社会规范。对于这一系列问题学界一直有两种假设理论。

一种是霍布斯式的假说。霍布斯认为，人的本性是利己的，趋利避害即自我保存是支配人类行为的根本原则，善恶并无固定标准，全以是否符合人的自我保存为转移，而由于人的欲望是无限的，这样，人们会永远处于一种无休止的争斗状态中。霍布斯认为，在社会规范产生以前，人类生活在一种自然状态中。在自然状态下，人人都是平等的，每个人对同一事物都具有同等的权利，同时，人人又都是自由的，每个人都有运用自己的权利以求保全自己的本性，即保全生命的自由。这种自由就是人的自然权利。既然人们的权利是平等的，而人人又只顾自己的保全，因此，当人们同时想占有某物而不能共有或分享时，则必然成为仇敌，每一个人都企图用伤害他人的手段来达到自己的目的。由此，霍布斯得出了自然状态是"一切人反对一切人的战争"状态的结论。在那里，人人生活在对死亡的恐惧中，人的生命是"孤独、贫穷、龌龊、凶残和短促的"。在这种情况下，人们为了摆脱这种可怕的自然状态，彼此之间达成共同约定：大家都放弃自己的全部权力并把它交给一个人或由一些人组成的会议，由这个主权者来控制和整合分离、争斗的社会，同时主权者的权力是绝对的、至高无上的、不受限制的，也就是其所谓的强大的"利维坦"②。从这种假说我们可

---

① 《资本论》第1卷，人民出版社1975年版，第87–101页。
② ［英］霍布斯：《利维坦》，黎思复等译，商务印书馆1985年版。

以看到，法规范来源于人的无可奈何的内在需求，这种规范就是为了制约人性中自私、肮脏的一方面，因此，这种法规范究其实质是一堆冷冰冰的规则的集合体，是让人可怖的。

另一种是典型的洛克式的规则进化假说。霍布斯认为自然状况是"一切人反对一切人的战争"的糟糕状态，因此他得出了令人沮丧的"利维坦"。与霍布斯的观点不同，洛克认为自然状态是完备的自由状态。不过，在自然状态下，自然法是由每个人行使的，人人都是自己案件的裁判者。因此，自然状态虽然是完备的自由状态，但也有许多不便之处。这是因为有些人由于利害关系而存在偏私，或者由于对自然法缺乏认识而不遵守自然法，常常用强力去剥夺他人的自由。在自然状态中，既没有一种明文规定的法律作为裁决人们之间纠纷的共同尺度，又缺少一个公共的裁判者和公共权力来保证裁决得以执行。于是，人们为了克服自然状态的缺陷，更好地保护他们的人身和财产安全，便相互订立契约，自愿放弃自己惩罚他人的权利，把它们交给他们中间被指定的人，按照社会全体成员或他们授权的代表所一致同意的规定来行使。他认为，当人们这样做之后，国家、社会规范就出现了。因此，我们可以看到，洛克的观点与霍布斯的论断有着实质上的不同，洛克的社会规范是充满人性的，认为国家、政府权力、法规范的性质"不是，并且也不能是专断的"①，而是保护人民的，人民交给国家的权力只能是"自然法所给予他的那种保护自己和其余人类的权力"②。

当然，我们在探讨法规范产生、演进时，引用霍布斯和洛克两种观点，并非要考证自然状态的真实性。事实上，这很难甚至无法考证，我们的目的在于思考法规范产生的理据和应然状态。很显然，从两种不同进路的解说中，我们可以看到，法规范的产生源于人的生存、发展的内在需求，无论是可怖的"一切人反对一切人的战争"状态，还是"相对完备的自由状态"，人都需要公共权力，人都需要规则，人都需法规范的调整与整合。那么，这样，我们就确立了法规范产生过程中人的主体性地位。然而，产生过程中的人的主体性地位并未导出结论中的人的主体性地位，霍布斯"利维坦"式的法规范很显然排除了对人的终极关怀，而意味着对人的强权和专制，这很显然是我们非常不愿意看到的。在文明的今天，我们看来，这

---

①② ［英］洛克：《政府论》（下篇），叶启芳等译，商务印书馆1981年版，第83页。

种法规范调整下的社会并不比其言下的可怕的自然状态好多少。而洛克式的法规范则强调人民的权利,强调公权力的有限性和制约性,强调公权力的目的在于保护人民的私权利,在于保障人民的自由,"法律的目的不是废除或限制自由,而是保护和扩大自由"①。因此,我们得出结论:法规范源于人的生存、发展的内在需求,法规范与人紧密相关,但同时,法规范也要以人为最终的依托,这就赋予了法规范以人的价值底蕴。

二、价值与人的存在

法规范产生于人的内在需求,它是人们生存、发展的需要,但同时,法规范必须要体现人的主体性,它只有与人发生联系,只有保障、促进了人的自由全面发展,才有意义和存在的必然性。而与之相契合的是,人是一种理性的动物,人同样有自己的价值追求,法规范的出现就证明了人必然是一种价值的存在物。马斯洛的需求层次理论就证明了这一点。

马斯洛理论把需求分成生理需求、安全需求、社交需求、尊重需求和自我实现需求五类,依次由较低层次到较高层次。各层次需求的基本含义如下:

(1) 生理需求。这是人类维持自身生存的最基本要求,包括饥、渴、衣、住、性等方面的要求。如果这些需求得不到满足,人类的生存就成了问题。从这个意义上说,生理需求是推动人们行动的最强大的动力。马斯洛认为,只有这些最基本的需求满足到维持生存所必需的程度后,其他的需求才能成为新的激励因素,而到了此时,这些已相对满足的需求也就不再成为激励因素了。

(2) 安全需求。这是人类保障自身安全、摆脱事业和财产威胁、避免职业病的侵袭、接触严酷的监督等方面的需求。马斯洛认为,整个有机体是一个追求安全的机制,人的感受器官、效应器官、智能和其他能量主要是寻求安全的工具,甚至可以把科学和人生观都看成是满足安全需求的一部分。当然,当这种需求一旦相对满足后,也就不再成为激励因素了。

(3) 社交需求。这一层次的需求包括两个方面的内容。一是友爱的需求,即人人都需要伙伴之间、同事之间关系融洽或保持友谊和忠诚;人人

---

① [英] 洛克:《政府论》(下篇),叶启芳等译,商务印书馆1981年版,第36页。

都希望得到爱情，希望爱别人，也渴望接受别人的爱。二是归属的需求，即人都有一种归属于一个群体的需求，希望成为群体中的一员，并相互联系和照顾。感情上的需求比生理上的需求更细致，它和一个人的生理特性、经历、教育、宗教信仰都有关系。

（4）尊重需求。人人都希望自己有稳定的社会地位，希望个人的能力和成就得到社会的承认。尊重的需求又可分为内部尊重和外部尊重。内部尊重是指一个人希望在各种不同情境中有实力、能胜任、充满信心、能独立自主。总之，内部尊重就是人的自尊。外部尊重是指一个人希望有地位、有威信，受到别人的尊重、信赖和高度评价。马斯洛认为，尊重需求得到满足，能使人对自己充满信心，对社会满腔热情，体验到自己活着的用处和价值。

（5）自我实现需求。这是最高层次的需求，它是指实现个人理想、抱负，把个人的能力发挥到最大程度，完成与自己的能力相称的一切事情的需求。也就是说，人必须干和自己能力相称的工作，这样才会使他们感受到最大的快乐。马斯洛提出，为满足自我实现需求所采取的途径是因人而异的。自我实现的需求是在努力挖掘自己的潜力，使自己越来越成为自己所期望的人物。

在马斯洛看来，人类价值体系存在两类不同的需求，一类是沿生物谱系上升方向逐渐变弱的本能或冲动，称为低级需求和生理需求。一类是随生物进化而逐渐显现的潜能或需求，称为高级需求。人的需求是从外部满足逐渐向内在满足转化的。低层次的需求基本得到满足以后，它的激励作用就会降低，其优势地位将不再保持下去，高层次的需求会取代它成为推动行为的主要原因。有的需求一经满足，便不能成为激发人们行为的起因，于是被其他需求取而代之。高层次的需求一般比低层次的需求具有更大的价值。人的最高需求即自我实现即以最有效和最完整的方式表现他自己的潜力，唯此才能使人得到高峰体验。

我们可以看到，人的需求由外向内，其实质反映的是人需要一种终极的价值关怀。所谓的终极价值关怀，也就要求对人的存在的关注，对人的本质的揭示，对人的尊严的捍卫，对人的完整性和总体性的追求。所以，一方面人需要价值关怀；另一方面也就意味着所有的制度设计都要以人为本，都要能体现和满足人的价值需要。"利维坦"虽然解决了"一切人对一切人的战争"的恐怖矛盾，但又把人置于一种"非人"的暴力的"怪兽"

第四章 程序正义的人性诉求

统治下,规范成了一堆冷冰冰的集合体,人的地位丧失,这是人类的悲剧而非喜剧。只有当一种制度设计尊重了人的主体性地位,使人成了最高的价值物,这种制度规范才符合一种自然的正义。

自古以来,人们总是在追寻一种理想的社会,柏拉图的"理想国"可谓开启了"乌托邦"的先河,空想社会主义者更是将这种追求引向极致。然而,这种"理想国"到底处于何方,它有何种存在标准,却是众说纷纭。从古至今,人们对正义的理解很难达到统一,各个时代的思想家,各个阶层的人们对正义、对理想的认识都是不一样的,有人从自由的角度论述正义,认为只要实现了最大的自由,正义就实现了;有人从平等的角度诠释正义,认为如果只有自由,而无平等,这个社会仍然是实质性上非正义的。所以我们在第一章中强调指出,正义有着"一张普洛透斯似的脸,变幻无常",但正义有其硬核部分,这个硬核其实就是正义对人的存在的意义。而程序正义无疑反映的正是对"人之为人"的终极的价值关怀。

三、程序正义与人的存在:永远把人类当作目的,而绝不仅仅当作手段来对待

前文笔者在讨论法规范与人的存在时,使用了霍布斯、洛克的社会契约论思想,这些阐释主要从经济法律、宗教神学和社会政治概念的视角来进行。而这些在另一位德国古典哲学家康德看来,则是不真实的。康德认为,尽管契约可以成为建立国家的基础,事实上它并不是真实存在的,国家是抽象的"绝对命令"要求的结果。也就是说康德主要从道德哲学视角对契约论进行了全新的理解。康德指出,这种"绝对命令"的道德原则不仅是为所有人接受的、普遍有效的,而且是公开的,换言之,它要求每个立法者都以所有人的联合意志为法律的起点,同时必须考虑到每一个人——就他愿意成为公民而言——都同意这个意志。在此,这种合意是一切公共契约的试金石,它们是否合法全依此而定①。由此,康德揭示了法规范中隐含的道德意义。在康德看来,寻找正义原则的根据不能只从经验的

---

① [德]康德:《历史理性批判》,何兆武译,商务印书馆1990年版,第190页。

角度来考虑①，而必须考虑那种与支配着我们头上的星空的自然律一样普遍必然的道德律，换言之，"约束性的根据既不能在人类本性中去寻找，也不能在他所处的世界环境中去寻找，而是完全要先天地在纯粹理性的概念中去寻找"②。康德所谓的道德律或"绝对命令"体现在三大律令上。其一是关于道德律的形式，即令自己的行动符合"普遍的立法形式"。其二是关于道德律的质料，即坚持人是目的而不是工具。康德说："你的行动，要把你自己人身中的人性，和其他人身中的人性，在任何时候都同样看作是目的，永远不能只看作手段。"③ 这一命题，是从人和人之间一律平等的假定出发的。因为只有这样，道德才能有普遍性，从而使立法也具有普遍性。道德义务仅仅存在于人和人之间，不能存在于人和神（神只是立法）之间，也不能存在于人和动物（动物只是服从）之间。康德进一步举例说，自杀、对他人扯谎、不去发挥自己的才智、不帮助别人等，都违背"人是目的"的原则。自杀、自弃是将自己仅仅当作工具，欺诈、抛弃是将别人仅仅当作工具，这些统统是不道德的。因此，你的行动，要把你人格中的人性和其他人格中的人性，在任何时候都同样看作目的，而决不能只看作手段。其三是关于道德律的性质，即每个人的意志都是立法意志。

所以，从康德的这些思想中，我们可以进一步透视法规范与人的紧密相关性，同时，更为重要的是要坚持人是目的而不是工具。程序正义作为一种特别关注法规范实施过程的正义，强调程序有其内在价值和正义，充分契合了康德的关于"人"的思想主张，它深刻体现了每时每刻、自始至终地对人的存在的生存论意义上的关注。

从马克思主义研究视角来看，自人类进入阶级社会以来，人在一定程度上被一种扭曲了的现代生活方式、生活模式，被一种所谓的"现代"制度与文化体系异化了，"人类的智慧在自己的创造物面前感到迷惘而不知所措"④。在《德意志意识形态》中，马克思、恩格斯从分工的角度考察了异化的各种表现。"分工从最初起就包含着劳动条件、劳动工具和材料的分

---

① 因为在康德看来，正义原则如果是以经验为转移的，那么由于经验是感性的，是因时而异的，这就意味着建立在经验基础上的正义原则只拥有相对的权威。另一方面，这种来自经验的正义原则其源泉是低微的，其权威是卑弱的，它常常是适应现实、迁就现实的，它不求满足更高的价值。
② ［德］康德：《道德形而上学原理》，苗力田译，上海人民出版社1986年版，第37页。
③ ［德］康德：《道德形而上学原理》，苗力田译，上海人民出版社1986年版，第81页。
④ ［美］摩尔根：《古代社会》（下），杨东莼、马雍等译，商务印书馆1977年版，第556页。

配，因而也包含着积累起来的资本在各个私有者之间的劈分，因而也包含着资本和劳动之间的分裂以及所有制本身的各种不同的形式。"① "一方面是生产力的总和，这种生产力好像具有一种物的形式，并且对个人本身说来它们已经不是个人的力量，而是私有制的力量……另一方面是和这些生产力相对应的大多数个人，这些生产力是和他们分离的，因此这些个人丧失了一切现实生活内容，成了抽象的个人。"② 强制性的社会分工使人的活动范围固定化而导致人的异化，人成为特定条件、特定活动下特定机器的附属物，从而导致人片面、畸形地发展。在马克思看来，文明时代占统治地位的思想总是统治阶级的思想，"统治阶级的思想家或多或少有意识地从理论上把它们（统治阶级的思想）变成某种独立自在的东西……统治阶级为了反对被压迫阶级的个人，把它们提出来作为生活准则，一则是作为对自己统治的粉饰或意识，一则是作为这种统治的道德手段"③。从而使人们在精神上和意识上日益被这种阶级形式的社会所异化。

当代西方马克思主义者在分析革命动因时，认为在现代高速发展与发达的资本主义时代，革命的动因不在于经典马克思意义上的贫穷，而在于人的本质的异化。他们认为，在现代资本主义社会中，正当人们在物质生活方面渐渐走上富裕之路之时，其本质的异化却比以往任何一个时候更严重，社会与人性的对立日趋尖锐。法兰克福学派最有影响的代表人物之一马尔库塞就认为，在发达工业社会，"为了特定的社会利益而从外部强加在个人身上的那些需要，使艰辛、侵略、痛苦和非正义永恒化的需要，是'虚假的'需要"④。在这样的文明时代，人们没有办法按照自己的真实意愿去选择，"异化了的主体被异化了的存在所吞没"⑤。在马尔库塞看来，真正的需要应该是真正意义上的自由，但是，"发达工业社会的最显著性是它有效地窒息那些要求自由的需要"⑥。现代资本主义社会把一种使人丧失人性的生活方式强加于人，使人成为了"单向度的人"，新的革命就从这种憎恶中产生。

---

① 《马克思恩格斯全集》（第3卷），人民出版社1960年版，第74－75页。
② 《马克思恩格斯全集》（第3卷），人民出版社1960年版，第75页。
③ 《马克思恩格斯全集》（第3卷），人民出版社1960年版，第492页。
④ ［德］赫伯特·马尔库塞：《单向度的人》，刘继译，上海译文出版社2006年版，第6页。
⑤ ［德］赫伯特·马尔库塞：《单向度的人》，刘继译，上海译文出版社2006年版，第12页。
⑥ ［德］赫伯特·马尔库塞：《单向度的人》，刘继译，上海译文出版社2006年版，第8页。

程序正义与人的存在

在马克思主义实践哲学看来，人的本质实现状态即在于自由，在于人的自由自觉的劳动，在于人的自由全面的发展。人的本质实现的条件则源于对人的主体性的确认。上述马克思主义和当代西方马克思主义用人的异化理论对当代资本主义社会的批判无疑是深刻的和一针见血的。人类文明发展的主线实质是以人为灵魂而贯穿始终的。确认人的本质，促进人的全面发展，捍卫人的尊严，才是人类文明的最高理想。

程序正义理念，即把人作为一个整体的人来理解，这是对"单向度"人的扬弃。人的终极意义在于人的全面发展，在于人的自由个性的充分展现，在于人与自然、人与社会的和谐统一，在于单个人、群体人、类本质人三者的和谐相处。传统上功利主义工具程序理念，只关注法规范调整的最终结果，而忽视法规范调整实施过程中对人的价值关怀。虽然结果可能是正义的，甚至也是成本最低的，然而在过程中人的尊严、人的人格、人的价值，或被忽视，或被亵渎，甚至被践踏。

正是在这种理解基础上，程序正义保证了对人本质价值的捍卫，体现了对人的价值、尊严的尊重和珍视。这种过程的正义直接表现了对人格的尊重。无论民族与信仰，无论权贵还是平民，无论完美还是丑陋，每个人都是人，有他（她）独特的主体地位和社会身份，这个地位和身份全面地、本质地表示他（她）是"人"，而不是"东西"。这样，在这种过程正义中，人领悟到"人"这个类存物的独特性和高贵性，我们的人性和文明才得以完善和超越。人不但要生，还要有尊严地生。人并不是一个单纯注重结果的工具物，更是一种超越性和创造性的价值存在物。如果人的尊严受到严重亵渎，那就"生不如死"，所以中国典故中有"士可杀不可辱"、"宁为玉碎，不为瓦全"的说法。人的尊严说明人有自尊和被尊重的权益，应该享有"人"的礼遇，应该得到起码的尊重甚至敬畏。程序正义正是体现了对人的尊严的尊重和捍卫，它肯定了人的主体人格，唤起了我们对人的存在和价值的敬畏感、对人的爱和尊重意识，并通过这种敬畏、爱与尊重，确证我们的本质，完善我们的人性，使我们的主体性在文明的发展中，在社会的进步中达到更高的层次。

第四章 程序正义的人性诉求

本章小结

　　理性文化的觉兴、契约意识的型塑、市民社会的成长，这一切构成了程序正义理念的哲学文化基础。而无论是理性文化、契约意识还是市民社会，其基轴线都是主体的人，正是人的主体性把理性文化、契约意识和市民社会紧密地联结在一起，构成现代社会生活的文化基础。而马克思主义哲学则充分地将人的问题凸显出来，并把它作为哲学的最高问题进行研究。在西方哲学史上，一直以来也存在诸多关于人的价值的理解。这些理解虽都从一定程度上揭示了人的某些方面的规定性，不过由于其世界观和方法论上的固有缺陷，这些理论大多具有片面性。而马克思主义哲学则从历史唯物主义的认识视角出发，建立了科学的人的本质理论。认为人是一种实践性的存在，是一种自觉性的存在，是非决定的"自我创造"的存在。所以从文化人类学的视域来看，人的价值就在于其创造性与超越性。而这种创造性与超越性的基础即来源于人的自由自觉的活动，也即实践。故而，马克思主义实践哲学认为实践是人的存在方式，实践构成人之存在的本体论结构，实践统一和建构着人与世界的关系。从这样一个立场和逻辑思路演进出发，马克思主义哲学揭示出人的本质在其现实性上是一切社会关系的总和，人的使命即在于摆脱社会关系对人的制约性、摆脱对物的依赖性、摆脱异化的命运，使人成为全面发展的人，成为自由个性的人，使人的自由、价值得到充分的发挥与展示。由此马克思主义得出结论，人存在的最高价值意义或者说"真正的人"就在于走向完整的人——人的自由全面的发展。而程序正义最深层次的内涵价值即在于对"人"的深度关注与深层理解。我们研究法、研究程序，同样是与本体与主体的人紧密联结在一起的，离开了人，法、规范、程序都将全部失去基础与意义。程序正义反映的正是对"人之为人"的终极价值关怀，是对人主体性的捍卫，是对人的主体性尊严的确认，这是程序正义的最高价值所在。

　　对程序正义的理论探讨，重要的是引起我们实践中的反思，这种反思，是基于理论的本土化生成、理论的实践性转换。所以，在对程序正义进行

· 139 ·

最高哲学意义上的探讨之后，我们接下来所要关注的主要问题是，程序正义如何在中国这样一个程序理论资源匮乏的国度生成、确立，应当如何通过当下中国政治法律体制的变革，将程序正义引入司法实践，促进当代中国政治法治文明的进步。

第五章　中国语境中的程序正义问题

文明的发展有其普遍性与特殊性。文明之为文明，总是与具有主体性的人紧密相关，它是人类发展的普遍性产物。而文明又具有较强的主体间的交往性特征，不同的民族、地域、文化传统往往使得文明发展具有特殊性。而文明的理性结晶同样具有这样的特征。所以，基于此种理解，笔者认为任何一种理论与思想总是面临着本土化与实践化的问题。所谓本土化，即外来的文明如何融入本土文明之中，服务于本土文明。1840年鸦片战争后，中国政治发展突出地面临着这个问题，即如何把西方的各种政治发展理论应用于灾难深重的中国；而实践化，则源于马克思主义的实践哲学，理论源于实践，但理论一定要回归实践。从这样一个视角理解程序正义，我们不难得出如下结论：程序正义虽然是欧美法治文明的产物，但人类文明是开放的，是相互交流、相互借鉴、相互修正、相互促进的。虽然今天中国的改革开放一直强调"中国特色"、"中国模式"，强调不一定要照搬西方的政治经济制度体制，但一些人类文明的结晶，一些符合人类文明发展的制度成果，是不能一概否定的，我们要积极汲取。虽然说今天的世界是一个多元化的世界，社会是一个多元化的社会，这里的多元化很大程度上强调的是一种多元价值观。但正如在第一章笔者使用"最低限度"这个概念一样，人类价值理念虽然是多元化的，但存在着"最低限度"的普适性的价值观念，这些基本的人类生存、发展价值，任何一个国家、民族，大体都是不好违背的。程序正义确认了人的主体性地位与价值，而这是人类生存、发展的基本道德准线，因此，笔者认为程序正义理念并不是哪个国家、哪个民族的专利问题，它正成为一种普适性的、大家都能认可的、无须证明的法治理念。中国，传统上是一个法治资本比较欠缺的国家，"中国人不把法律看作社会生活中来自外界的、绝对的东西；不承认有什么通守神的启示而给予人类的'较高的法律'……法律只是道德精神的一种表现形式，是可供仿效的模范或榜样，或者是施政或守礼的有效准则"①。故而"法律是政体的一部分，它始终是高高地超越日常生活水平的、表面上的东西。所以大部分纠纷是通过法律以外的调停以及根据旧风俗和地方上的意见来解决的"②。在中国漫长的封建时代，程序正义的理念更是欠缺，法制往往沦为专制的工具，成了镇压人民的利器，在专制的法制面前人们往往无能为力。在当前我国社会主义政治文明建设的新时期，从全球化发展的背景与视角，我们都深深认识到人类在文明发展的演进中存在的一些基本的或者说最低限度的价值。这些都需要我们从政治文明的高度，以开放与包容的心态去吸收、去借鉴。因此，当代中国在法治化进程中，从"人"的至高视角，重新审视我国的法治理念和发展观念，保证法治的至上地位，确保司法公正，实现法治正义和社会正义，从而捍卫人的价值尊严是有十分重大的理论与现实意义的。

第一节　历史上程序正义观念的缺失

文明的发展总是渐进的，在考虑怎样建设现代法治文明，如何过好现代社会生活的时候，有必要考察几千年的历史留给我们什么样的法治文明传统，"给中国政治文明（法治文明）传统一个合理的位置是必要的，一方面可以避免固守传统的保守思想，另一方面可以预防在政治改革上的过激倾向"③。

从前面几个章节的理论论述与推演中，我们不难看出，程序正义首先是一种观念，是一种对人的地位与价值的认识观念，是一种文化，它与一个国家、民族的法治资本④有着密切的关系。一个国家、民族在其法治过程中，人处于何种地位，人的价值、尊严在法规范面前处于何种境遇，会影响其法治的进程与演化。因此，基于这种视角，我们从程序正义的源观念——人与法的关系上，从程序正义在中国历史中的直接表现上，来分析

---

① 费正清：《美国与中国》，张理京译，世界知识出版社2003年版，第109页。
② 费正清：《美国与中国》，张理京译，世界知识出版社2003年版，第113页。
③ 朱昔群：《呼唤政治文明》，四川人民出版社2003年版，第115页。
④ 这里的"资本"，我们是在"社会资本"意义上使用的。

中国历史上程序正义的状况。

一、中国传统程序正义观缺失的表现

按照葛兰西的认识，市民社会在东西方有不同的地位，因为东西方社会处于不同的发展阶段。他认为，在东方社会，由于工业文明和商品经济不发达，所以没有形成独立的市民社会。在这种社会发育特质下，国家就是一切，它构成了上层建筑的全部内涵，它集中体现了传统国家的本质特征：暴力和强权。传统的中国社会无疑具有这种典型特征，在漫长的封建社会，中国没有形成以发达商品经济和独立的资产阶级（市民社会）为基础的市民社会，因此，在传统中国的上层建筑中，没有形成一个由社会舆论和意识形态构成的民主的文化层面，即市民社会。在这种社会历史背景下的国家，显然不具备契约和同意等民主程序和机制，而主要是一种暴力机器。正是由于市民社会的制度、文化与经济基础的缺失，使得中国传统社会条件下基本上没有生成或确立程序正义的观念和司法实践。

1. 人的平等主体地位的缺失

如果说柏拉图的正义观是三个等级"各司其职、各守其序、各尽其责、分工互助"，那么中国古代的正义观就是"贵贱有别、尊卑有序"。在中国传统社会中，"贵贱有别、尊卑有序"的等级结构几乎是社会的定则。所谓"物以类聚，人以群分"，这是中国古人视野中的自然世界与人类社会的存在状态。"群"反映的是人的共性，合则所群；"分"体现了人的差异性，不同则有分。能群能分，共性中存在着差异，这是人类社会的基本特征。人在自然界的生存优势体现于"群"的特点上，"人有合，有生，有知，并且有义，故最为天下贵也。力不若牛，走不若马，而牛马为用，何也？曰：人能群，彼不能群也"①。人能群的基础，又在于人与人之间存在着差异，"人何以能群？曰：分"②。也就是说，根据不同的标准，各个具体的人又可以分属不同类别：君臣、父子、夫妇。子产就曾经论证说，"夫礼，天之经也，地之义也，民之行也，天经地义而民实则之……为君臣上下，以则地义；为夫妇内外，以经二物（阴阳）"③。董仲舒同样认为，"君臣父子夫妇

---

①② 《荀子·王制》。
③ 《左传·昭公二十五年》。

之义，皆取诸阴阳之道：君为阳，臣为阴；父为阳，子为阴；夫为阳，妻为阴"①。

所以，我们可以看到，在中国传统文化中，人是划分为等级的，是被分成三六九等的，并且这种状况被认为是天经地义的。这种划分的根据，或者与古希腊柏拉图的依据相似，以人的德智高低为标准，所谓"君子尚能而让其下，小人农力以事其上"②；或者从血缘状况来进行区分。这种对人不平等的划分，在法制上就反映为一种法律特权的存在，如所谓的"刑不上大夫"、"公族无宫刑，不翦其类也"③ 等就是这种不平等文化的典型表征。我们这里以西周的"八辟"、唐律的"八议"为例来分析这种法制上的不平等现象。

"以八辟（法也）丽（附也）邦法，附刑罚：一曰议亲之辟，二曰议故之辟，三曰议贤之辟，四曰议能之辟，五曰议功之辟，六曰议贵之辟，七曰议勤之辟，八曰议宾之辟。"④ 西周的"八辟"、唐律的"八议"，也就是对亲、故、贤、能、功、贵、勤、宾八种人的特别处罚制度。如八议之人犯流刑罪，先减刑一等，然后再以赎论⑤。如七品以上官员，减一等处罚，九品以上的官员，犯流刑以下之罪，准予以铜赎罪⑥。

在古代中国，贵贱相犯，刑罚适用采取单向加减的原则，即在官人相犯或官官相犯时，其处罚的基本原则是民犯官或下级犯上级，比凡人相犯加重处罚；官犯民或上级犯下级，同凡人相犯处罚。民犯官加重处罚的加重程度与被犯者官品的高低成比例。依唐、宋、明、清律，流外官以下及庶人殴三品以上官者，无伤徒二年，有伤加徒一年，折伤流二千里，若殴四、五品官则减三品以上罪二等；若殴伤六品以下，九品以上官则各加凡人斗伤二等。而官殴民至伤，至多依凡人相殴处以笞、杖刑。若民谋杀官员，处罚更加严厉，唐、宋、明、清律对已行者流 2000 里，已伤者绞，已杀者斩。元律对殴杀长官的主谋及行为人皆处死刑。对于官官相犯，一般按相犯官员的级别处罚。依唐律，官员依品位分为议贵、五品以上、九品

---

① 《春秋繁露·离合根》。
② 《左传·襄公十三年》。
③ 《礼记·文王世子》。
④ 《周礼·秋官司寇》。
⑤ 《唐律疏议·名例》第八条。
⑥ 《唐律疏议·名例》第十一条。

第五章 中国语境中的程序正义问题

以上、流外官以下四级,同级相犯依凡人论;下级犯上级者,每一级原则上递加二等。对于亲属间相互侵害的犯罪,严格按血缘关系中的尊卑、长幼、亲疏身份来判定①。

不过,需要提出的是,在漫长的中国法制发展长河中,主张法律平等的思想也在一定范围内出现过。如王充认为:"法乃天下之名器也,法可宥焉,无子之得以私诛";司马光认为:"愚以为法者,天下之公器也,惟善持法者,亲疏如一,无所不行,则人莫敢有所恃有犯之也。"② 也有学者主张,中国古代的法律不平等如果换种角度,从动态去看,也可以理解为平等。引用卢梭的话说,"法律可以规定若干特权,但是绝不能指名地把特权赋予其个人。法律甚至可以把公民划分为若干等级,甚至规定取得各该等级权利的种种资格,但它却不能指名把某某列入某个等级之中"③。但笔者认为,从中国传统文化与法制文化的视角来看,法律之于人的不平等是具有普遍意义的,这些观点的存在并不能改变人们在法律面前不平等的事实。

在古代中国,人除了在法律面前不平等,同时,个人也不具有独立性,个人被淹没在社会等级和血缘团体之中。正如梅因所认为的,如果说现代社会最基本的单元是"个人",那么,远古社会的情况并不是这样。那时组成社会最基本的单元不是"个人",而是"个人的集合"④。在社会的幼年时代,我们发现有这样一个永远显著的特点,人们不是被视为一个个人而是始终被视为一个特定的团体成员……他的个性为其"家族"所吞没了⑤。

所以,从以上论述中我们可以得出结论:公开确认人的不平等是中国古代法的普遍特征,同时,个人不具有独立的主体性地位。这与肇始于西方的程序正义对人的主体性和道德性的关注,很显然是截然不同的。故马克斯·韦伯总结道,"中国的法官就是典型的世袭制法官,完全是家长式地断案,就是说,在神圣的传统允许的范围内明确地不按照'一视同仁'的形式规则判案……一般说来,司法还保持着神权福利司法往往独具的特征"⑥。

---

① 马作武:《中国传统法律文化研究》,广东人民出版社2004年版,第111页。
② 杨鸿烈:《中国法律思想史》,中国政法大学出版社2004年版,第173页。
③ [法]卢梭:《社会契约论》,何兆武译,商务印书馆1982年版,第50页。
④ [英]梅因:《古代法》,沈景一译,商务印书馆1984年版,第73页。
⑤ [英]梅因:《古代法》,沈景一译,商务印书馆1984年版,第105页。
⑥ [德]马克斯·韦伯:《儒教与道教》,王容芬译,商务印书馆1995年版,第199-200页。

2. 传统社会法制的实质在于人治

亚里士多德认为法治应包含两重含义："已成立的法律获得普遍的服从，而大家所服从的法律又应该本身是制定得良好的法律。"① 这其实强调的是法的普遍性和法的至上性，而这也正是程序正义的一个必要和重要的前提。我们知道程序正义出现的一个重要原因，或者说一个重要的功能，在于控权。"人民应该受法律的统治，判决只有凭借对滥用权力负有责任的这样一些法律来实施，在此，这些被进一步解释成，一切涉及这个国家所有自由人们的生活、自由、财产的诉讼，均应该以国家的法律为依据；议会不应该干涉正常的行政管理或者法律的执行，因为法律只是权力的原则部分，正如以往的议会一样，议会的职能是规定人们的自由以反对政府的专断。"② 因此，这就要求国家权力服从法律，依法行事，以确保其权力来源和运行的合法性。法律也就由上帝理性转化为对自由、平等、人权、正义的追求产物，具有普遍有效性，法的统治、法律至上的治国原则也就逐步确立。这样，在保障私人权利的感召下，"自然正义"原则与"正当程序"原则的确立也便成为法治的内在要求③。

所谓法治，按照张中秋教授的总结，表现为五个方面：其一，法治与民主政治紧密相关；其二，法治的核心是国家不仅通过法律来进行统治，而且它本身也为法律所支配；其三，法治与宪政是联结在一起的；其四，法治的直接目标是取消专横和特权，实现法律面前人人平等；其五，法治是一种工具理性，同时又与人生意义相关联的价值理性④。从这五个层面来考察传统中国的法治状况，我们不难看出：其一，传统中国没有民主政治，秦以前的政治即使不能与秦汉以后的专制等同，但也绝不是什么民主政治，至少是一种贵族专制。其二，中国古代无宪政。其三，皇权在根本上支配着法权。其四，特权法律化、制度化。其五，法律在传统中国只是道德（礼）的器具，其价值在道德体系内本质上是一种工具理性。在中国，君主具有不受制约的权力，正所谓"普天之下，莫非王土；率土之滨，莫非王臣"。这与西方的情况截然不同，众所周知，西方中世纪以后形成了一种多元权力景观，人们探求权力的制约与平衡，从而形成了特有的多元权力间

---

① ［古希腊］亚里士多德：《政治学》，吴寿彭译，商务印书馆1965年版，第199页。
② ［英］哈耶克：《自由宪章》，邓正来译，中国社会科学出版社1999年版，第253页。
③ 孙洪坤：《程序正义的中国语境》，《政法论坛》2006年第5期。
④ 张中秋：《中西法律文化比较研究》，中国政法大学出版社2006年版，第309–310页。

第五章 中国语境中的程序正义问题

的张力与平衡。在这个时期，不仅王权与教权相互并存，而且王权与封建贵族权力，封建贵族权力与教权也既有合作，又有对立。这种多元权力的斗争与妥协造成了一种特有的均势，由此"绝对权威"的观念衰落了，专制权力在观念与现实中都受到了制约。随着市民社会的不断成长与成熟，人们不再认为国家高于人民，也不再认为人民在政府之下，而把参与政治看作自己固有的权利。所以，传统中国民主政治资本的匮乏势必造成人民法治观念的缺乏，势必会造成皇权支配法权的结果，特权法律化、制度化皆在情理之中。而所谓宪政在传统中国更是毫无基础，因为宪政意味着"对政府最高权威加以约束的各种规则的发展"，"意指法律化的政治秩序，即限制和钳制政治权力的公共规则和制度。宪政的出现与约束国家及其官员相关"①。很显然，这在传统专制的中国断然没有实现的任何可能性。所以，传统中国的法制不同于现代的法治，与其说是法制，倒不如说是一种典型的人治。同时，这种法治也湮没在道德的泥潭之中，正如日本学者滋贺秀三所说："旧中国的法不是由统治者和人民所共有的规范，而不过是官僚内部的实务性操作规则"，"法不过是得到了明确化和被赋予了强制性的'情理'核心部分而已。如果把情理比喻为水，则法就是其中固定冻结成冰的部分，或换句话说，成文法不过就是漂浮在'情理'大海中的一座冰山而已。在这样的世界里，尊重存在于每个人胸中的'情理'就体现了法的精神，反过来看，作为'情理'核心部分的法律在适用于具体案件时总需要根据'情理'来解释或变通，与法本身的要求绝不相悖"②。所以，法治不彰，人治盛行；民主不倡，专制盛行。在这种状况下，法的普遍性、至上性，法的正义价值都失去了话语基础，法的程序观念更成为不可能。

3. 法律程序的先天不足

法律程序的先天不足并非指中国古代无法律程序，事实上，中国传统法律中存在着一系列程序上的规定或规范，有的甚至与程序正义的深层理念是完全契合的，如为防止司法官出入人罪而建立的审讯回避制度，在唐代就已经制度化。《唐六典·刑部》就规定"凡鞫狱官与被鞫人有亲属仇嫌

---

① 分别为卡尔·J. 弗里德希和丹·莱夫观点，引自李龙：《宪法基础理论》，武汉大学出版社1999年版，第143页。
② [日] 滋贺秀三：《明清时期的民事审判与民间契约》，王亚新等译，法律出版社1998年版，第124-131页。

者,皆听更之"。在证据制度方面,《唐律》规定犯罪者的家属不得举证①。但这种程序只是零星存在的,同时"封建统治者的司法公平的观念与法律面前公开的不平等是并行不悖的。公平的程序只适用于某些阶层,而对特定的阶层又制定了特殊的程序,后者所反映的法内特权,对少数人说来是公平的,而对整个社会则是不公平的,但这两者在封建社会都被容忍了,都属于正当的法律程序"②。

我们看待法规范体系中的程序正义状况,不是看其是否有程序规定,更重要的是看其程序的目标取向,或说价值取向。如从立法上说,中国古代在法制实践中形成了基本的立法程序,一般包括五个环节:①君主申令除旧律,布新律;②组织立法班子,该班子通常由精通文史或法律的大臣组成,有时,皇帝也亲自参加;③立法人员参酌古今,制成新的法律草案;④草案由皇帝直接颁布,或由皇帝组织参议,作出通过或修改的决定;⑤皇帝御批颁行天下③。虽然有相对规范的程序,但其缺陷也是明显的。首先在于其排除了普通民众参与的可能性,法规范体现的只能是专制王权的思想,反映的是一种专断的个人意志和官僚集体的意志。其次,重要的是其程序并非为了保证某种程序上的正义价值,而是为了实现统治阶级的利益,实现统治秩序和对人民的教化。所谓有"正法之宜,别上下之序,以防欲也"④。"民无所好,君无以权也,民无所恶,君无以畏也。无以权无以畏,则君无以禁制也,无以禁制,则比肩齐势而无以贵矣。故圣人之治国也……务致民令有所好。有所好,然后可得而劝也,故设堂以劝之。有所好必有所恶,有所恶然后可得而畏也。故设罚而畏之,既有所劝又有所畏,然后可得而制。"⑤朱熹同样认为,"盖三纲五常,天理民彝之大节无治道之本根也,故圣人之治,为了教以明之,为之刑以弼之"⑥。所以,从中我们显然可以发现,立法的根本不是在建立法治的社会,而是为了统治秩序和对人民的教化。

当立法完成后,法是否公布,在现代法治社会中这不是问题,没有公

---

① 徐亚文:《程序正义论》,山东人民出版社2004年版,第337页。
② 张晋藩:《中国法律的传统与近代转型》,法律出版社1997年版,第82页。
③ 张中秋:《中西法律文化比较研究》,中国政法大学出版社2006年版,第317页。
④ 《汉书·董仲舒传》。
⑤ 《春秋繁露·保权位》。
⑥ 《论语集注·为政》。

布的法是无效的。但在传统中国这却经历过很多的争论。孔子就说过,"民可使由之,不可使知之"①。春秋时,郑、宋、晋诸国开始公布法典,就有人反对。叔向说:"民知争端矣,将弃礼而征于书,锥刀之末将尽争之,乱狱滋丰,贿赂并行,终子之也郑其败乎。"杜预认为,"权多于法,故民之畏上,因危文以生争,缘徼幸以成其巧伪"。孔颖达说得更为直接,"刑不可知,威不可测,则民畏上也"②。所以,梅因研究各国古代法后总结说,一切国家在未有法典以前,大都经过了一个秘密法时期,法律仅为极少数人所掌握,绝不令一般人民识其内容。故而,我们可以将法的公布视为一个国家法治成熟度和程序正义观念萌发的衡量标准之一。

在程序法的重要组成部分的诉讼程序中,由于受"礼之用,和为贵,先王之道斯为美"③的儒家思想的影响,"无讼"一直是执政者追求的目标。"州县官为民父母,上之宣朝廷德化,以移风易俗;次之奉朝廷法令,以劝善惩恶……由听讼以驯至无讼,法令行为德化亦与之俱行矣。"④与"无讼"相对应的是"厌讼"。在中国传统文化观念中,诉讼是道德败坏的结果或表现。"滋讼、兴讼、聚讼、讼棍、讼术、讼辞"这些相关词汇中无不充满鄙视与厌恶的情绪,因此,要"止讼、贱讼、去讼、无讼"。故而,唐朝诗人苏东坡有言"读书万卷不读律"。明人吕介儒说,"两家词讼……是大损阴德事"。明人王士晋则论证说,"讼事有害无利:要盘缠,要奔走;若过机关,又坏心术",还被衙役、讼师欺负,在大堂上众目睽睽被人瞧不起⑤。与"厌讼、贱讼"相对应的是对讼师行业的痛恨与鄙视。在西方传统中,律师一直是一个声名显赫的职业,但到了中国,讼师则是被人鄙夷的对象。"唆讼者最讼师,害民者最地棍,二者不去,善政无以及人。"⑥唐律中更是对讼师作了刑法打压的制度设计,"诸为人作辞牒,加增其状,不如所告者,笞五十,若加增罪重,减诬告一等"⑦。宋朝法律直接规定代人诉讼为犯罪。明清律专设《教唆词讼》条,规定凡教唆词讼,或者为别人写作词

---

① 《论语·泰伯》。
② 杨鸿烈:《中国法律思想史》,中国政法大学出版社2004年版,第183页。
③ 《史记·周本纪》。
④ 《钦颁州县事宜》。
⑤ 《得一录·字词条规》。
⑥ 《学治臆说》卷下。
⑦ 《唐律·斗讼》。

状时有增减情罪情况的，就要作为诬告处理。

正是由于"厌讼、贱讼"和"无讼"的理念，在传统法制中形成了"罪恶纠纷观"和"压服型息讼"等法律实践。由于单纯追求结果上的"无讼"，一是造成程序上的不公正，影响实体公正与正义；二是还造成纠问式诉讼模式，也即通过残酷的刑讯取得口供，拷打证人竟成为法定程序。《唐律》就规定："诸应讯囚者，必先以情，审察辞理，反覆参验；犹未能决，事须讯问者，立案同判，然后拷讯。违者，杖六十。"北齐时审讯囚犯，有用车辐、偾杖、夹指、压踝、又立之烧犁耳上，或使以臂贯烧车缸等酷刑，结果是受刑者"不胜其苦，皆致诬服"。难怪晚清学者沈家本先生说，"刑律不善不足以害良民，刑事诉讼律不备，即良民亦罹其害"①。

现代法治理念认为，"每一项法律要求都必须以这样一种方式提出，即承担义务的人们仍可以得有其人格尊严"②。而在中国传统的专制法制面前，在这种"厌讼、贱讼、无讼"观念面前，在"纠问式诉讼面前"，在"压服型息诉"面前，人的主体性地位，人的价值尊严，都被遗忘在黑暗的角落。

二、中国传统程序正义观缺失的文化根源

中国传统正义观念的缺失，实质是在漫长的前现代社会"人"的观念的缺失，或者说人的主体地位的缺失。而这种"人"的观念的缺失，则与传统中国市民社会成长缺乏基本的文化空间与制度基础，理性文化缺失，未能形成独立、成熟的市民社会紧密相关。

亚里士多德认为，西方民族，特别是希腊民族"既有热忱，也有理智；精神健旺，所以能永保自由，对于政治也得到了高度的发展"。相比之下，东方民族则严重缺乏自由，"亚细亚人民多擅长机巧，深于理解，但精神卑弱，热忱不足；因此，他们常常屈从于人而为臣民，甚至沦为奴隶"③。黑格尔认可了亚里士多德的这个判断，他同样认为，东方从古到今只知道"一个人"的自由，希腊和罗马世界知道"一些人"的自由，而日耳曼世界强调"所有人"的自由。这其中的本质差别在于，东方文化强调一种普遍

---

① 《沈家本、俞廉三进呈刑事诉讼律草案奏折》。
② [美] 博登海默：《法哲学—法理学及其方法》，邓正来译，中国政法大学出版社1999年版，第160页。
③ [古希腊] 亚里士多德：《政治学》，商务印书馆1965年版，第360-361页。

性品格，是以群体为本位的，它否认个体存在的价值和自由，而西方则发展了个体本位思想，注重个体的独立自主和自由。雅斯贝尔斯在《历史的起源和目标》中提出了著名的世界历史的"轴心期"理论。他认为，在公元前800～前200年是世界历史的轴心时期，人类精神和人类文化在这一时期分别奠基于中国、印度和西方，并通过这些地区的发展而达到了自觉。但是，在他看来，精神和文化在这三个地区的觉醒程度是不同的，而这种差别又直接决定了这些地区后来分道扬镳的发展路径。雅斯贝尔斯接受了亚里士多德关于东方论缺少个体自由的观点，另外，他又断言东方文化缺少历史感，是以过去为定向的文化。他指出，"中国和印度总是在延续它们自己的过去时存活"，而"西方懂得政治自由的思想，希腊产生了一种自由，它虽然只是一个短暂的现象，但没有在世界上其他任何地方出现过；自由的人们忠贞不渝的兄弟关系，胜过自称正将幸福带给各民族的极权主义组织的普遍专制。以这种行动，希腊城邦奠定了西方所有自由的意识、自由的思想和自由的现实的基础。按照这种政治意义，中国和印度对自由一无所知"①。新文化运动的倡导者陈独秀同样从这种中西对比的角度认为，东西方文化存在三个方面的本质性差别：第一，"西洋民族以战争为本位，本民族以安息为本位"；第二，"西洋民族以个人为本位，东洋民族以家族为本位"；第三，"西洋民族以法治为本位，以实利为本位；东洋民族以感情为本位，以虚文为本位"②。从这些思想家的论述和争辩中，我们可以看出中国传统文化的核心特征是群体本位，不同于西方理性主义文化的个体本位。相应地，中国文化精神中缺少独立的个体自由和个体意识，而这构成了西方现代文化精神的核心。中国传统文化具有很明显的伦理主义或伦理中心主义的特征，它对人文或人际关系的重视胜过对自然或人与自然关系的重视，是一种自然主义文化。这种伦理中心主义的文化特质着眼于人的先天身份和地位、家庭出身、家庭关系等构成的等级关系和君臣、父子、夫妻、兄弟、朋友等血缘关系、情感关系或宗法关系，它同现代理性文化中基于契约、法制而结成的平等的、自由的、理性的交往关系和伦理关系有着本质的差别，它压抑了个体的自由和个体的创造性。中国的文化重视

---

① ［德］雅斯贝尔斯：《历史的起源和目标》，华夏出版社1989年版，第71－74页。
② 徐洪兴：《二十世纪哲学经典文本——中国哲学卷》，复旦大学出版社1999年版，第178－180页。

整体上的群体本位和伦理中心主义，相应地，没有确立起独立的个体自由和价值，同时，也没有形成个体间自由平等的契约文化传统，因此，程序正义缺少坚实的文化基础，缺乏深厚的理性文化传统。

理性文化的缺失，契约意识的淡薄，市民社会的沦陷，直接导致在前现代社会，人格特征往往体现为"臣民"取向，所谓"普天之下，莫非王土；率土之滨，莫非王臣"。在这种"臣民"文化思维下，人的主体性人格毫无争议地丧失了，人的目的性失去了制度与文化的基础，程序正义观的缺失也就不难理解。

对于"臣民"内涵的论证，最精彩的莫过于英国著名思想家霍布斯。在《利维坦》和《论公民》中，他有非常精辟的论证。霍布斯从人性论出发，认为人类在"天性上不是在寻求朋友，而是在从中追求荣誉或益处[COMMODUM]"①，"如果他们聚在一起做生意，那谁都是在寻求赢利而非友谊，如果是旨在公共事务，那就会形成这样一种政治关系，它相信彼此的恐惧更甚于彼此的爱；它有时可以是小集团的起因，但不会是友善的起因"②。因此，霍布斯得出结论，"所有的社会或者是因为益处，或者是因为荣耀之故而存在。也就是说，它们是爱自己而非爱朋友的结果"③。所以，"大规模的、持久的社会的起源不在于人们相互的仁慈而在于相互的恐惧"④。故而，在霍布斯的眼中，在政治社会出现之前，人类处于人与人的战争状态之中，人们生活在彼此的恐惧之中，人们对安全的需要高过了所有的一切。"由于人与人之间缺乏信任，因此没有办法使任何人得到自我安全的保证"⑤，"在一个没有共同的权力使众人敬畏的时代，人们往往处于战争状态"⑥，在这样糟糕的状态中，将没有任何文明的进步，"人们不断处于暴力死亡的恐惧和威胁之中，人的生活因此而变得孤独、穷困、污秽、野蛮愚昧和短寿"⑦。所以，这时人们需要一个强大的权力、强大的国家、强大的"利维坦"来改变这种可怕的状态，来控制人们的行为，"天性热爱自由和支配别人的人们对自我加以限制的最终原因、目的和意图是为了获得

---

①② [英] 霍布斯：《论公民》，贵州人民出版社2003年版，第4页。
③ [英] 霍布斯：《论公民》，贵州人民出版社2003年版，第5页。
④ [英] 霍布斯：《论公民》，贵州人民出版社2003年版，第6页。
⑤ [英] 霍布斯：《利维坦》，中国社会科学出版社2007年版，第195页。
⑥ [英] 霍布斯：《利维坦》，中国社会科学出版社2007年版，第197页。
⑦ [英] 霍布斯：《利维坦》，中国社会科学出版社2007年版，第199页。

第五章 中国语境中的程序正义问题

自我保全和更满意的生活，也就是说，是为了使人们摆脱悲惨的战争状态"①。因此，霍布斯从这种可怖的自然状态出发，认为任何人都必须使自己的意志服从国家的意志，而服从意味着无论国家选择做什么，都可以不受惩罚地去做，做这一切都是合法的，人们把所有的权力都给予了代表国家的人。所以，霍布斯视角下的"公民"是典型的臣民，他们必须无条件地被动地服从国家，他们没有主体的、独立的、自由的政治人格。诚如马克思在《路易·波拿巴的雾月十八日》中分析小农阶级时指出的，"由于各个小农彼此间只存在有地域的联系，由于他们利益的同一性并不使他们彼此间形成任何的共同关系，形成任何的全国性的联系，形成任何一种政治组织，所以他们就没有形成一个阶级。因此，他们不能以自己的名义来保护自己的阶级利益，无论是通过议会或通过国民公会。他们不能代表自己，一定要别人来代表他们。他们的代表一定要同时是他们的主宰，是高高站在他们上面的权威，是不受限制的政府权力，这种权力保护他们不受其他阶级侵犯，并从上面赐给他们的雨水和阳光"。

可见，霍布斯眼中人的生活状态是极其糟糕和可怖的，政治（社会）对于人而言只能是一堆冷冰冰的规则集合体，这是我们十分不愿看到的，也是与我们现代社会的发展格格不入的。而这种"臣民"的视角与"臣民"的地位和命运实质上也是中国漫长的封建社会的政治文化基础。所以，从这个文化根源进行探析，笔者认为当代社会法律政治文化的转型，实质上是要确立以人为主体的"公民"型政治文化。

与霍布斯理解的"人与人战争"的自然状态不同，洛克认为"那是一种完备无缺的自由状态"，人们在自然法的范围内，"按照他们认为合适的办法，决定他们的行动和处理他们的财产和人身，而无须得到任何人的许可或听命于任何人的意志"②。在洛克看来，人类起始之初的状态是一种平等的状态，"同种和同等的人们既毫无差别地生来就享有自然的一切同样的有利条件，能够运用相同的身心能力，就应该人人平等，不存在从属或受制关系"③。"人类天生都是自由、平等和独立的，如不得本人的同意，不能把任何人置于这种状态之外，使受制于另一个人的政治权力。"④ 不过洛克

---

① ［英］霍布斯：《利维坦》，中国社会科学出版社2007年版，第267页。
②③ ［英］洛克：《政府论》（下篇），商务印书馆1964年版，第5页。
④ ［英］洛克：《政府论》（下篇），商务印书馆1964年版，第59页。

也指出，这种自然状态缺乏公共的裁判者，因此，当它的成员受到损害时，就会出现不能得到申诉和决定争论等种种不方便之处。为了谋求"他们彼此间的舒适、安全和和平的生活，以便安稳地享受他们的财产并且有更大的保障来防止共同体以外任何人的侵犯"①，人们自愿放弃某些权利，通过社会契约的形式建立一个共同体或政府。这样天生自由的人们根据他们自己的意愿，成立了政府，反过来说，"政权的一切和平的起源都是基于人民的同意的"②。另一位法国思想家卢梭同样强调，"强力并不构成权利，而人们只是对合法的权力才有服从的义务"③，"放弃自己的自由，就是放弃自己做人的资格，就是放弃人类的权利，甚至就是放弃自己的义务"④。从洛克和卢梭的论述中，我们体验出另外一种不同的逻辑思路，即人民产生了国家，人民赋予了国家权力，因此，人民是公民，人民是国家的主人，人民处于主体地位，公民拥有独立的人格，此乃公民的内涵所在。

故而，从政治人格和人的主体性角度而言，臣民的思维把人作为附属的工具，人在社会中不具有主体性，不具有独立的人格地位，他往往依附于某种权威；而公民的维度则把人当作目的，强调人在社会的独立、自主、自立的主体性地位。中国历史上程序正义观念的缺失及其表现实质原因就在于没有形成成熟的市民社会，公民没有形成主体人格特征，而"臣民"思维使"人"在制度和文化面前失去了应有的主体性和人格尊严。是故严复曾经不无痛心地总结出：西洋之言治者曰："国者，斯民之公产也，王侯将相者，通国之公仆隶也。"而中国之尊王者曰："天子富有四海，臣妾亿兆。"臣妾者，其文之故训犹奴虏也。夫如是则西洋之民，其尊且贵也，过于王侯将相，而我中国之民，其卑且贱也，皆奴产子也。设有战斗之事，彼其民为公产公利自为斗也，而中国则奴为其主斗耳。夫驱奴虏以斗贵人，固何所往而不败⑤。

从这种视角和维度，我们可以认为中国程序正义观念的确立关键是要形成理性的文化基础，形成独立的市民社会，从而确立主体人的观念。尽管在对中国传统文化模式的价值取向上和在关于中国现代社会的主导性文

---

① [英] 洛克：《政府论》（下篇），商务印书馆1964年版，第59页。
② [英] 洛克：《政府论》（下篇），商务印书馆1964年版，第70页。
③ [法] 卢梭：《社会契约论》，商务印书馆1980年版，第13页。
④ [法] 卢梭：《社会契约论》，商务印书馆1980年版，第16页。
⑤ 严复：《辟韩》。

第五章 中国语境中的程序正义问题

化精神的总体理解上人们有各种不同理解,但是,大多数文化学和文化哲学研究者在一个现实问题上具有共识,即中国政治经济体制的转型必然要求原有文化模式的转型,而这就要建立同市场经济接轨的新文化精神——包括独立的个性意识、公平竞争观念、法律法制意识和文化开放视野,要培育知性主体精神,它是科学、民主和现代道德所赖以生长的文化基础,也是程序正义观念的哲学文化根基。

第二节 法理和司法实践中程序公正的困境

中国的现代化进程伴随的是中国的法制现代化进程。自1949年新中国成立以来,中国的法制现代化经历了漫长而又曲折的过程。1954年第一部《宪法》的制定,标志着我国开始进入社会主义新时期的宪政建设时期,进入了基本法律体系的形塑期。一方面彻底摧毁旧有的法律体系,另一方面积极推进新法制的创建工作。宪法和法律的正常发展奠定了我国政治经济建设的基本法制基础,为新中国成立初期国家的稳定、经济的发展提供了重要的基础保障。1957年"反右"运动,打断了新中国法制建设发展的正常历程。在这一时期,社会主义法制的一些正确原则受到批判,如"法律面前人人平等"被认为是否认马克思主义关于法的阶级性的判断。使得立法数量锐减,立法工作趋于停滞,在观念上法律虚无主义开始泛滥。1966年"文化大革命"爆发,更使这种不良趋势继续恶化,造成对社会主义法律体系全面的破坏。受"无产阶级专政下继续革命理论"等极"左"思潮的影响,"文化大革命"期间,国家法制和法制原则遭到空前的破坏。法制的破坏必然导致私人权利包括私人财产权和人身权处于无法律保障状态。刘少奇同志的命运就有力地佐证了这一点,宪法所确立的国家制度和公民基本权利的原则遭到严重破坏。由于片面强调"以阶级斗争为纲",法律虚无主义和无政府主义泛滥,国家无法提供对人身权和财产权的制度保护和法律保障。直到1978年中共十一届三中全会深刻总结了历史经验教训,才使得新中国法制建设进入了一个重建和发展的新的历史时期。中共十一届三中全会郑重宣告:"为了保障人民民主,必须加强社会主义法制,使民主制度化、法律化,使这种制度和法律具有稳定性、连续性和极大的权威,做到有法可依,有法必依,执法必严,违法必究。"中共十五大报告中更是直接提出"进一步扩大社会主义民主,健全社会主义法制,依法治国,建设社会主义法治国家"的思想。人大九届二次会议又将"依法治国"写进了《宪法》,使之成为我国社会主义民主法制建设史上一座新的里程碑。

综观新中国成立以来我国的法制建设的进程,我们不难看出,凡是社会主义经济、社会主义民主发展较快的时期,法律程序得到重视和发挥应有效用的时期,国家就非常稳定,经济建设蒸蒸日上。凡是我们忽视法制,漠视法律程序的时期,就会出现法律废弛,给国家与人民带来严重的灾难。改革开放以后,我国法制的大发展很大程度上就源于我们对"文革式"法制悲剧的反思。

对于中国这样一个有着2000多年专制传统而民主资源极度匮乏的国度而言,法制观念的确立、法制社会的形成,其难度是可想而知的。新中国成立后,中华人民共和国的第一部《宪法》颁布执行,然而实践中我们与现代的法治国家却并无任何接近之迹象,相反在实践中,违反宪法、法律虚无化的现象却有增无减,这让我们深刻认识到,只有法律的壳,而无法律的芯,法治往往失去基础,流于形式。中国的依法治国的理念,尚需要太多的努力与开拓。认识问题是前进的基础,故此,我们首先来梳理一下我国法制现代化进程中存在的一系列困境和问题。

一、"重实体,轻程序"的文化观念及其实践表征

受传统法制思想的影响,中国是一个程序资源相当匮乏的国家。"重实体,轻程序"作为一种法制观念渗透于立法、行政和执法行为的各个方面,成为一种难以逾越的法律文化传统屏障。因此,对于中国特色的社会主义法律体系的构建,对于中国法制现代化的进程而言,如何重塑这种变革中的法律文化观念,是一个重大的挑战。当然,只有深刻认识这种法律文化的渊源及其表现,才有改变它的希望。下面笔者就着重探讨这种"重实体、轻程序"的文化观念在中国语境中的形成及其实践表现。

1. 立法方面

任何立法活动都离不开一定的程序,程序是实现立法目的的方式,是通过形式正义达到实质正义的最重要的途径。立法程序具有自身的独立价

值,它与立法目的的实体价值共同构成了现代立法的法治价值,成为现代法治精神不可或缺的组成部分。对于整个法治系统来讲,它是保证整个法治系统良性运行的基点和起点。在人类历史上,立法程序并不是从来就有的,它经历了一个从无到有的过程。在中国封建传统社会里,法的产生都是基于君王的意志,"言出法随",君主的话便是金科玉律,任何人都得遵守。在这种情况下,法的产生不可捉摸、不可预料、无规律可循、无程序可限制,君主的意志左右着法律的产生、变更、消灭。从这种意义上讲,立法程序科学性程度直接体现了现代社会的法治水平。由于受传统文化的影响以及我国法治发展的不成熟,在今天在立法实践中,我们对程序的认识依然不够,这直接制约着我国的法治化水平。

从封建王朝皇帝的金科玉律到现代的民主法治,不难看出立法程序正义核心的现代意义及其独立的价值内涵。首先,立法程序正义要求立法过程中充分体现民主的要求,"民主政制的精髓在立法程序上的体现就是要保证每位代表或者议员不同身份、财产、文化、地位,甚至情感的'毫厘'差异而能平等、真实、充分和有效地代表其所代表的利益群体"。因此,立法程序要求切实保障少数人言论权、动议权,对多数意见的正当挑战权以及否决权。其次,立法程序正义要求在立法过程中充分辩论、协商和妥协,这是现代多元化社会立法的必然要求。如欧盟立法程序的依据主要表现为三点,即磋商(Consultation)、同意(Assert)、联合立法(Codecision),从中我们也不难看出立法程序的这项要求。由于人的理性是有限的,试图通过个人或少数人的理性设计出一项完备的法律只能是一种"致命的自负",并且这在今天利益分化、思想文化多元化的社会只会埋下冲突的种子,背离法制秩序化的法治需求。最后,立法程序正义能在一定程度上保障立法理性化,通过一系列严格的立法程序,"克制立法冲动"、"冷却立法激情",戒断法案轻率、仓促、过滥通过的"障碍大门",从而保障自由免受一时偏见和意气用事的侵犯。立法程序是遏制"不正当立法的保障",其"着眼于立法机关不能全然无过;着眼于立法人员……在一时激情支配下,作出日后后悔无及的仓促立法"。"审议法案的次数愈多,则审议者之分歧愈多,由于缺乏适当讨论而产生错误之危险愈小。来自某些意气之争或利益集团之偏见的失误危险也愈小。"①

---

① [美]汉密尔顿:《联邦党人文集》,程逢如等译,商务印书馆1980年版,第373页。

从这三大立法程序正义的核心价值内涵来看，在我国立法实践中还存在着诸多的困境与缺陷。其一是立法程序规则简陋甚至缺位。在立法实践中，立法的动议、诉求的表达、利益的交涉以及表决的运行等众多环节不得不游离于正式规划之外。所以，我国学者周旺生指出，传统上的立法程序通常只提立法须履行"提出法案"、"审议法案"、"通过法律"、"公布法律"四道程序，而事实上远无这样简单。在周旺生看来，立法程序应包括三大阶段。首先是立法准备阶段，在这个阶段又包括确定立法项目程序、采纳立法建议程序、接受立法创议程序、作出立法决策程序、确定法案起草机关程序、决定委托起草程序、起草法案程序。中国欲有健全的法制，就立法活动过程而言，需要人们对立法准备阶段的重要价值有自觉的认识，而不能在立法准备阶段就决定立法的命运，在立法理论和实践上对立法准备阶段的价值、制度、程序和其他种种方面还知之甚少。其次是法案到法的阶段，包括提出法案程序、法案注册程序、法案列入议程程序、审议法案基本程序、委员会审议程序、大会审议程序、大会报告程序、协调或协商有关问题程序、表决法案程序、复议法案程序、公决法案程序、批准法案程序、法案或法的备案程序、公布法的程序。最后是立法完善阶段，包括法的修改、补充和废止程序、法的编纂程序、立法解释程序。所以，周旺生认为我们只有将这几十项程序建立健全了，才能形成一个宏观上较为完整的立法程序体系。而在我国现阶段，无论理论上还是实践上，都还没有形成一个相对完整的立法程序体系[①]。其二是表达和交涉的程序机制缺乏。首先表现在立法提案的主体限制。从1982年的《全国人大组织法》、1987年的《全国人大常委会议事规则》、1989年的《全国人大议事规则》到2000年的《立法法》都一贯制地规定代表或者常委会组成人员所提议案的列入议程不同于其他提案主体所提议案的列入议程，如全国人大主席团、委员长会议、全国人大常委会、国务院、中央军委、最高人民法院、最高人民检察院等。这样造成立法过程中利益表达机制的事实扭曲。其次表现在法案审议时间极为有限，使得法案的审议只停留于泛泛而议层面，导致法案得不到充分审议、协商。其三是法案讨论不充分、交涉不完善。由于立法动议权的稀缺、"一事一议权"原则的缺位，遏制了交涉主体的积极性和主动性。

---

① 周旺生：《关于中国立法程序的几个基本问题》，《中国法学》1995年第2期。

除了上述立法程序过程本身存在的缺陷以外，还表现在立法的指导思想过分强调程序（法）的手段作用，忽视程序（法）的独立价值。如我国《刑事诉讼法》第1条开宗明义规定："为保证刑法的正确实施，惩罚犯罪，保护……制定本法。"丝毫没有肯定诉讼法实现程序正义的作用。刑事诉讼法如此，民事诉讼法、行政诉讼法也大体体现了同样的宗旨。另外，迄今为止，我国程序法中尚无关于违反诉讼程序规范的法律后果的规定。马克思主义法学告诉我们，任何法律规范，都要产生相应的法律后果，遵守者产生积极的法律后果，受法律保护；违反者产生消极的法律后果，受法律制裁。遍查所有的实体法律规范几乎都有相应的法律后果规定，而我国的诉讼法中却没有规定相应的法律后果。客观上给人的印象是实体法是硬的，程序法是软的，遵守与不遵守没什么两样，这就大大降低了程序法的价值。另外，从立法通过的现有法律情况来看，有关实体内容的立法远远多于程序性的立法。在立法出台的法律文献中，权力的程序性制约远少于权力的概括式赋予，权利的实体性赋予远多于权利的后继程序性保障。这使得我国法律体系在多元和多极的立法构成视野中，严重失衡且不稳定。

2. 司法实践方面（刑事、行政）

在司法实践中，行政程序的主要功能在于控权，在于防止权力的不当侵犯，防止权力的肆意妄为，所以有时我们将行政程序正义直接转化为正当行政法律程序，其精要即在此。在现代行政过程中有些程序具有独立性，如参与、公平以及保障个人的人格尊严等，建立公正科学的行政程序制度是行政现代化的重要内容。这些行政程序包括情报公开制度、告知制度、听取陈述和申辩、职能分离制度、不单方面接触制度、回避制度、说明理由制度、时效制度等①。行政程序法定是依法行政的关键，而法定的行政程序必须反映公正性要求，体现行政相对人对行政权运行过程的参与性，避免行政决定带有任何偏见和相对一方当事人遭受不公正的待遇。在刑事诉讼程序中，更是强调程序的正义性，"公正审判"而不是"正确判决"成为衡量程序法律后果有效与否的标准；公正审判的标准与"公开审判"、"回避制度"、"剥夺或限制当事人的诉讼权利"、"审判组织的组成"等程序直

---

① 徐亚文：《程序正义论》，山东人民出版社2004年版，第344页。

接相关，而与结果是否公正无直接关联①。在我国司法实践中，程序正义已经有了一定的理论与实践基础，如原《刑事诉讼法》第138条规定："第二审人民法院发现第一审人民法院违反法律规定的诉讼程序，可能影响正确判决的时候，应当撤销原判，发回原审人民法院重新审判。"修改后的《刑事诉讼法》第191条规定："第二审人民法院发现第一审人民法院的审理有下列违反法律规定的诉讼程序的情形之一的，应当撤销原判，发回原审人民法院重新审判：①违反本法有关公开审判的规定的；②违反回避制度的；③剥夺或者限制了当事人的法定诉讼权利，可能影响公正审判的；④审判组织的组成不合法的；⑤其他违反法律规定的诉讼程序，可能影响公正审判的。"这些无不证明随着中国现代法治化的推进，我们在司法实践中日益重视程序的重要性，这显示了我国法治文明的进步。不过，更需要指出的是，作为一个法治正在发展中的国家，在司法实践中，程序被忽视更值得我们去关注。如程序虚无主义，即在法律有明确规定的条件下，擅自变更法定的程序或者法无明文的情况下随意创设程序；程序忽视，不按法定的诉讼程序进行，越过一些必要的程序，随意进入下一程序，甚至把一些法定的程序简而为之，造成法定程序不到位，办理案件的各个具体环节常常出现纰漏；程序倒置，即不按程序的先后设置操作，抹杀程序本应有的价值功效。实践中，如下级法院的案件请示、刑讯逼供、非法搜查、扣押、超期羁押、变相拘禁、超期立案、超期送达、随意延长审限、不告知当事人诉讼权利义务、随意侵犯诉讼参与人的合法权益等现象屡禁不止，严重损害了司法公正。司法实践中这些困境的存在，有的与法定程序的缺失有关，有的则与程序得不到尊重和遵守有关，所以，究其然，仍在于我们对程序正义的观念认识问题。

3. 守法方面

在关于守法的理论上，有两个问题值得法哲学研究者去思索：其一是公民守法的理据，也就是说公民为什么要守法；其二是公民可以不服从法律吗？即西方政治法学传统上一直所热衷的公民不服从问题。关于公民为什么要守法，在我国法生活中，一直存在着两种主流观点。一为守法工具论，将公民遵守法律视为达到某个既定的目的，实现其他价值的中介环节。早在1949年2月，中共中央在《关于废除国民党〈六法全书〉和确定解放

---

① 徐亚文：《程序正义论》，山东人民出版社2004年版，第343页。

区司法原则的指示》中就指出,"法律是统治阶级以武装强制执行的所谓国家意志形态。法律和国家一样,只是保护一定统治阶级利益的工具"。这种法律工具论直接影响了我国对公民守法的观念认识,公民遵守法律无非是为了维护无产阶级对剥削阶级的专政,打击阶级敌人。自20世纪80年代改革开放以来,人们对守法有了新的认识。人们普遍认为守法是法律实施过程中的重要环节,公民守法是为了树立法律的权威,培养公民的法律信仰意识,保障公民的合法利益,促进法治国家的早日实现。二为国家强制论,它将公民守法理由归于国家的强制力,把公民惧怕法律制裁作为公民遵守法律的原因。

无论是守法工具论还是守法强制论,都是从工具角度去分析守法行为的,这种观念导致:其一,人们更多关注的是立法,而对于守法则基本认为有法就能够得到公民遵守,因为有国家强制力的保证,这样就忽略了守法的独立性价值问题,没有意识到公民同样有不服从的权利;其二,人们更多地把目光聚集在实体法上,而对于法程序意识淡薄,很多人认为遵守法律是指遵守实体法,违反程序法不是违法,所以违反程序的现象屡见不鲜。

二、"重实体,轻程序"的法律文化观根源探析

"重实体,轻程序"的法律文化观念表现于我国立法、司法和守法实践之中,对于我国法制现代化的进程,对于中国特色的现代型社会主义法律体系的构建都造成了一系列不利影响。追根溯源,"重实体、轻程序"的法律文化在我国的形成,有着重要的政治、经济、文化价值观念上的原因。

1. 政治成因

从某种意义上说,政治就是一种国家对社会的控制。对政治现象的研究很多着眼于国家与社会二者关系的透视,无论是柏拉图对"理想国"的描述,还是近代卢梭和霍布斯等人的政治理想中,无不有对国家与社会二者关系的探讨。柏拉图从探求人类最初状态中得出正义的基本法则;而卢梭在《社会契约论》中,从人类起始状态中得出"人是生而自由的,但却无往不在枷锁之中"的结论,认为这种人所共有的自由,乃是人性的产物;霍布斯则认为人类进入社会、组成国家之前的时期是处于自危的普遍争斗

的自然状态，由此他得出令人沮丧的"利维坦"的合理性与合法性①。在中国古籍中同样有对人类社会初始阶段的生动描述，"昔太古尝无君矣，其民聚生群处，知母不知父，无亲戚兄弟夫妻男女之别，无上下长幼之道，无进退揖让之礼……"②；或者说"长幼俦居，不君不臣；男女杂游，不媒不聘"③。对于这些描述，无论是卢梭笔下的人类和谐相处、霍布斯笔下的人类战争状态，还是中国古籍中的这种散漫无拘的自由状态，笔者并没有任何考证其真实的意思，笔者的目的是论证政治产生的所以然。人类社会中既然群处，必然就会发生群体中个体间的互动，互动而无规则，社会生活就无法维持。柳宗元在《封建论》中说："彼其初与万物皆生，草木榛榛，鹿豕狉狉，人不能搏噬，而且无毛羽，莫克自奉自卫。荀卿有言，必有将假物以为用者也。夫假物者必争，争而不已，必就其能断曲直者而听命焉。其智而明者，所伏必众。告之以直而不改，必痛之而后畏，由是君长刑政生焉。故近者聚而为群。"④ 我们现在把人类这种刚发生"君长刑政"的群居生活称为氏族制度⑤。随着人类社会规模的不断扩大与发展，氏族制度也在不断的成熟与演化中，最终以强制力的暴力为基础的政治国家产生了。基于这种视角，在传统的中国社会中，法、审判被理解为为政治服务的工具也就不足以奇怪了。

在政治上，中国几千年的法制传统是"重人治、轻法治"；在法治环节上，重实体法、轻程序法，造成诉讼的政治化倾向，审判的政策功能大大扩张。"在漫长的古代社会中，真正明法于众的王朝是屈指可数的，大多数的统治者宁愿百姓蒙昧于法，以便于他们的统治。"⑥ 统治者的愚昧政策，专制统治，造成老百姓不知法，"疑法"、"畏法"，进而"厌法"。同时，"为了减少诉讼，统治者除制造无讼的舆论外，还从制度上限制民众的自诉权。有的诉讼当事人拒绝州县的判决，执意上诉的，则被视为'刁民妄滋，兴讼成习'，先于权责之后再行审制。至于上诉的结果，在官官相护、官无

---

① [古希腊] 柏拉图：《理想国》，郭斌和译，商务印书馆1986年版；卢梭：《社会契约论》，何兆武译，商务印书馆1980年版；霍布斯：《利维坦》，黎思复等译，商务印书馆1985年版。
② 《吕氏春秋·恃君览》。
③ 《列子·汤问》。
④ 柳宗元：《封建论》。
⑤ 摩尔根在《古代社会》，恩格斯在《论家庭起源》中对此都有过尤为详细的论述。
⑥ 张晋藩：《中国法律的传统与近代转型》，法律出版社1997年版，第298页。

悔判的传统习俗的笼罩下是不言自明的"①。足见,中国古代政治传统滋生了执法官员的恣意、专断和对诉讼程序的轻视及破坏,极大地弱化了老百姓的诉讼意识、程序意识。时至今日,"居家戒争论,处此戒多言"的习俗在中国还有颇大的市场。

新中国成立以后至中共十一届三中全会前,我国力图加强法制建设,但更多还是在实体法方面。

2. 经济基础

经济基础决定上层建筑。新中国成立后,我国实行以公有制为基础的计划经济体制。计划经济,是指那种以单一公有制和行政性计划管理为特征的传统社会主义经济体制。与这一体制相适应,形成了相对集权的政治体制,重集中、轻民主,重义务、轻权利是这一体制的重要特点之一。"1956年建立起来的公有制和计划经济体制,从道德规范来说,则是建立在'大公无私'、'集体主义'的工人阶级道德基础之上,而'自私自利'、'个人利益至上'以及'损人利己'等则被作为改造对象。"② 这就使得社会利益的制定以义务本位为理念基础,指令性计划与行政手段是协调各种社会关系的主渠道。人们在生产、交换、分配、消费过程中对利益的追求,不是通过民主、正义的程序自主选择,而是由指令性计划来设定,对这一结果的接受和实现不是以权利意识、自主意识为前提,以正义程序为媒介,而是以牺牲个人利益为代价,至于产生这一结果的过程或程序是否正义更显得毫无意义。计划经济作为新中国成立后实行的最重要的一项制度,一般认为制度变迁的动力在于制度变迁主体的预期收益大于预期成本,然而这一时期内制度变迁的主体不是普通人民,而是国家,这是一次典型的强制性的自上而下的制度变迁。在这种制度下,国家依然是社会的中心,所以"进一步言之,1949~1978年的第二次法律革命所产生的一些法律观念和法律制度实质上已经构成了中国'法制现代化'必须摒弃的一个'新传统',即以重国家、轻社会,重权力、轻权利,重人治、轻法治,重集权、轻分权,重集体、轻个体,重实体保障、轻正当程序等为内在精神的'国家主义'的计划经济新传统"③。所以基于这种认识,当下的法律制度变革

---

① 张晋藩:《中国法律的传统与近代转型》,法律出版社1997年版,第298页。
② 武力:《计划经济体制下的道德预设和"阶级斗争"》,《江苏行政学院学报》2008年第2期。
③ 吕世伦:《论我国法制现代化中的国家主义障碍,法律思想的律动——当代法学名家演讲录》,法律出版社2003年版,第110-114页。

就是要从"阶级斗争范式"向"权利本位范式"发展。不难证明,这种"计划经济新传统"在根本上是与强调个人主体性的"现代性"观念相龃龉的。一般认为,启蒙精神与"主体性"、"理性"一道都构成了现代性的核心题旨,是现代性、普世性内涵的要义。康德对启蒙的理解至今仍被奉为对现代性的经典诠释,无论是解构现代性的福柯,还是重建现代性的哈贝马斯都未否认康德关于启蒙的洞见。这就是我们耳熟能详的那句名言:"启蒙运动就是人类摆脱自己所加之于自己的不成熟状态。"① 康德所谓的"不成熟状态"是指"不经别人的引导,就对运用自己的理智无能为力"的状态,其现实表现主要是对权威的服从和盲从。由此看来,在计划经济国家主义的意识形态下,我们恰恰是树立了"国家"这一权威,每个个体都属于国家,根本没有任何主体性可言,普罗大众恰恰处于康德所谓的那种依赖权威的"不成熟状态"②。

3. 文化价值观念之源

中国是一个有着悠久文化传统的国度,2000年的封建统治在人们的政治心理和思想行为模式上打下了深刻的烙印。从影响人们的政治心理、思想、行为模式出发,从寻求影响国家政治制度设计、体制建设和人们政治行为的政治文化倾向的角度出发,中国传统政治法律文化的主要特质可以概括为"伦常的政治文化"、"'仕'文化和'权力本位'思想"以及"'隐'文化视角中的'臣民文化'和'政治冷漠观'"。"与古希腊学者富有科学探索的'智者风度'不同,中国传统文化培育出的学者有一种'圣贤气质',他们更注重人与人关系的研究,极力推崇伦理道德在维系社会安定中的作用。这些伦理道德除了能维护统治阶级利益外,还能整饬人伦、调谐人际关系。如儒家的'父慈子孝、兄友弟恭、朋友有信'等伦理观念,强调处理人际关系时互以对方为重的道德原则。同时它也注重个人道德品质的修养,认为唯有高尚的自我人格才能推己及人,实现'治国平天下'的抱负。"③ 这种伦常的政治法律文化在中国古代封建社会中通过儒家思想的大一统地位而渗透于社会政治法律生活的各个层面,它普遍反映于官员、知识分子和普通民众的思想行为倾向上。徐大同先生认为在中国传统政治

---

① [德] 康德:《答复这个问题:"什么是启蒙运动?"》,载康德《历史理性批判文集》,何兆武译,商务印书馆1990年版。
② 孙国东:《计划经济新传统与现代性》,《政法论坛》2007年第5期。
③ 徐行言:《中西文化比较》,北京大学出版社2004年版,第362-363页。

法律文化中，伦理道德被看作人的本质，孔子把"礼"看作区别人与动物的标志；荀子把"有辨"看作人与动物的根本区别，而"辨"即"别"，是礼的核心和本质；程颐把"天理"看作人的本质，"人吸有天理，却不能存得，更做甚人也"①。所谓天理，不过是神化的三纲五常。既然伦理道德被看作人的本质，因此，人的行为的最高准则是实现道德，而实现的途径则是按照伦常的规范要求修身养性。

"权力本位思想作为一种社会价值取向，其存在前提是政治的泛化，即是说国家与社会、政治与经济一体化"，"在这一政治是一切，一切是政治的社会中，权力当然成为最活跃、最有价值的生存工具和生活杠杆，由此便产生了权力本位的政治文化现象"②。首先，从政治上看，封建统治者的权威统治和不受干预的权力可以延伸到社会生活的一切方面和任何角落，可以控制一切人的一切财产和生命，正所谓"普天之下，莫非王土；率土之滨，莫非王臣"。其次，从经济上看，这种文化倾向是小农自然经济这样一种依附型生产方式的必然产物。几千年来中国人一直被束缚在以家庭为单位，小农业和家庭手工业紧密结合的生产活动中。马克思认为，这种小农的"生产方式不是使他们互相交往，而是使他们互相隔离"，他们没有"形成一个阶级"，"他们不能自己代表自己，一定要别人来代表他们。他们的代表一定同时是他们的主宰，是高高站在他们上面的权威，是不受限制的政府权力，这种权力保护他们不受其他阶级的侵犯，并从上面赐给他们雨水和阳光。归根结底，小农的政治影响表现为行政权力支配社会"③。这种文化倾向造成了传统中国的权威主义人格，形成了特殊的权力崇拜心理和人身依附意识。专制权力和宗法伦理的紧密结合，导致了中国政治法律的畸形发展。

与此相适应的是一种"臣民文化"和"政治冷漠观"。早在1895年，严复在对西方人和中国人的比较中认为："西洋之言治者曰：'国者，斯民之公产也，王侯将相者，通国之公仆隶也。'而中国之尊王者曰：'天子富有四海，臣妾亿兆。'臣妾者，其文之故训犹奴虏也。夫如是西洋之民，其尊且贵也，过于王侯将相，而我中国之民，其卑且贱也，皆奴产子也。"④

---

① 《遗书》卷二十四。
② 马庆钰：《中国传统政治文化的发展逻辑》，《政治学研究》1998年第2期。
③ 《马克思恩格斯选集》（第1卷），人民出版社1995年版，第693页。
④ 严复：《辟韩》，转引自陈永森：《告别臣民的尝试》，中国人民大学出版社2004年版，第30页。

陈永森教授把中国人的奴隶性概括为"依赖性"、"人格的卑贱性"、"思想的萎缩性"和"对国家的无责任性"几大特点，所有的这些塑造了中国传统的"顺民"、"臣民"的政治人格，人们依赖于清官的出现，对封建统治者抱有幻想，一味地忍让和服从。

从这种政治法律文化出发，我们可以得出，以儒家思想为主导的中国传统法律文化的特征之一是追求惩恶扬善，维护等级特权，强调命令服从。体现在法律价值上就是侧重正名定分的实体合法，追求"无讼"的理想境界。《周易·讼卦》有言，"讼，终凶"，"讼不可妄兴"，"讼不可长"。同时，诉讼被认为官吏德化不足和缺乏政绩的表现。东汉陈宠便把诉讼的增多看作吏治败坏所致，他说："西州豪右并兼，吏多奸贪，诉讼日百数。"在法律结构形式上，诸法合体，民刑不分，诉讼法与实体法难辨，法与礼相融。政绩最辉煌的《唐律疏义》也未见有关于"诉讼"的专门规定。在审判组织上法官与长官合一；在诉讼方式上，主观臆断，"刑讯逼供"司空见惯，当事人口供是诉讼的唯一目的，于是，重结果、轻过程，重实体、轻程序，重口供、轻手段便成为必然。久而久之，实体法相对发达，程序法极度落后，"法官"无证据规则的制约，当事人于法一窍不通，国家对不同等级的人采用不同的规则。案件的处理结果，不仅要"合法"，更重要的是"合情"、"合礼"。"追求合情，成为中国历史上对程序法制的发展危害最大的一个因素，这是因为程序的实质是管理和决定的非人情化，其一切设计是为了限制恣意、专断和裁量。"①

从上述传统法律文化中，我们可以得出中国传统的法律不承认法律具有内在的合理价值或标准，比如说严格执法、遵守既定规则是法律的一种美德等，而是把外在于法律的合理标准，比如是否合乎情理和伦常，人们是否欢迎和乐于接受，作为追求目标。因此，在价值观念上，大家一直倾向于程序是一种法律形式，没有自己独立的地位和内在价值标准，其地位次于实体的法律，是为实体法服务的。这是一种典型的程序工具主义观念。在第三章中，笔者曾经非常详尽地讨论过这个问题，程序工具主义认为，程序有没有用，或者好不好，要看它服务的法律能否实现良好的结果，而不是程序本身正当与否。只要能产生所谓的"好结果"，用什么手段、程序都是无关紧要的。另外，中国作为一个程序正义资源相对稀缺的国度，我

---

① 江伟：《市场经济与民事诉讼法学的使命》，《现代法学》1996年第3期。

第五章　中国语境中的程序正义问题

们对诉讼的成本更加重视，就像波斯纳所认为的，法律程序必须要考虑成本问题。受此种理念影响，当事人发生诉讼后，只求尽快得到解决，并不要求按什么程序解决。认为程序步骤多，手续繁杂，速度慢，不符合诉讼效益原则。由此导致我国在立法内容中，程序设置过于粗略，缺乏可操作性。

三、程序正义法律文化的缺失之于中国法制现代化的困境反思

与英美法系所奉行的"程序优先"这一法律理念不同，中国由于历史上欠缺程序正义的观念以及多年来重实体、轻程序思想的影响，导致司法实践中忽视程序以及违反程序的现象广泛存在。自1979年至今，虽然先后颁布了三部诉讼法，但由于根深蒂固的"重实体、轻程序"的法律传统的影响，在这些程序法中，存在浓厚的国家本位主义思想。我们知道，法治、程序的精髓在于对国家权力的合理化制约，防范其对公民权利的恣意侵犯。然而，我国法治中的国家本位主义，使得在各种诉讼中代表国家行使司法权的司法机关始终居于绝对的支配地位。各种程序对当事人和其他诉讼参与人来说是一些硬性的规范，而对司法机关则是一些软化的约束。在司法实践中，即使现行程序法体现诉讼规律的一些规定如办案期限、立案标准等，法院都可以以种种理由不予执行，甚至任意剥夺当事人的诉权。在现行法律体系中，否定程序内在价值的现象依然可见。如我国《民事诉讼法》第153条规定，第二审人民法院对原一审判决违反法定程序，可能影响案件正确判决的，裁定撤销原判决，发回原审人民法院重审。换句话说，即使一审法院违反法定程序的程度再严重，只要它没有"影响案件的正确判决"，第二审人民法院也不再做出处理，这显然反映了重实体的立法倾向。而我们知道，欧美重程序的国家司法实践中，如果诉讼程序违反了法律的规定，其判决结果自然归于无效，而不论其是否结果正确。对程序的漠视在实践中还表现为司法独立性受损。司法独立是程序正义的前提，也是宪法的基本原则之一。但在我国现行司法体制下，地方各级人民法院往往会受制于同级地方政府，法官在审理时往往要考虑其行政上级法院和本院院长、相关庭长的意见，同时也必须要接受审委会的讨论决定，这使得法官在司法中难以独立、自主，司法的独立性受到严重损害，往往容易造成实

践中的司法不公。公开审判是程序正义的另一条重要原则，是使被诉人认同的最重要程序，但在我国法治实践中往往流于形式。使得很多当事人对判决不了解、不理解，继而对司法形成质疑，损害了司法机关应有的公信力。可以说，程序正义法律文化观念的严重欠缺损害了我国法制应有的权威性，阻碍了我国法制现代化的进程，不利于中国特色的现代社会主义法律体系的建构。

程序正义法律文化观念的缺失，不仅危害社会主义法制现代化的顺利进行，同时对于社会发展同样造成一系列负面的效应。"结果至上"、"结果证明过程"往往成为对社会发展过程不正义的辩护。如改革开放以后，我们抛弃了把经济发展等同于资本主义的错误观念，坚持以经济建设为中心，坚持改革开放，发展社会主义市场经济。一时间，人们纷纷认为只要经济发展了，所有的问题都会迎刃而解。然而改革开放30多年后的今天，虽然在经济上我们取得了伟大的成就，但社会中却出现了一系列反对改革的论调，出现了对改革质疑的声音。究其原因，就在于我们对于改革过程的忽视，在于我们对程序正义的漠视，使得经济发展的同时，社会出现了严重的分化与不公正现象。所以，程序正义法律文化观念的缺失对于我国社会发展的消极影响，对于今天我国构建社会主义和谐社会的负面效应是显而易见的。

程序正义法律文化观念在中国的缺失，最根本的是造成了我们在"人"的认识方面异化。"重实体、轻程序"造成实践中人的主体性地位的缺失，法制的进步、社会的发展沦为为了发展而发展，忽视了人的因素。这势必造成我们对人的权利的漠视，对人的尊严的亵渎。

第三节　程序正义的中国化建构

根据历史唯物主义原理，任何政治法律现象都是在有着一定的自然、社会、历史条件的地域空间里生成和发展的。程序正义虽然是英美法系的传统，但不是英美法系的专利，它是人类政治文明的结晶，中国同样可以积极吸收和借鉴。今天，我们正置身于一个伟大的历史变革时代，而历史上任何一次真正的变革，首先需要正确认识和把握所要变革的那个社会的

第五章 中国语境中的程序正义问题

基本状况和特点。在本章第一、第二节中，我们已经对当代中国程序正义的社会基本状况和特点作了全面透视，我们得出，程序正义的中国化建构需要从制度、文化观念和社会基础三个领域推进，诚如三角形具有稳定性特征一样，笔者相信这三极基础的确立将会使程序正义在中国开出璀璨的花朵。

一、文化、制度与社会基础：程序正义的中国化建构之视域

著名经济学家洛斯认为，"国家的存在既是经济增长的关键，然而国家又是人为经济衰退的根源"①，同样，制度的存在既可以促进程序正义的发展，又有可能阻碍程序正义的中国化建构。程序本身是一种制度设计，同时为了实现正义的程序，又需要相关的制度予以保障。因此，程序正义的中国化建构离不开良好的制度设计与改革。不过，需要指出的是，在当前法学、政治学、社会学等人文学科中，人们几乎形成一种思维定式，即认为制度变革是使国家、社会走出困境的不二法门。的确，在现代化建设中，制度变革与创新是极为重要的，但我们也应当认识到，制度变革通常分为正规的制度变革（体制、法规等）和非正规的制度变革（伦理道德、思维方式、生活方式等）。在正规制度变革走在前面，非正规制度变革相对滞后的情况下，很容易产生诸多对新体制的不适应，更有甚者可能导致制度的变异，这种良好的制度设计得不出良好的结果的例证在当下中国是不鲜见的。因此，一种体制通常要形成一种与之相适应的生活方式和思维方式，否则便易于产生各种不和谐。多年来，我们也试图使程序正义渗入中国的立法和司法行政实践中去，但收效甚小，这也使得今天程序正义依然成为学者的课题。对此我们不由得想起英格尔斯的一段名言，"完善的现代制度以及随之而来的指导大纲、管理守则本身是一些空的躯壳，如果一个国家的人民缺乏一种能赋予这些制度以真实生命力的广泛的现代心理基础，如果执行和运用着这些现代制度的人，自身还没有从心理、思想、态度和行为方式上都经历一个向现代的转变，失败和畸形是不可避免的"②。从这

---

① ［美］D. 洛斯：《经济史中的结构与变迁》，三联书店1991年版，第20页。
② 殷陆君：《人的现代化》，四川人民出版社1985年版，第4页。

个层面上看,作为一个程序正义资本严重匮乏的国度,中国的程序正义建构更重要的应当是文化观念先行。而无论是良好制度的设计,还是文化观念的改造与更新,它都是在特定的时空、社会中进行的,因此,程序正义中国化建构需要一定的社会土壤依托,需要宏观上政治、经济、社会文化的转换与支持。

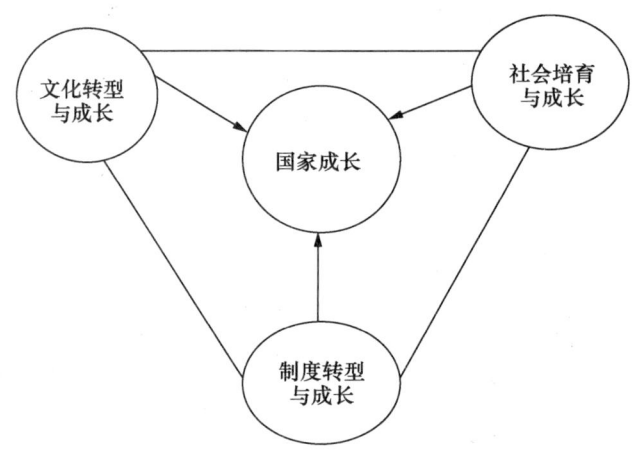

图5-1 国家成长内涵

然而,程序正义作为现代国家成长的重要内容之一,又是一个复杂的系统工程,文化—制度—社会的现代性转换与重构更是一个无与伦比的艰巨的挑战性历史任务。如果按英国著名经济学家哈耶克的观点,这几乎超过人类理性与智识的可承受范围,它需要的是一种渐进的成长。所以,我们强调这种文化—制度—社会之基的意义在于一种分析框架。我们并非要自负地建构起一种全新的文化范式,并非要人为设计出一种最完善的制度,重要的是我们要在一种良好的治理思想的指引下,在一种核心的社会价值依托下,寻求文化、制度与社会转型与成长的成功的路径模式。我们认为,这种良好的治理思想、这种核心的社会价值在于马克思主义关于人的最高性规定。所以,今天中国的现代化建设需要一种总体性的设计,需要从哲学的高度深入探索,这种总体性的依归和哲学的高度与深度,即在于人的主体性与价值性的实现。所谓成功的路径模式选择,强调的是这三极维度的良性循环和内在的有机统一。文化的转型最终反映于并促进于社会的发展,而文化转型与社会的发展则对制度转型构成内在的驱动力与压力,制度的转型也最终会反映与内化为社会文明发展的成果。这种文明发展的成果即在于对人的生存的高度关注,对人的主体性的认识,对人的人格尊严的现实性尊重。所以,从这个层面来讲,笔者认为人的存在论构成了制度、文化与社会成长的内在统一的机理。正是"人"成为三者良性循环的核心基点,使得这三者相互支持、相互引导,而这三者的良性互动能够形塑出社会意义的稳定性。

二、更新与改造:程序正义的文化观念之基

法治具有法律、制度层面的内容,但首先是一个理念层面的问题,"没有一定的理想与价值作为立法的基础和司法的前提,法治化只能是一个美好的愿望而已,历史和现实已向世人昭示:法治化要求法律观念的现代化"①。法律观念的核心内容是法律至上,而法律至上的基础是法律程序。正如道格拉斯所言:"权利法案的大多数规定都是程序性条款,这一事实绝不是无意义的。正是程序决定了法治与恣意的人治之间的基本区别。"② 程序理念不仅是法治的要素之一,而且是占主导地位的要素。因为正是程序理念决定了法治的制度运作过程和结果的有效性及稳定性,也正是程序理念充分展示和保障了社会的正义。正因为如此,正当程序理念才成为西方现代法治国家的理念基础并得到宪法和法律的确认。

程序正义的观念渊源于自然正义思想,自然正义的理论基础——自然法理论在西方早就出现了,历经2000多年的发展,它最早可追溯至古希腊时期。在长期处于宗教背景之下的西方文化中,自然正义原则几乎被认为与人类的历史一样古老,它体现了人类社会古老而又普遍的正义观念。作为一种古老的正义观念,自然正义原则起源于自然法。作为正式的法律制度,其历史可追溯到1215年英国的《自由大宪章》。与西方不同,中国历史上则鲜有程序的观念,即使有,也是服务于某种统治目的的。因此,对中国传统的法制文化进行现代法治化的更新与改造就显得非常的必要与迫切。

---

① 夏锦文:《论中国法治化的理念基础》,《中国法学》1997年第5期。
② 季卫东:《法律程序的意义》,《中国社会科学》1993年第1期。

程序正义在法律实践中的确立,首先必须以适宜程序正义生成的法律文化、立法理念等文化根基的建立和培育为基础,基于对马克思主义实践哲学对于人的存在和人的规定性的理解,笔者认为当前我国程序正义的法律文化观念的形成,重要的是重视人的因素,树立以人为本的科学发展观念。从文化观念更新与改造的内容来看,主要体现在两个方面。

第一,确立"主体人"的文化观念。斯洛文尼亚学者儒攀基奇说:"既然以暴力解决冲突的方法是自然的、自发的、本能的,那么,作为其取代物的法律必然是人工创造的,因而是一套复杂精密的审判逻辑体系——一个文化与文明名副其实的免疫系统。"[1] 因此,笔者认为法治现代化的标尺在于人在法中的地位。马克思主义实践哲学视域中的人学认为,人应该是一切制度、行为的出发点和归宿,强调对人的关心、尊重,注重人的自身发展。制度的设计应当让人领悟到"人"这个类存物的独特性和高贵性,使人性和文明得以完善和超越。人不但要生,还要有尊严地生。人并不是一个单纯注重结果的工具物,人更是一种超越性和创造性的价值存在物。中国的传统文化将人分为三六九等,使人的平等性地位在"合情"、"合礼"中毫无争议地丧失了,在传统的法律设计中,人成了工具,成了统治秩序和社会伦理秩序的工具和牺牲品,人的尊严、人的价值都在所谓的"人伦"面前被遗忘了。马克思曾经评价说,"专制政体的原则总的来说就是轻视人,蔑视人,使人不成其为人","这种制度的原则就是使世界不成其为人的世界",世界于是成为"庸人的世界","政治动物的世界"[2]。所以,马克思认为,"一旦人已经存在,人,作为人类历史的经常前提,也是人类历史的经常产物和结果,而人只有作为自己本身的产物和结果才成为前提"[3]。这也就意味着"人本身是他自己的物质生产的基础,也是他进行的其他各种生产的基础"[4],"人是全部人类活动和全部人类关系的本质和基础"[5]。所以,今天我们现代法的建设,乃至于现代国家的建构,首先要确立人的"主体性"价值地位。促进人的发展和完善,将对人的存在的关注作为社会

---

[1] [美]卜思天·M. 儒攀基奇:《刑法——刑罚理念批判》,何慧新等译,中国政法大学出版社2002年版,第5页。
[2] 《马克思恩格斯全集》(第1卷),人民出版社1956年版,第411、410、419页。
[3] 《马克思恩格斯全集》(第26卷上),人民出版社1963年版,第545页。
[4] 《马克思恩格斯全集》(第26卷上),人民出版社1963年版,第300页。
[5] 《马克思恩格斯全集》(第2卷),人民出版社1963年版,第118页。

发展的目标和衡量社会进步的标尺。然而，人类历史是一部交织着残酷斗争、无情打击的历史，轻视人、蔑视人、使人不成其为人的情形时常发生。因此，只有把人的发展、完善这一崇高目标宣布为一项重要的社会原则，并借助社会强制力来保证实行，才能创造出美好的社会。如果这个基本的理念我们不能有效地把握与吸收，制度变革必将走入历史循环的老路，现代性只能沦为缺少内涵的空壳。

程序正义作为现代法治的一项重要的基础性原则，正是体现了对人的尊严的捍卫，它肯定了人的主体人格，它唤起了我们对人的存在和价值的敬畏感、对人的爱和尊重意识，并通过这种敬畏、爱与尊重，确证我们的本质，完善我们的人性，使我们的主体性在文明的前进中，在社会的进步中达到更高的层次。所以，当前，程序正义的中国化建构，不仅仅是单纯的立法和司法实践层面的某种制度变革、某种关于程序正义的独立价值理念的建构，更重要的是要从文明的宏观高度认识人的价值，确认人的主体性地位。

第二，确立程序正义的独立价值理念。在中国传统法律文化中，法律一直被认为是以强制力为后盾的暴力机器，是"治国之器"。在这种法理念下，程序就失去了自己的独立地位，常被人们认为是"助法"，它的作用发挥依赖于实体法，这也就是我们所说的程序工具主义。这种工具型程序理念以结果为根本立足点和基本价值取向，在人们心理中表现为在矛盾解决过程中，对程序本身内在品质功能缺乏一种认同感，对程序怀有畏难情绪和抵触心理。其典型的理论概括为"结果好什么都好"，认为"法律程序不是作为自主和独立的实体而存在的，它没有任何可以在其内在品质上找到合理性和正当性的因素，它本身不是目的，而是用以实现某种外在目的的工具或手段"①。工具型程序理念只将程序作为一种工具，其价值依附于结果的有效性，只要有利于结果，程序是可有可无的，以至于产生了所谓"为抑制犯罪而不惜任何代价"的极端结论。正是由于这种观念，中国古代法律文化中，严刑逼供屡见不鲜，即使是到了当代，所谓"严打"等欧美法系中所不能理解的法律行为，在中国却被人们接受，甚至大部分官民，包括法律职业者都是赞同的。程序工具主义理念实质上是以人治为社会的基础，与国家优位理念、法律虚无主义一脉相承。在人治社会中，帝王的

---

① 陈瑞华：《程序价值理论的四个模式》，《中外法学》1996 年第 2 期。

话语就是法律，领袖人物的话高于法律，在中国传统政治生活中典型地体现为长官意志的随意性和恣意的无限性；在司法实践中体现为法官职权的滥用和司法腐败；政治和行政可以任意干涉司法，严重破坏了司法的公正性。程序的一切设计就是为了限制恣意和专断，即为了限制公权力，而彰显私权利。所以，所谓的依法治国就是要保证国家各项工作都依法进行，逐步实现社会主义民主的制度化、法律化，使这种制度和法律不因领导人的改变而改变，不因领导人看法和注意力的改变而改变。实质这就是要确立"法律至上"的理念，而程序正义正是"法律至上"的基石。

  从文化观念更新主体上看，它需要确立于政府官员、法律职业工作者和普通民众的意识之中。现代社会虽然是民主社会，民主从其古典哲学意义上看，意味着人民的直接统治，但受到卢梭式的"大国善政"的制约，现代的民主强调的是一种代议制的民主，是通过人民选举产生领导者来实现的，实质上当今社会仍为一种精英式的统治—治理型社会，特别是像中国这样的发展中国家，依然是一种较为典型的大政府—小社会模型，这种社会中，政府管理者、精英阶层的观念意识对社会的引导无疑是决定性的。因此，程序正义观念的更新与改造，首先有赖于政府官员、法律职业工作者改变传统观念，合理吸收西方的程序正义理念，并通过教育、立法和司法实践进而向公民普及。如果政府官员、法律职业工作者任意践踏程序，轻视程序，那么程序正义的观念不可能在普通人民心目中确立。不过，从另外一个层面讲，程序正义的中国化建构的基础又在于普通民众，它需要普通民众确立程序正义的价值观念，这样才能形成程序正义的社会文化之基。受传统文化的影响，中国普通民众习惯于从实体法来判断社会正义，而忽视程序的独立性和内在价值内涵，习惯于认同法律的惩罚功能，也就忽视了法律的程序正义之本。如自2008年以来，中国民间广泛讨论的关于废除死刑就是一个较好的例证。我们知道西方文化观念非常重视人的生命权，在人权的内涵中，排在第一位的便是生命权，没有生命权，也就没有自由权，更不可能有财产权。西方传统哲学认为人的生命来源于自然法的赋予，是至高的，因此人间法无权剥夺。而在中国传统文化中，人很难找到应有的地位，所谓儒文化中的"礼"、"仁"其实不过是将人作为工具，实现某种统治目的罢了，因此人的生命成为了工具。在西方法文化观念中，法主要是为了控制公权力，保障私权利，捍卫公民自由；而到了中国文化视野中，法则成了统治的工具，成了惩罚的代名词。因此中国人不能接受废除死刑,原因是害怕一旦废除死刑,由于缺乏最主要的威慑工具,社会会失序①。故而,我们认为,程序正义观念的更新与改造非一日之功,也不是靠某些精英分子就可完成的,它需要全民文化观念意识的改变,从而形成良性的社会底蕴②。

三、架构与完善:程序正义的制度之本

虽然文化观念的转变能够形成程序正义存在的良性社会底蕴,但社会的转型却源于制度的实践。如果"主体人"的现代人格观念、程序正义的独立价值理念不能转换为制度的规范,很可能只是昙花一现。我们往往在理论研究中热衷于思想文化的研究,而忽视对文化之于社会转型的机理与路径的研究,往往导致理论的学院性,甚至沦于乌托邦的困境。我们认为,文化的转型最终要能够形成对于制度转型的动力与压力,只有这样,文化的形塑才能真正成为制度之本。

1. 国家与社会演进中的程序正义宪政架构

关于国家与社会关系的研究源远流长,它旨在讨论具有公共权威的国家与各种社会组织、社会团体以及普通社会成员之间的关系③。长期以来,在国家与社会关系的研究中存在着两大理论取向:一是洛克式的"社会先于国家"的观念;二是黑格尔式的"国家高于社会"的观念。但在近年来对市民社会的重新讨论中,主流观点开始倾向于在强调社会的自主性和自主治理的同时,讨论国家与社会良好互动关系建构的可能性及其途径④。从国家力量与社会力量的对比来划分,我们可以区分出四种模式,即弱国家、

---

① 当然,原因是多方面的。比如中国人同西方人关于自由和财产位阶的看法显然是不一致的。在西方人看来,如果一个人被剥夺了自由和财产,这种惩罚是相当严重的。但是国人则不以为然,认为自由和财产并不是多么可怕的惩办,毕竟传统上中国是一个程序正义资源极度匮乏的国家,同时又是一个有着2000年封建专制的国家,自由和财产意识淡薄。所以中国人不能认同用自由和财产的剥夺代替死刑。
② 当然,我们也注意到当前中国民众对程序的意识开始萌发,近几年来所出现的一些典型案例则是明证,如"田永诉北京科技大学案"、"刘燕文诉北大案"、"沈阳七农民状告国土资源部案"等。所以,关键问题是我们现在如何通过法制教育、制度实践来合理有效地引导这股萌发的意识。
③ 杨宏山:《当代中国政治关系》,经济日报出版社2002年版,第246页。
④ 邓正来:《国家与社会》,载张静:《国家与社会》,浙江人民出版社1998年版,第263页。

弱社会型，强国家、弱社会型，强国家、强社会型，弱国家、强社会型。马克思和恩格斯曾经预言，随着社会主义革命的胜利，国家作为一种阶级统治的机器立即开始了它的消亡过程，整个社会最终将变成一个不带强制色彩的"自由人的联合体"——共产主义社会。"当国家终于真正成为整个社会代表时，它就使自己成为多余的了。当不再有需要加以镇压的社会阶级的时候，当阶级统治和根源于至今的生产无政府状态的生存斗争已被消除，而由此二者产生的冲突和极端行动也随着被消除了的时候，就不再有什么需要镇压了，也就不再需要国家这种特殊的镇压力量了。国家真正作为整个社会的代表所采取的第一个行动，即以社会名义占有生产资料，同时也是它作为国家所采取的最后一个独立行动。"① 在民族国家时代，我们暂时无法评判国家的未来趋向，但对于社会的定位，我们的观点却是明确的，即倡导强社会。所谓强社会，是指社会对国家权力的制衡性②，即意味着有限政府、有限权力，或者是权力要受到社会的规制，权利得到倡扬。而如何规约权力、倡扬权利，我们认为正义的程序的价值就体现出来了。宏观上通过宪法或宪法性文件规定司法权与行政权、立法权之间的权力配置，并严格遵守法定程序行使，严禁绕过法定程序拓展权力行使空间，以最终实现司法权的独立。微观上要在刑事诉讼法中确立程序责任制度，司法机关在行使职权时，如果违背法定程序，不管其司法目的如何都以违法论处，情节严重者还要承担相应的责任。

2. "程序抗辩"中的行政法律制度改革

丹宁曾说："人身自由必定与社会安全相辅相成的……每一社会均须有本身不受犯罪分子危害的手段。社会必须有权逮捕、搜查、监禁那些不法分子。只要这种权力运用适当，这些手段都是自由的保卫者。但是这种权力也有可能被滥用，而如果它被人滥用，那么任何暴政都要甘拜下风。"③ 为了有效遏制这种权力的滥用，有必要以"程序抗辩"为重要内容，对行政立法、行政执法过程中涉及行政相对人利益的制度予以改革，对听证制度、回避制度、行政公开制度、职能分离制度、时效制度予以广泛确认。

---

① [德] 恩格斯：《反杜林论》，《马克思恩格斯选集》（第3卷），人民出版社1995年版，第320页。
② 很多人在讲到三权分立时，首先注意到的是传统的立法、行政、司法三权之间的分立与制衡，往往忽视了社会对国家的制衡作用。
③ [英] 丹宁：《法律的正当程序》，李克强译，法律出版社1999年版，第109页。

"程序抗辩"来源于"听证"传统,当剥夺相对人的自由、财产时,应当听取相对人的意见,让他们享有自我"防卫"或"申辩"的机会和权利,并且在一般情况下不能由行政处理主体直接主持听证(回避原则)。程序抗辩的实质在于:把诉讼程序中的抗辩机制移植到行政程序中来,以寻求行政的正当理由。行政自由裁量权的存在和扩张使程序抗辩成为现代行政法的基本功能。程序抗辩对于控制权力而言之所以有效,是因为:通过相对人对行政权力的抗辩,能保持行政权力与相对人权利的平衡、增进行政效率与公民自由关系的协调、促使形式合理性与实质合理性的结合①。很显然这种"程序抗辩"更加有利于法律当事人的参与权和影响力,更加有利于捍卫当事人的正当权益,而防止在司法过程中的不当侵害。因而,行政法律领域中的"程序抗辩"注重行政过程中对行政相对人的主体性角色,有利于行政相对人通过程序对影响自己的行政法律行为产生影响力,有利于行政公正的形成。如听证制度,很显然是对程序正义参与原则的实践发挥。回避制度则是自然正义中"任何人都不应当成为自己案件的法官"的现代型话语表述。行政公开制度则是一种"看得见的正义"。时效原则则重申了一条古老的正义原则——"迟来的正义非正义"。职能分离制度,指的是把行政机关内部某些相互联系的职能加以分离,使它们分属于不同的机构或不同的工作人员掌握和行使,以加强权力制约,保证程序公正,防止滥用职权的一种法律制度。它衍生于普通法的自然公正原则——任何人不得作与己有关案件的法官,这是避免偏私的必要程序规则。这一制度在第八届全国人大第四次会议上通过的《中华人民共和国行政处罚法》中已经得到了体现,如行政处罚设定权与执行权相分离;调查取证与决定处罚相分离;听证主持人与调查人员相分离;罚款决定与收缴款相分离等。这一系列行政法律程序的施行,无疑有利于保障行政行为的公正性,有利于加强对行政权力的制约和监督,保护行政相对人的合法权益,同时也有利于增强社会对行政主体的信任感。我国行政法受传统政治、经济、文化的影响,偏重实体规则,没有形成权力控制的理念,所以这种重规则的习惯实际上助长了行政自由裁量权的无限制化。就目前我国行政实体规则来分析,大量出自行政机关的规章,尚未真正具有控制权力的功能。即使规定了一些所谓的行政程序,也都只是一般的时限、时序的规定,没有确认相对人抗辩

---

① 孙笑侠:《程序的法理》,商务印书馆2005年版,第248–249页。

的程序性权利,因此没有真正起到控权作用。

3. 职权主义向当事人主义转变中的审判制度变革

由于程序正义的传播,更由于民主法治制度的发展,作为一种趋势,在诉讼制度上由于大量奉行当事人主义而非职权主义,"纠问式"审判制度向"对抗式"审判制度的转变已经成为"二战"后各国诉讼制度发展的趋向。而受苏联体制的影响,长期以来我国一直采取职权主义诉讼模式,法院全面主动调查收集证据,而当事人提供的证据居于次要地位,当事人的辩论流于形式,成为一种过场,法官在民事诉讼程序中占主导地位。这就使得整个诉讼程序缺乏全面性,因为在程序开始前法官已经形成一个先入为主的意见,当事人很难改变它,因此就有可能影响公正。由于中国古代的诉讼"是从政府下达的上下关系,而不是为了无所偏袒地解决私人间的纠纷",因此在这种传统法律文化理念与新中国成立以来的制度的双重统合影响下,"职权主义"倾向几乎已渗入当下中国法律文化与制度之中。不过从 20 世纪 80 年代末以来,我国已经通过修改法律强化了当事人在民事诉讼中的作用,如改变过去由法院收集所有证据的做法,较为常见的提法是在法院的指导下,当事人负主要的举证责任,这是一种积极的做法,关键是要坚持下去,并且认真贯彻执行。

4. 法治的深入:程序法的制定

认识来源于实践,实践又会拓展和丰富人们的认识,在这个层面上,认识和实践是紧密结合在一起的。但我们注意到,认识—实践间又存在隔阂,它们之间存在着某种分离。同样,法作为人类文明的产物与结晶,它在司法实践中实施时,也会与法本身产生一定的分离,甚至是变异,所以我们不难得出这样一个结论:由"书本上的法"到"行动上的法"之间会存在某种张力或空白,需要一种机制去填补与协调。这种机制即是程序。我们知道某种法律在任何一个社会中都经常会发生在执行的过程中被违反了、扭曲了立法者本意的情况。有时候这样一种改变也许是正当的或正常的,制定出来的法律条文跟实际的法律规则之间有一定的差距,也许并不见得都是坏事。问题在于不能完全走向矛盾,走向反面。比如曾经相当长时间内存在且饱受争议的收容遣送办法可能就是这方面突出的例证。大家知道在 1982 年制定这部法律的时候,立法者明显是要设立一种社会救助措施,也就是说城市里面的那些流浪者们,或者说其他的来自于外地的非城市地区的人们,到了城市里面由于种种原因,生计不能得到保障,这时候我们提供一种救助,让他们有地方吃,有地方住,回家的时候,没钱买车票,政府可以给他们提供援助,这就是立法本身的初衷。但令人遗憾的是,这个法律在执行过程中越来越走向背离立法初衷的方向,几乎成了一项反人权的制度。所以,建设中国现代型的法治,不能仅仅从立法上考虑规制社会。事实上,时下中国更需要规制的是公权力。所以,我们认为当务之急是需要构筑中国的程序正义,制定程序法,尤其是有关宪政程序、行政程序的法律规范。从比较法的角度而言,当前我国的很多法律文本不能说不完全,甚至有的已经非常先进。如我国的《宪法》历经几次修宪,对公民权利的规定和对国家机关职能的划分已经相当全面、科学与成熟,在人权保障方面,赋予了公民广泛、平等、一致、现实的权利与自由。宪法作为根本大法确定了公民的这些神圣不可侵犯的权利,然而在现实中这些权利却屡遭侵犯,主要来源于政府的公权力。所以问题的实质在于缺少程序的保障。由于当前中国正处于快速的发展期,各种新老社会问题层出不穷,这些都需要通过法律来予以规范调整,所以近几年来中国立法数量直线式上升,特别是在行政领域,然而这些分散式的立法往往法出多门,在司法实践中带来困难。这就需要确立一种"最低限度的程序正义标准"来规制行政程序立法中含糊、矛盾的内容。

5. "纠错"、"惩错":程序法律后果的确认

最后,对完善程序规则来说,一个重要方面应当是确立程序法律后果。如果一部法律只规定了权利和权力,而没有"纠错"、"惩错"机制,那么我们相信最终肯定是权力不断地被滥用和扩展,而权利则会不断地受到侵犯而萎缩。我国的诉讼法对诉讼参与人妨害诉讼的行为规定了强制措施,然而对司法人员违反程序法、侵犯当事人合法程序权利的行为则缺乏全面的制裁措施,致使现实中类似"超期羁押"这样的严重违反程序的司法行为屡禁不止。也致使行政程序法在现实司法实践中"虚无化",发挥不了应有的规制作用。"法治的程度可以主要用国家和人民共同服从程序的状态作为标尺来衡量"①,所以,完善程序规则主要是建立强制、合理的规定,公平对待政府和行政相对人的程序违法行为,明确程序违法行为的构成要件和它的无效、可撤销的条件以及程序违法的法律责任,并由独立的主体来追究责任,只有这样,程序法才能受到重视,程序正义理念才有存在的可

---

① 季卫东:《法治秩序的建构》,中国政法大学出版社1999年版,第57页。

能。所以,"制度、程序和法官诸部分相互交错、相互切合、相互支撑,共同承受着整个法治大厦的重力,并使这样一个大厦能够经受社会——历史风雨的蚀损,而长久地保持其稳定的基础和坚韧的体积"[①]。

四、培育与夯实：程序正义的社会土壤

程序正义作为欧美的法治传统与文化,在当前,如何使其本土化就成为我国程序正义研究的一个热点问题。在谈到这个问题时,不少学人使用了"移植"这个词,但笔者并不认可这种观点。我们认为任何一种理论的传播、发展,都必然会遇到民族化、本土化的问题,这实际上是一个理论的成长问题。任何一个理论的成长与推进,无外乎来自于两种基础性力量,一是国家（政府）,二是社会。这两者之间的关系决定着理论成长的路径选择和发展趋向。说到"社会"这个概念,人们一般会想起"市民社会"。"市民社会"一词具有古典含义和近代含义。古典含义的"市民社会"主要是指建立了国家的"文明社会",相对于野蛮部落而言；近代意义上的"市民社会"则是指国家控制之外的社会经济生活,相对于国家政权而言。据此,全部社会生活领域划分为公共领域和私人领域两个基本部分,公共领域是指国家,而私人领域则是指由个人活动和个人交往为内容的市民社会,它既包括分工协作和贸易等经济关系,也包括言论、结社、迁徙和安全等社会交往关系。在哈贝马斯看来,全部社会生活划分为私人领域（市民社会）、公共舆论领域和公共权力领域（国家）。私人领域是指由商品流通领域和社会劳动领域以及不再具有生产功能的家庭所组成,私人财产所有者在私人领域以其地位和个人爱好空间构成了私人自律的基础。公共舆论领域则是由非政府和非经济组织在自愿基础上组成的,包括教会、文化团体和学会以及独立的传媒、运动和娱乐协会、辩论俱乐部、市民论坛和市民协会,甚至还包括职业团体、政治党派、工会和其他团体。公共舆论领域又可划分为政治公共领域和文学公共领域,文学公共领域具有非政治形式,它以咖啡馆、俱乐部、沙龙等文化场所为载体,文学公共领域又产生了政治公共领域,后者以公共舆论为媒介对国家和市民社会的关系进行调节。国家权力通过公共舆论领域获得其合法性,而民众则通过公共舆论领域挑

---

① 舒国滢：《在法律的边缘》,中国法制出版社 2000 年版,第 84 页。

第五章 中国语境中的程序正义问题

战国家权力的合法性,并提出权力要求①。从哈贝马斯的论述中,我们不难看出公共领域的形成事实上反映的是市民社会的兴起,它是公民组织化的结果,它充当了国家与市民社会的中介。所以,笔者倾向于认为市民社会乃是人的个性得以保留和发展的领域,是人的主体性与自由性的体现。只有在市民社会获得充分自治的条件下,才能保证社会的多样性并形成真正的市民认同,从而为民主国家创造合法性基础。故而,在国家与市民社会的关系上,应当是一种相互妥协、相互调适、相互依存的关系。

在市场经济条件下,国家与社会间的分离与互动正日益加深。市场经济解构了传统社会,为公共领域的发育与发展创造了社会前提,正如马克思指出的,"在中世纪,财产、商业、社会团体和人都是政治的;国家的物质内容是由国家的形式设定的。每个私人领域都具有政治性质,或者都是政治领域;换句话说,政治也就是私人领域的性质。在中世纪,政治制度是私有财产的制度,但这只是因为私有财产的制度就是政治制度。在中世纪,人民的生活和国家的生活是同一的"②。在这种状态下,国家通过高度集中的权力中心垄断控制整个社会,公共领域也就无从产生。正是资本主义的兴起和市场经济的发展,使得国家与社会产生了分离,公共空间便产生了。市场经济的平等自由交换特征创造出一个不受国家控制的充满活力的私人生活领域,从而为公共领域的生存发展提供了广阔的社会空间和充分的价值根据。所以,基于这样的一种理论范式,笔者认为作为一种社会理论,既要有国家(政府)资源的支持,特别是对于像中国这样的发展中国家,政府的主导性与支持尤为重要;同时能否从社会中汲取支持力量,关系到这种社会理论的可适度和可持续性。

根据这样一种逻辑思路,笔者认为法治建设不外乎两种模式:一种是政府推进型,指由政府启动而从上向下,以人为的方式、借助国家强制力量实现法治化的过程。从动力源来看,政府推进型法治实现模式的动力主要来自政府。"法律的移植"很显然就是这种模式视野下的一种思考。但这种政府推进型模式,有可能导致政府权力不断扩大,而公民权利不断萎缩,法律的价值合理性与形式合理性相脱节,不利于建设真正的、全面的、持久的法治。另一种是社会推进型法治实现模式,指社会因其内部诸条件的

---

① [德]尤尔根·哈贝马斯:《公共领域的结构转型》,学林出版社1999年版。
② 《马克思恩格斯全集》(第3卷),人民出版社2002年版,第42-43页。

成熟而形成一种力量,从而推动法治化的过程。从动力源上看,社会推进型法治实现模式的动力来自社会,是因社会内部经济因素和生产方式的发展所导致的社会对法治的需求。这里的社会包容或涉及社会政治经济、思想文化各个领域和层面。这是一个自下而上的、自发的过程;是一个以法律形式的合理性为历史先导,法律的价值合理性与之紧密相伴的过程。按照这种模式建立起来的法治社会,必定是真正的巩固持久的法治社会。基于这种视角,我们并不简单地否认政府推进的作用,事实上,作为一个法治资源较为匮乏的发展中国家,政府的作用是必要的,也是重要的。只是笔者认为,程序正义中国化的构建,从长远看,需要的是培育和夯实良好的社会土壤。在经济上大力发展契约型理性经济,即市场经济。改革开放以来,市场经济在我国确立并得到长足发展。市场经济为人的经济活动提供了理性化的场域,在这一场域里,每个主体都要遵守其间的"游戏规则",遵照市场经济通行的公平与效率、竞争与合作、自由与平等及公共精神等新型经济伦理以及体现资源优化配置和权利义务广泛性、一致性和平等性的各项市场经济规则制度。这种市场经济透露的理性精神内涵与程序正义的诉求无疑是相一致的。在政治上,要继续加大政治体制改革,使权力运行法制化,也即使国家权力按照法律而非个人意志运行,尤其要努力实现司法独立。在文化上,强调以人为本,倡导人在社会规制面前的主体性地位。我们相信,当社会环境适宜,人们的价值观念体系悄然发生变迁时,程序正义之光必将普照古老的中国大地。

本章小结

程序正义观念虽源于西方,但它是人类文明发展的成果与结晶。它对于人的高度体察与关注无疑是现代文明成长的风向标。它对于中国政治发展、现代法制建设更是具有独特且重大的启示意义。

然而,在古老的中国文明中,并未生成同样古老而又深邃的程序正义理念,在很大程度上,中国历史上程序正义的文化观念是极端缺乏的。从人学意义上来考察,中国古代"贵贱有别、尊卑有序"的正义观导致人的平等地位的缺失,个人丧失了独立的人格,人的自主性、自立性淹没于社会等级和血缘团体伦理观念之中。传统法制背后的机理实乃人治之实,在这种人治与专制盛行的时代,法的普遍性、至上性、正义性都失去了基本的话语基础,程序正义观念更无生成的可能之基,这最终造成了古老的中国法律程序的先天不足。

这种程序正义文化观念的先天缺失与不足,造成了当代中国社会主义司法实践中(包括立法、司法、守法)普遍存在"重实体、轻程序"的文化观念。程序正义法律文化观念的缺失与漠视,阻碍了社会主义法制现代化进程,对社会发展造成了一系列负面的效应,最根本的是造成了我们对"人"的认识的异化,导致实践中人的主体性地位的缺失,构成了对人的尊严的实质性伤害。所以,在当前中国现实语境中重塑程序正义的文化观念,就非常现实而又迫切。

笔者认为程序正义的中国化重构,最根本的是相关文化观念的更新与改造,我们要建立和培育适宜于程序正义生成的法律文化、立法理念,重视社会、政治与法制发展中人的存在性,关注人、关心人,树立以人为本的科学发展观。其次,要型塑相关的制度体系,通过制度转型与成长内化程序正义的文化观念。同时,从长远来看,还要培育坚实和良好的社会土壤。只要我们在人学这个至高的视角与价值理念的依归与指引下,协调好程序正义的文化、制度与社会之基,促使三者在中国现实语境中形成良性循环,程序正义必能在古老的中华大地生根发芽,继而开出璀璨的花朵。

结语：程序正义的和谐之光

当我们沐浴在晨曦中注视着点缀在清新、静谧的自然之中的袅袅炊烟时；当我们伫立在夕阳下，伴着在暮天上织锦的晚云和在溪水中流金的残日，排遣着总也不能释怀的尘世情丝时；当我们长跪在万籁俱寂的黑夜中仰视着满天星斗，遥想着造物的奇迹与伟大时，我们总是深深地感到人作为万物之中的一个"类"的渺小和对自我的无知。然而，人又是这个世界最为神奇的动物，因为渺小而变得伟大，因为无知而变得文明。人类璀璨的文明正是肇始于"自我哲学"的觉醒，"自从我的哲学意识第一次觉醒以来，诸如'人是什么？人在存在中的地位是什么？'一类的问题，便比其他任何一个问题更强烈、更集中地萦绕在我心头"[①]。人是制度的创造者，人也是制度的核心，制度正义的标尺就在于人的地位。

因此，笔者得出了几点启示：其一，人的地位是中国法治现代化程度的风标，是中国现代法治建设的深层底蕴；其二，程序正义的观念的深层价值在于保障人的主体性地位，珍爱人的生命、敬畏人的生命，捍卫人的尊严；其三，程序正义的成长离不开文化—制度—社会成长三者的共同运作，特别是对"人"的观念更新。事实上，今天不管是在法治领域的变革，还是在社会其他领域的变革中，都首先需要寻求一种总体性的观念变革。所谓总体性，我们意指在变革过程中要有整体性的价值设计与导引。而人的主体性观念，无疑就是其中最为核心的总体性的价值依归。

正是由于程序正义重视"人"的目的性地位与价值取向，所以，它的践行，有助于保证社会成员的基本权利，预防自身权利可能遇到的侵害，也可以矫正或补救自身基本权利已经受到的损害；程序正义有助于协调复杂多元化的社会利益结构；程序正义有助于限制政府权力对于社会公正的

---

① [德] 马克斯·舍勒：《人在宇宙中的地位》，贵州人民出版社1989年版，第1页。

不当干扰；程序正义有助于减少社会公正实现过程中的技术性失误；同时程序正义也有助于形成社会成员对社会的普遍认同和信任。因此，程序正义不失为一个社会的和谐之光。

当然，程序正义的本土化践行是一项复杂的社会系统工程，可以说牵一发而动全身。它不仅需要对传统的法律文化及法律理念在结合时代发展的过程中进行整合和改造，还要对现行的程序法律制度在实际运行中进行理性的反思，并进行大刀阔斧的改革。从某种意义上讲，程序正义的命运与中国法治的命运息息相关。换言之，程序正义的实现程度就是中国法治建设的尺度。虽然，从实行法治、践行法治到实现法治需要一个过程，在这个过程中，不仅需要打破传统法律文化及制度的束缚，而且还要结合中国的现实国情进行艰难的探索；况且任何一种法律制度都不可能完美无缺，公正的程序也是如此，它可能在强调一种价值的同时，而忽视了与其他价值的协调，从而给社会带来某些负面效应。但是，只要从"人"这个伟大的视角去建构中国式的"程序正义"，那么我们相信所谓现代与传统、现实与历史、本土法律文化与外来法律文化的冲突与磨合，以及其与中国社会经济、政治、文化发展的融合与整合都不会成为现代化的羁绊，程序正义最终能够以崭新的姿态展现在国人面前。

参考文献

《马克思恩格斯选集》第 1~4 卷，人民出版社 1972~1977 年版。
《马克思恩格斯全集》第 1、2、3、4、23、25、42、47 卷，人民出版社 1956~1980 年版。
张奎良：《张奎良集》，黑龙江教育出版社 1988 年版。
张奎良：《马克思的哲学历程》，上海人民出版社 1993 年版。
霍桂桓：《文化哲学论稿》，中国社会科学出版社 2007 年版。
丁立群：《哲学基本问题：在人学的视野内》，《云南社会科学》1992 年第 3 期。
康渝生：《哲学基本问题与哲学主体性》，《哲学原理》1996 年第 4 期。
康渝生：《马克思哲学的人学致思理路》，社会科学文献出版社 2004 年版。
黄楠森：《人学的足迹》，广西人民出版社 1999 年版。
理查德·罗蒂：《后哲学文化》，上海译文出版社 2004 年版。
尼古拉·别尔嘉耶夫：《文化哲学》，上海人民出版社 2007 年版。
衣俊卿：《文化哲学十五讲》，北京大学出版社 2004 年版。
海因茨·佩茨沃德：《符号、文化、城市、文化批评哲学五题》，四川人民出版社 2008 年版。
施韦泽·阿尔贝特：《文化哲学》，上海人民出版社 2008 年版。
张岱年：《文化与哲学》，中国人民大学出版社 2006 年版。
黄力之：《马克思主义文化哲学与现代性》，三联出版社 2006 年版。
邹广之：《当代文化哲学》，人民出版社 2007 年版。
陈胜云：《文化哲学的当代发展》，江西人民出版社 2007 年版。
李鹏程：《当代文化哲学沉思》，人民出版社 2008 年版。
陈祥耀：《哲学文化晚思录》，中国文联出版社 2008 年版。
休谟：《人类理解研究》，商务印书馆 1982 年版。

费希特：《人的使命》，商务印书馆 1982 年版。
黑格尔：《法哲学原理》，商务印书馆 1982 年版。
黑格尔：《哲学史演讲录》，商务印书馆 1960 年版。
康德：《道德形而上学原理》，上海人民出版社 1986 年版。
康德：《历史理性批判》，商务印书馆 1990 年版。
海德格尔：《存在与时间》，三联书店 1987 年版。
萨特：《辩证理性批判》，安徽文艺出版社 1998 年版。
萨特：《存在主义是一种人道主义》，上海译文出版社 2005 年版。
W. 考夫曼：《存在主义》，商务印书馆 1987 年版。
让·华尔：《存在主义简史》，商务印书馆 1962 年版。
E. 弗洛姆：《人的呼唤》，三联书店 1991 年版。
E. 弗洛姆：《人类的破坏性剖析》，中央民族大学出版社 2000 年版。
J. 杜威：《人的问题》，上海人民出版社 2006 年版。
J. 杜威：《哲学的改造》，商务印书馆 1958 年版。
文德尔班：《哲学史教程》，商务印书馆 1987 年版。
蓝德曼：《哲学人类学》，工人出版社 1988 年版。
马克斯·舍勒：《人在宇宙中的地位》，贵州人民出版社 1989 年版。
卢卡奇：《历史和阶级意识》，华夏出版社 1989 年版。
葛兰西：《狱中札记》，中国社会科学出版社 2000 年版。
霍克海默、阿多诺：《启蒙辩证法》，上海人民出版社 2003 年版。
霍克海默：《批判理论》，重庆出版社 1989 年版。
马尔库塞：《单向度的人》，上海译文出版社 1989 年版。
施密特：《马克思的自然概念》，商务印书馆 1988 年版。
哈贝马斯：《交往行为理论》，上海人民出版社 2004 年版。
阿尔都塞：《保卫马克思》，商务印书馆 1984 年版。
阿多诺：《否定的辩证法》，重庆出版社 1993 年版。
张乃根：《西方哲学史纲》，中国政法大学出版社 1993 年版。
涅尔谢相茨：《古代希腊政治学说》，商务印书馆 1991 年版。
亚里士多德：《政治学》，商务印书馆 1965 年版。
斯宾塞：《社会静力学》，商务印书馆 1996 年版。
约翰·罗尔斯：《正义论》，中国社会科学出版社 1988 年版。
边沁：《政府片论》，商务印书馆 1995 年版。

边沁：《道德与立法原理导论》，商务印书馆 2000 年版。

卢梭：《社会契约论》，商务印书馆 1982 年版。

柏拉图：《理想国》，商务印书馆 1986 年版。

汉密尔顿：《联邦党人文集》，商务印书馆 1980 年版。

霍布斯：《利维坦》，商务印书馆 1985 年版。

梅因：《古代法》，商务印书馆 1984 年版。

哈耶克：《自由宪章》，中国社会科学出版社 1999 年版。

西塞罗：《论共和国、论法律》，中国政法大学出版社 1997 年版。

罗尔斯：《政治自由主义》，广东人民出版社 2002 年版。

伯尔曼：《法律与宗教》，三联书店 1991 年版。

博登海默：《法理学—法律哲学与法律方法》，中国政法大学出版社 1999 年版。

庞德：《通过法律的社会控制——法律的任务》，商务印书馆 1984 年版。

米尔恩：《人的权利与人的多样性——人权哲学》，中国大百科全书出版社 1995 年版。

A. 麦金太尔：《谁之正义？何种理性？》，当代中国出版社 1996 年版。

戈尔丁：《法律哲学》，三联书店 1987 年版。

韦德：《行政法》，中国大百科全书出版社 1997 年版。

戴雪：《英宪精义》，中国法制出版社 2001 年版。

巴里·尼古拉斯：《罗马法概论》，法律出版社 2002 年版。

理查德·A. 波斯纳：《法律的经济分析》，中国大百科全书出版社 1997 年版。

麦克尔·D. 贝勒斯：《法律的原则——一个规范的分析》，中国大百科全书出版社 1996 年版。

哈特：《法律的概念》，中国大百科全书出版社 1996 年版。

阿图尔·考夫曼：《后现代法哲学》，法律出版社 2000 年版。

丹宁：《法律的正当程序》，法律出版社 1999 年版。

勒内·达维德：《当代主要法律体系》，上海译文出版社 1984 年版。

卜思天·M. 儒攀基奇：《刑法——刑罚理念批判》，中国政法大学出版社 2002 年版。

谷口安平：《程序的正义与诉讼》，中国政法大学出版社 2002 年版。

滋贺秀三：《明清时期的民事审判与民间契约》，法律出版社 1998 年版。

周枏：《罗马法原论》，商务印书馆 1994 年版。
杨鸿烈：《中国法律思想史》，中国政法大学出版社 2004 年版。
张晋藩：《中国法律的传统与近代转型》，法律出版社 1997 年版。
沈宗灵：《现代西方法理学》，北京大学出版社 1992 年版。
李龙：《宪法基础理论》，武汉大学出版社 1999 年版。
张文显：《当代西方法学思潮》，辽宁人民出版社 1988 年版。
王利明：《司法改革研究》，法律出版社 2001 年版。
陈瑞华：《刑事审判原理论》，北京大学出版社 1997 年版。
陈瑞华：《看得见的正义》，中国法制出版社 2000 年版。
郑鹏成：《基本法律价值》，山东人民出版社 2000 年版。
陈桂明：《程序理念与程序规则》，中国法制出版社 1999 年版。
何勤华：《美国法律发达史》，上海人民出版社 1998 年版。
孙笑侠：《程序的法理》，商务印书馆 2005 年版。
徐亚文：《程序正义论》，山东人民出版社 2004 年版。
顾肃：《罗尔斯——正义与自由的求索》，辽海出版社 1999 年版。
马作武：《中国传统法律文化研究》，广东人民出版社 2004 年版。
周天玮：《苏格拉底与孟子的虚拟对话——建构法治理想国》，台湾天下远见出版股份有限公司 1998 年版。
张中秋：《中西法律文化比较研究》，中国政法大学出版社 2006 年版。
李贵连：《沈家本与中国法律现代化》，光明日报出版社 1989 年版。
沈宗灵：《依法治国，建设社会主义法治国家》，《中国法学》1999 年第 1 期。
季卫东：《程序比较论》，《比较法研究》1993 年第 1 期。
季卫东：《法律程序的意义》，《中国社会科学》1993 年第 1 期。
陈瑞华：《程序价值理论的四个模式》，《中外法学》1996 年第 2 期。
凯尔森：《"什么是正义"？》，《现代外国哲学科学文摘》1961 年第 8 期。
陈桂明：《诉讼公正与程序保障》，《政法论坛》1995 年第 5 期。
王锡锌：《正当法律程序与"最低限度的公正"——基于行政程序角度之考察》，《法学评论》2002 年第 2 期。
蔡杰：《也论刑事程序的独立价值》，《法学评论》2001 年第 4 期。
姚莉：《司法公正要素分析》，《法学研究》2003 年第 5 期。
孙洪坤：《程序正义的中国语境》，《政法论坛》2006 年第 5 期。

L. Friedmann, An Introduction to American Law, Stanford University Press, 1984.

Brendan F. Brown, The Natural Readers Pocket Series, Vol. 13, New York City Ocean Publications, 1960.

A. Esmein, A History of Continental Criminal Procedure, Trans-lated by John Simpson, Little, Brown and Company, 1913.

Committee of the Association of American Law Schools. Select Essays In Anglo-American Legal History. Vol. 2, 1907.

Carleton Kemp Allen, Law in the Making (Seventh Edition), The Clarendon Press, 1964.

Annals of Congress, Vol. 1, 1st Conress, 1st and 2nd Sess.

Niklas Luhmann. A Sociological Theory of Law, Routledge & Kegan Paul, 1985.

Robert S. Summers, Evaluating and Improving Legal Processes: A Plea for "Process Values".

L. T. Hobhouse, The Elements of Social Justice, Thoemmes Press, 1993.

Dworkin, Taking Rights Seriously, London: Duck-worth, 1978.

Jerry L. Mashaw, Due Process in the Adminisrative State, Yale University Press, 1985.

J. Bentham, The Principles of Judicial Procedure, in 2 Works of Jeremy Bentham 1 (J. Bowringed. 1838~1843).

Edmund Husserl Phenomenology and Crisis of Philosophy Harper & Row, Publishers, New York, 1965.

John Kenneth Galbraith The Liberal Hour Houghton Mifflinl Company Boston, 1960.

Free Will Edited by Gary Watson Oxford University Press, 1982.

Frederick Copleston, S. J. A History of Philosophy: Modern Philosophy (1) A Division of Doubleday & Company, Inc. New York, 1965.

The Nature and Function of Law, by Harold J. Berman and William R Greiner, The Foundation Press, 1980.

Black's Law Dictionary, the Fifth Edition, West Publishing Co., 1979.

The Judging Process and the Judge's Personality by Jerome Frand, at The Structure of Procedure, edited by Robert M. Cover and Owen M. Fiss, The Foundation Press, 1979.

The Nature of Law, by Thomas Glyn Watkin, North – Holland Publishing Company, 1980.

Legal Institution: The Development of Dispute Settlement, by Peter Stein, London Butterworths, 1984.

The Nature and Process of Law: An Introduction of Legal Philosophy, by Patrcia Smith, Oxford University Press, 1993.

The Nature of Jundicial Process, by Benjamin N. Cardozo, Yale University Press, 1928.

Criminal Procedure: Consititutional Limitations, by Jerold H. Israel and Wayne R. LaFave, West Publishing Co., 1993.

索引

C

程序法　21，23，26－32，38，42，43，45，47，48，50，56，60，63，70，71，77，79，80，87，90，91，93，99，101，102，108，149，159，161，162，166，167，178，179，186

程序工具主义　31，74，77，83，90，91，98，99，102，166，173

程序价值　34，83，86－91，98，101，109，173，190

程序价值主义　74，83，89，98，99

程序正义　2，3，5，17，19，21，22，24，25，27，28，30－39，42，45，48，52，53，59，65，66，68－71，73，77，83，84，88－90，92，93，98－111，115－118，121，125，130，135，136，138－143，145－150，152，154，155，157－160，166－175，177－180，182，183，185，186，190

存在　2，3，5，6，10－12，14，16－19，22－24，26，27，29－32，34，36，40，41，43，44，59，64，71，73，76－78，81，83，86－95，99－103，106，111，112，114，116，118，119，121－126，128，129，131－139，141－145，147，148，151－153，156，158－160，165，167，169，172，173，175，177－179，183，185，188

F

法规范　28，103，104，130－133，135，136，138，142，148

G

古罗马　39－42，44－47，49，51，52，59，70

H

哈贝马斯　14，96－98，164，180，181，188

J

结果正义　18，21，32，34-36，38

L

理性　8-10，13，23，25，34，35，40，41，50，52，53，57，58，70，71，74，77，80，84，86-89，92，97，99-101，103，107，108，111-113，115，118-123，128，130，133，135，136，138，139，141，146，150-152，154，157，161，164，170，173，177，181，182，186，188，189

罗尔斯　2，3，12，13，16，18，21，32，33，83，84，90，98，109，188-190

M

马克思主义实践哲学　109，115，118，119，122，123，125，130，138，139，172

马斯洛理论　133

O

《欧洲人权公约》　66-69

Q

权利　2，3，11-14，17，21，22，25-31，33，36，40，42，44-49，51，53，54，56，59-71，77，82，83，87，89，91-93，100，102，103，107，108，113，114，116，118，131-133，145-147，154，155，159-161，163，164，167，168，171，174，176-179，181，182，185，189

R

人的存在　36-38，100，104，108-110，119，122-124，126，128，130，133-136，138，139，171-173，183

人伦　5-7，9，14，37，164，172

人性　2，9，14，64，68，74，75，88，108，111-114，132，136-138，152，161，172，173

S

实体法　21，26-32，38，39，41，43，65，77，93，159，161-163，166，173，174

实体正义　18，19，21，26，30-34，36-38，83，85，102

Y

亚里士多德　1，10，11，15，18，21，31，69，104，116，122，145，146，150，151，188

Z

正当法律程序 26, 53, 61, 63 - 66, 68, 71, 88, 190

正当法律程序原则 61 - 64, 88

正义 2, 3, 5 - 22, 25, 26, 28 - 41, 45, 47 - 49, 52 - 56, 58 - 61, 63 - 66, 68 - 71, 73, 74, 80, 83 - 86, 90, 92 - 94, 98 - 103, 105 - 107, 109, 110, 135 - 138, 141 - 143, 146 - 148, 150, 156, 159, 161, 163, 168, 169, 171, 174, 176, 177, 182, 183, 185, 188 - 190

制度正义 9, 185

中世纪教会法 48

自然法理论 39, 40, 84, 171

自然正义原则 52 - 54, 59, 60, 109, 171

自由 2, 3, 10 - 14, 16, 25, 29, 32, 33, 39, 43, 44, 53, 57, 61 - 67, 71, 80, 87, 92, 100, 101, 105 - 107, 109, 111 - 118, 120, 121, 123, 127 - 133, 135, 137 - 139, 146, 150 - 154, 157, 161, 162, 171, 174 - 177, 179, 181, 182, 189, 190

综合性程序价值 77, 90

最低限度的正义 17, 25, 36, 39

后记

　　法治是中国梦的基石，是人类社会实现公平正义、走向现代文明的制度基础。

　　法律是公正的，也是温暖的。我以为，在科技日益进步、人们日益富裕的同时，普及法治精神、强化法制建设，是一件可以让人们世代安居乐业、共享文明成果的百年大计。仰望星空的时候我常常在想，有了健全的法制体系，就可以让富裕的人们不再焦虑，大家有了一个解决问题的法律框架，整个社会不再充满戾气。果如此，岂不是就是我辈追求的中国梦！

　　非常有幸，我从大学本科、硕士、博士一直都在法学和法哲学领域学习。10多年的研习，我总想着能把其间的一些思考、心得甚至疑问记下来，作为自己成长的见证，也期望能在更大的范围内获得指正、获得更多商榷研讨的机会。

　　在多年的学习和思考过程中，我得到了诸多老师、同学的帮助、指导，顺利地完成了学业，同时获得了学业之外更大意义上的成长！

　　借此，谢谢所有曾经给我关爱、启迪的良师益友！

　　谢谢我的家人！

笔　者

2014年6月